工业工程基础

主 编 蒋国璋

华中科技大学出版社
中国·武汉

图书在版编目(CIP)数据

工业工程基础/蒋国璋　主编.—武汉:华中科技大学出版社,2010年6月
ISBN 978-7-5609-6194-1

Ⅰ.工…　Ⅱ.蒋…　Ⅲ.工业工程　Ⅳ.F402

中国版本图书馆 CIP 数据核字(2010)第 080767 号

工业工程基础　　　　　　　　　　　　　　　　蒋国璋　主编

策划编辑:刘　锦
责任编辑:刘　勤　　　　　　　　　　　　　　　　　　封面设计:刘　卉
责任校对:周　娟　　　　　　　　　　　　　　　　　　责任监印:徐　露

出版发行:华中科技大学出版社(中国·武汉)　　电话:(027)81321913
　　　　　武汉市东湖新技术开发区华工科技园　　邮编:430223

录　排:武汉楚海文化传播有限公司
印　刷:虎彩印艺股份有限公司

开本:710mm×1000mm　1/16　　印张:19.25　　　　　　　　字数:400 000
版次:2010年6月第1版　　　　印次:2017年6月第4次印刷　定价:32.00元
ISBN 978-7-5609-6194-1/F·618

(本书若有印装质量问题,请向出版社发行部调换)

内容简介

本书内容包括：工业工程的概念和内涵、形成和发展，工业工程技术；工业工程的四大职能；生产系统及生产效率、成本分析和生产质量控制；程序分析、作业分析和动作分析；作业标准、时间研究、工作抽样、预定时间标准、标准资料法和学习曲线；工业工程的基本方法及组织和应用；企业生产中的工业工程，包括精益生产、5S管理、全面生产维护、目视管理、定置管理、车间管理的内容、目标、方法、评价和实施；ERP系统与企业工业工程的应用与发展等。

本书适合作为高等学校工业工程及相关专业的教材，也可供有关企事业单位从事工业工程的专业技术人员、管理人员及爱好工业工程的各类人员学习使用、参考。

前言

工业工程(industrial engineering,简称 IE),是在科学管理的基础上发展起来的一门应用性工程学科。工业工程注重综合地提高生产效率、降低生产成本、保证质量,使生产系统能够处于最佳运行状态而获得最高的整体效益,所以受到世界各国各行各业的重视。我国从 1993 年开始陆续在高校设置工业工程专业,为了适应工业工程专业教学需要,也为了满足日益增加的从事工业工程专业的技术人员及爱好工业工程的各类人员学习的需求,我们组织编写了本书,期望给广大读者提供一本对学习工业工程基本原理与方法具有指导意义的读本。

全书共分 8 章,主要内容包括:工业工程的概念和内涵、形成和发展,工业工程技术;工业工程的四大职能;生产系统及生产效率、成本分析和生产质量控制;程序分析、作业分析和动作分析;作业标准,时间研究,工作抽样,预定时间标准,标准资料法和学习曲线;工业工程的基本方法及组织和应用;企业生产中的工业工程,包括精益生产、5S 管理、全面生产维护、目视管理、定置管理及车间(班组)管理的内容、目标、方法、评价和实施;ERP 系统与企业工业工程的应用与发展等。

本书在编写中力图反映近年来工业工程发展的新思想、新理论、新技术和新方法,突出工业工程的基本职能介绍,强化企业生产中工业工程应用的阐述,并列举了大量涉及工业工程基础教学的相关案例。取材广泛,具有针对性,讲求实用性。

本书由武汉科技大学蒋国璋主编,周敏、张跃刚、常建娥、兰建义、任金玉、唐秋华、刘明伟、宋庭新、江志刚等参加了编写并给予了大力支持与帮助。武汉科技大学工业工程系的部分教师参与了本书的编写或讨论,研究生何婷婷、张龙、梅欣、郭志清等参与了部分资料整理、编译、校对工作,在此表示感谢!同时,本书还参考了有关教材及其他文献资料,对原作者一并表示谢忱!

本书附有教学大纲、教学计划、教学课件等教学文档,供读者参考。如还有其他要求,可来信来电交流。联系地址:武汉科技大学工业工程系(Tel:027-68862283,E-mail:whjgz@wust.edu.cn)。

由于编者水平有限,书中定会存在缺点、错误,敬请广大读者批评指正。

编 者

二〇〇九年五月

目录

第1章 工业工程概述

1.1 工业工程导入 ……………………………………………… (1)
1.2 工业工程的概念及其内涵 ………………………………… (3)
1.3 工业工程的形成和发展 …………………………………… (10)
1.4 工业工程技术 ……………………………………………… (14)
1.5 工业工程的应用与发展 …………………………………… (17)

第2章 工业工程的基本职能

2.1 工业工程职能概述 ………………………………………… (26)
2.2 规划职能 …………………………………………………… (27)
2.3 设计职能 …………………………………………………… (32)
2.4 评价职能 …………………………………………………… (38)
2.5 创新职能 …………………………………………………… (46)

第3章 生产系统及生产效率

3.1 生产系统 …………………………………………………… (59)
3.2 生产率和生产率管理 ……………………………………… (65)
3.3 成本预测和分析 …………………………………………… (75)
3.4 生产质量控制和改进 ……………………………………… (89)

第4章 方法工程

4.1 方法工程概述 ……………………………………………… (112)
4.2 程序分析 …………………………………………………… (116)
4.3 作业分析 …………………………………………………… (140)
4.4 动作分析 …………………………………………………… (147)

第5章 作业测定

5.1 作业测定概述 ……………………………………………… (159)
5.2 时间研究 …………………………………………………… (166)

5.3 工作抽样 …………………………………………………… (172)
5.4 预定时间标准 ……………………………………………… (177)
5.5 标准资料法 ………………………………………………… (192)
5.6 学习曲线 …………………………………………………… (195)

第6章 工业工程的方法与应用

6.1 工业工程的方法论 ………………………………………… (205)
6.2 工业工程的基本方法 ……………………………………… (206)
6.3 工业工程的组织 …………………………………………… (219)
6.4 工业工程的应用模式 ……………………………………… (222)
6.5 工业工程的应用 …………………………………………… (224)

第7章 企业生产中的工业工程

7.1 精益生产与工业工程 ……………………………………… (234)
7.2 5S管理 ……………………………………………………… (240)
7.3 全面生产维护 ……………………………………………… (251)
7.4 目视管理 …………………………………………………… (258)
7.5 定置管理 …………………………………………………… (264)
7.6 车间管理 …………………………………………………… (268)

第8章 ERP系统与工业工程

8.1 制造业信息化与工业工程 ………………………………… (278)
8.2 ERP及其系统 ……………………………………………… (282)
8.3 企业应用ERP系统的可行性 ……………………………… (289)
8.4 ERP系统的实施与评价 …………………………………… (291)

参考文献 …………………………………………………………… (299)

第 1 章
工业工程概述

> **内容提要** ▶▶▶
>
> 工业工程是工程和管理相互融合渗透的交叉学科,也是一门具有管理属性的应用性工程技术。本章介绍了工业工程的内涵、性质、目标、特点及与其他学科的关系,工业工程的形成和发展,工业工程的常用技术,工业工程的应用和发展趋势。本章的重点是工业工程的内涵及其常用技术。在学习过程中,了解工业工程的起源、发展历程,以及其应用领域和发展趋势。

1.1 工业工程导入

工业工程(industrial engineering,IE)是什么?
工业工程能做什么?
工业工程如何做?

"20 世纪工业取得的重大成就,在管理技术上贡献最大的莫过于工业工程技术。这是一个由美国人创造,被世界接受并产生重大影响的思想。不论什么时候它被应用,生产率就会提高,在减少工人工作负荷的同时,工人的收入就会增加。它已经提高工人的劳动生产率超过 100 倍。"

——20 世纪美国管理学泰斗彼得·杜拉克

"美国值得向全世界夸耀的东西就是工业工程,美国之所以能够打赢第一次世界大战,又有打胜第二次世界大战的力量,就是因为有工业工程。"

——美国著名的质量管理大师朱兰

"现代工业工程适用的领域不仅在于工业企业,更广泛地应用于能源、交通、服务、商业、教育、IT 业乃至应用在整个社会的运营管理系统,简而言之,一切需要靠复杂系统提供服务的盈利性组织和服务性机构都是工业工程的广阔天地。"

——美国工程院院士 清华大学工业工程系主任萨文迪

1.1.1 初步认识工业工程

例 1-1 高温车间应该涂什么颜色？

如图 1-1 所示,高温车间墙面颜色选择有三种:灰色、绿色和紫红色。你会选择哪一种？

例 1-2 图 1-2 所示为某精密加工车间生产率与视觉疲劳及照度的关系,请问精密车间需要什么照明？

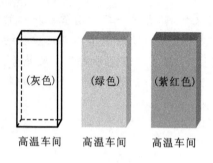

图 1-1 车间的颜色   图 1-2 车间的照明

例 1-3 某一生产过程如图 1-3 所示,请问:生产过程追求整体最优还是局部最优？从生产能力来看,哪个工序最优？整体是否最优？从生产线平衡来看,哪些工序最优？整体是否最优？该生产过程会产生什么问题？

图 1-3 生产过程

例 1-4 配置企业资源时,应用资源的工程的属性应多一点还是管理的属性应多一点(见图1-4)？

例 1-5 工业工程中管理与技术活动如何分工才合理(见表 1-1)？

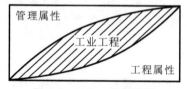

图 1-4 工业工程的属性

表 1-1 管理与技术活动的内容

任 务	产品研发	产品生产	产品销售	产品管理	产品管理系统	…
管理活动	产品项目管理	生产与运作管理	销售管理	管理	管理项目系统	
技术活动	产品设计	加工管理	产品推广营销	计划控制	系统设计	
工业工程活动	…	…	…	…	…	

1.1.2 工业工程的思考与讨论

1. 如何看待工业工程
——工业工程是联系管理与技术的桥梁？
——工业工程需要解决哪些技术问题？
——工业工程需要解决哪些管理问题？
——当越来越多的管理问题可以用自然科学、数学、工程技术等来解决时,是否意味着工业工程与管理的关系就越来越密切？
——如果所有的管理问题都可以用自然科学、数学、工程技术等来解决时,管理就被包括在工业工程中,或是工业工程被包括在管理中？还是管理和工业工程仍独立存在,但关系非常密切？

2. 如何理解工业工程技术人员的说法
——工业工程技术人员是否是最佳工作系统的设计者？
——工业工程人员是否是各级管理者的助手？
——工业工程人员是否是管理与技术、管理者与专业工程人员、部门与部门、企业与外部环境的接口？
——工业工程人员是否各自有其独立和具体的业务？
——工业工程人员是否是能够及时接受、倡导和推进一般人还未意识到的新技术、新思想的革新者？

3. 如何看待未来工业工程师
工业工程的未来决定了未来工业工程师的特征和角色定位。工业工程要求管理与工程知识的专精广博、良好的人际关系、整体的系统理念及追求无止境的合理化。从角色方面,工业工程人员是系统集成的设计者与管理者,多元化经营的构想者,多专长人事管理的促成者,以及高层决策的顾问。从发展来看,未来的IE工程师的特征如何,未来的IE工程师的角色如何,值得我们思考。

1.2 工业工程的概念及其内涵

1.2.1 工业工程的定义

工业工程的发展迄今已有一个多世纪。它涉及范围广泛,在其形成和发展过程中,不同时期、不同国家、不同组织和学者下过许多定义。在各种IE定义中,最具权威和今天仍被广泛采用的是由美国工业工程师学会于1955年正式提出、后经修订的定义表述如下:"工业工程是对人员、物料、设备、能源和信息组成的集成系统进行设计、改善和设置的一门学科,它综合运用数学、物理学和社会科学的专门知识和技术,结合工程分析和设计的原理和方法,对该系统所取得的成果进行确定、预测和评价。"此后,定义又被不断修正,以求更好地反映工业工程的实质,1989年美国工业工程师学会对工业工程重新定义为:工业工程是实现规划、设计、实施与管理生产和服务(如保证功能、可靠性、可维修性、日程计划与成本控制等)系统的带头(leading)职业;这些系统可能是"自然界的社会技术,通过产品的生命期、服务或程序,完成人员、信息、原料、设备、工艺和能源的集成";其目标为"达到赢利、效率、效益、适宜性、责任、质量、产品与服务的连续改善",所用的知识和方法"涉及人因和社会科学(包括经济学)、计算机科学、基础科学、管理科学、通信科学、物理学、行为学、数学、组织学和伦理学"。

在日本,工业工程被称为经营工学或经营管理,被认为是一门以工程学专业如机械工程、电子工程、化学工程、建筑工程等为基础的管理技术。1959年日本工业工程协会(JIIE)成立时对IE的定义是在美国工业工程师学会1955年定义的基础上略加修改而制定的:工业工程是这样一种活动,它以科学的方法,有效地利用人、财、物、信息、时间等经营资源,优质、廉价并及时地提供市场所需要的商品和服务,同时探求各种方法给从事这些工作的人们带来满足和幸福。

我国学者也对工业工程进行了定义。比较典型的有:① 工业工程是研究由人、原材料、机器设备等组成的统一系统的设计、改善和实施的科学。进行研究时,为了确定、预测、评价从这个统一系统所取得的成果,应具备应用数学、物理学、社会科学等方面的专门知识和技术,以及工程学上的分析、设计的原理和方法;② 工业工程是以人、物料、设备、能源和信息组成的集成系统为主要研究对象,综合应用工程技术、管理科学和社会科学的理论与方法等知识,对其进行规划、设计、管理、改进和创新等活动,使其达到降低成本,提高质量和效益的目的;③ 工业工程是综合运用工业专门知识和系统工程的原理与方法,为把人、物料、设备、技术与信息组成更富有生产力的系统,所从事的规划、设计、评价和革新活动,同时为科学管理提供决策依据。对于工业工程的定义,有人甚至简化成"工业工程是质量和生产率的技术和人文状态",或者说"工业工程是用软科学的方法获得最高的效率和效益"。

综合地看,工业工程就是综合运用各种专门知识和技术,将人员、财物、设备、时间和信息等要素组成的集成系统进行规划、设计、评价和创新的活动。它表明:

(1) 工业工程是一门工程类科学技术,也是解决管理问题的工程技术;

(2) 工业工程所研究的对象是由人员、财、物、设备、时间和信息等要素所构成的各种生产及经营管理系统,且不局限于工业生产领域;

(3) 工业工程所采用和依托的理论与方法来自于数学、自然科学、社会科学中的专门知识和工程学中的分析、规划、设计等理论与技术,特别是与系统工程的理论与方法及计算机系统技术有日益密切的联系;

(4) 工业工程的任务和目标是研究如何将人、财、物、设备、时间、信息等要素进行有效、合理地组合与配置,并不断改善,实现更有效的运行,为管理活动提供技术上的支持与保证,其目的是提高系统生产率与效益。

1.2.2 工业工程的目标

工业工程的目标有很多,主要有以下八大目标。

(1) 可获利性(profitability)　以用户、潜在用户的需求为唯一的和贯彻始终的目标,以用户、潜在用户完全满意为唯一和贯彻始终的评价标准。

(2) 有效性(effectiveness)　通过形态变换、时间变换和地点变换实现其活动的效用,提升组织的业绩。

(3) 高效率(efficiency)　追求高的生产率、工效和资源利用率,主张在科学和社会支撑下,应用工业工程的观点、理论和方法,通过管理控制活动提高生产要素的利用率。

(4) 适应性(adaptability)　能适应用户需求、社会环境等企业内外部因素变化,利用这种变化并着力改变这种变化。

(5) 响应性(responsiveness)　能对市场和企业内外部需求实现快速响应。

(6) 高质量(quality)　通过高性能质量、高可靠性与高安全性的产品或服务输出,赢得用户、潜在用户满意而获取市场竞争优势。

(7) 持续改进(continuous improvement)　不断从实际出发,对系统进行改进和创新,以发挥组织的全潜力。

(8) 经济可承受性(economic affordability)　基于投资、产品功能和成本三方面,充分发挥有限投资的作用,保证功能,降低成本,把物质、知识和服务融合起来,实现更高的附加价值。

可看出,工业工程的目标是使生产系统投入的所有要素都得到有效的利用,以期达到提高生产率、降低成本、保证质量和安全、获得最佳效益的目的。可简化为三个基本目标:高效率、低成本和高质量。也就是在保证高质量的前提下,提高效率和降低成本。

1.2.3 工业工程的特点

工业工程是实践性很强的应用学科。国外工业工程应用的发展情况表明,各国都根据自己的国情(如社会文化传统、技术与管理水平等)形成具有自己特色的工业工程体系,甚至名称也不尽相同。例如,美国实施工业工程强调工业工程的工程性,日本从美国引进工业工程,经过半个多世纪发展,形成了具有日本特色的工业工程,即把工业工程与管理实践紧密结合,强调现场管理优化。然而,无论哪个国家的工业工程,尽管特色不同,其本质是一致的。因此认清工业工程的本质,对于建立符合我国国情的工业工程体系具有重要意义。综合分析工业工程的定义、内容和目标,工业工程的基本特点可概括为以下几个方面。

1. 工业工程的核心是降低成本、提高质量和生产率

工业工程的目的是提高生产率、利润率和效率,因此可以说工业工程实质上是一门提高生产率的学问。提高生产率是工业工程的出发点和最终目标。

工业工程的发展史表明,它的生产就是为了减少浪费、降低成本、提高效率。由于只有为社会创造并提供质量合格的产品和服务,才能得到有效的产出,所以,不仅要降低成本,还要提高质量,它们是提高生产率的前提和基础。

将降低成本、提高质量和生产率联系起来综合研究,追求生产系统的最佳整体效益,是反映工业工程实质的一个方面。

2. 工业工程是综合性的应用知识体系

工业工程的定义和内容清楚地表明,工业工程是一个包括多种学科知识和技术的庞大体系,因此,我们很容易产生这样的疑惑,究竟什么是工业工程?这个问题需要透过工业工程的综合性和整体性来回答。

知识范围涉及面广是工业工程的一个显著特点。然而,这只是其外在特征,其本质还在于综合地运用这些知识和技术,而且特别体现在应用的整体上。这是由工业工程的目标——提高生产率所决定的,因为生产率不仅体现在生产要素的使用效果上,还尤其取决于各个要素、系统和各个部分(如各部门、车间)之间的协调配合。

一个企业要提高其经济效益,必须运用工业工程全面研究和解决生产和经营中的各种问题,既有物的问题,又有人的问题。因而,必然要用到包括自然科学、工程技术、管理科学、社会科学及人文科学在内的各种知识。不应孤立地运用这些领域的知识和技术,而要围绕所要研究的整个系统(如一条生产线、一个车间乃至整个企业等)生产率的提高有选择地综合运用。

工业工程的综合性集中体现在技术和管理的结合上。通常,人们习惯于将技术称作硬件,将管理称作软件。由于两者的性质不同,容易形成分离的局面。工业工程从提高生产率的目标出发,不仅要研究和发展硬件部分即制造技术、工具和程序,而且要从提高效率的目标出发,提高软件水平,改善各种管理并加强控制,使人与其他各种要素(如技术、设备、信息等)有机协调,使硬件部分发挥出最佳效用。因此,简单地说,工业工程是将技术与管理有机地结合起来的技术。

3. 注重人的因素是工业工程区别于其他工程学科的特点之一

在生产系统和各种组成要素中,人是最活跃的和最不确定的最大因素。为实现工业工程的目标,在进行系统设计、实施控制和改善的过程中,都要充分考虑到人和其他要素之间的关系和相互作用,以人为中心进行设计。从作业方法设计、工作站的设计、岗位和职务设计直到整个系统的组织设计,工业工程都十分重视研究人的因素,包括人机关系、环境对人的心理生理等方面的影响和人的工作主动性、积极性、创造性及激励方法等,寻求合理配置人和其他要素,建立适合人的生理和心理特点的环境系统,安全、健康、舒适地工作,使人发挥能动作用,达到提高效率的目的。

4. 工业工程的研究对象由微观向宏观管理扩展

为了达到减少浪费、降低成本的目的,工业工程最初重点面向微观系统,解决系统各环节的问题,即从制定作业标准和劳动定额、现场管理优化直至各职能部门之间的协调和管理改善,都需要工业工程发挥作用。

以一个企业为例,其生产经营系统如图 1-5 所示,通常分为经营决策、生产、市场销售三级。狭义工业工程主要面向生产过程,所追求的目标如图 1-5 所示。然而,现代工业工程已向经营扩展,因为整个企业系统的综合效益不仅取决于生产过程的改善和效率的提高,而且在很大程度上取决于决策科学化。这就必须用工业工程原则和方法对整个生产经营活动进行预测、评估和规划。企业由生产型转变为经营型,由以产品为核心转变为以效益为中心,尤其需要从系统整体优化来研究和解决问题。

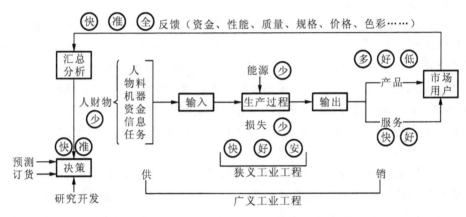

图 1-5 企业生产经营系统

5. 工业工程是系统优化的技术

工业工程所强调的优化是系统整体的优化,不单是某个生产要素(如人、物料、设备等)或某个局部(如工序、生产线、车间等)的优化,后者是以前者为前提的优化,并为前者服务,最终追求的目标是系统总体效益最佳(少投入、多产出)。因此,工业工程从提高系统总生产率的目标出发,对各种方案进行定量化的分析比较,寻求最佳的设计和改善方案。这样才能发挥各要素和各子系统的功能,使系统整体得到优化。

系统的运行是一个动态过程,受各种随机因素影响。一方面市场竞争日益激烈,对各种生产系统都提出了越来越高的要求,需要进一步提高生产率;另一方面,科学技术的快速发展也为工业工程提供了更多的知识和方法。因此,生产系统的优化不是一次性的,工业工程追求的也不是一时的优化,而是持续地对系统进行革新、改造和提高,使之不断在新的条件下进行优化,直到获得更高的综合效益。

1.2.4 工业工程的意识

工业工程的意识是指经过多年实践而形成的基本思想,它反过来促使工业工程的实践更好符合科学规律,进一步产生具有指导意义的思想。这些思想可以称为工业工程的精神或灵魂。因此,树立工业工程的意识比掌握工业工程的方法和技术更为重要,能否培养这些意识,是工业工程应用成败的关键。工业工程的意识主要包括以下几个方面。

1. 成本和效率意识

工业工程从其诞生之日起,就将降低成本、提高质量和提高工作效率作为其宗旨。工业工程实际上是一门提高生产效率的工程技术。欲提高整体效益,就必须树立成本和效率意识。

2. 问题和改革意识

工业工程追求合理性,使各生产要素有效结合,形成一个有机的整体系统,它包括从作业方法、生产流程直至组织管理各项业务及各个系统的合理化。工业工程师要有一个基本信念,即做任何工作都会找到更好的方法。为使工作方法更趋合理,就要坚持改善、改善、再改善,做到改善永无止境。因此,必须树立问题和改革意识,不断发现问题,分析问题,寻求解决问题的对策,勇于改革创新。无论一项作业、一条生产线或整个生产系统,都可以不断地进行研究分析,使之逐步得到改进。

3. 工作简化、专业化和标准化意识

工作简化(simplification)、专业化(specialization)和标准化(standardization),即所谓的"3S",是工业工程的重要原则,对降低成本、提高效率起到重要作用。

(1) 工作简化　在同种功能标准的标准化对象中,将其中多余的、可替换和低功能的予以精练,使总体功能达到最佳。简化原理的实质就是删繁就简、去劣存优、精益求精。简化原理通常用于原材料和产品品种、规格的简化,零部件的简化,结构要素的简化,工艺装备的简化,以及结构的精减与合并。

(2) 专业化　对生产工艺实行专业化,对零部件生产实行专业化,对组织、部门、职能也能实行专业化,其目的就是提高效率。

(3) 标准化　标准是对客观事物与概念的统一规定。科学、技术和实践经验的综合成果是制定标准的基础。标准化是生产系统管理共同遵守的准则和依据。

4. 全局和整体意识

系统、整体与综合是工业工程的三个重要特点。工业工程必须从全局和整体需要出发,追求系统整体优化。例如,过去"散、乱、差"的状况是制约我国汽车工业发展的重要障碍,各省、自治区都将汽车工业作为支柱产业,造成产业结构趋同化,实际就是缺少全局和整体意识。局部优化并不能达到整体优化,只有整体优化,才能到达1+1>2的效果。

5. 以人为中心的意识

人是生产经营活动中最重要的一个要素,其他要素都是通过人的参与才能发挥作用的。现代企业强调以人为本,充分发挥人力资本的效用。工业工程的活动必须坚持以人为中心来研究生产系统的设计、管理、革新和发展,使每个人都关心和参加改进工作,提高效率。

工业工程涉及知识范围很广,方法很多,而且发展很快,新的方法在不断地被创造出来。因此,对于工业工程技术人员来说,掌握方法与技术是必要的,但更重要的是掌握工业工程的本质,树立工业工程意识,学会运用工业工程考察分析和解决问题的思维方法,这样才能以不变(工业工程本质)应万变(各种具体事物),从研究对象的实际情况出发,选择适当的知识和技术处理问题,有效地实现工业工程目标。

1.2.5 工业工程与其他学科的关系

1. 工业工程与管理学的关系

管理是指利用人力和物力等资源去实现组织预定目标的过程,它包括计划、组织、领导、协调和控制等活动。例如,企业管理就是对企业生产经营活动进行计划、组织、协调和控制等一系列管理活动的总称,包括组织管理、技术管理、生产管理、财务管理等。由于工业工程起源于科学管理,具有管理特征,常被当作管理技术。工业工程管理部门,其本身也成为企业的一个职能部门,同样要进行计划、组织、协调和控制的管理活动。

工业工程又区别于管理,它虽然具备对各部门及整个企业的决策和指挥进行协调和组织等行政职能,但更多的是应用各学科的知识和方法,尤其是工程分析与设计的原理和方法对系统进行评价和创新等的一种工程活动。工业工程具有明显的工程属性:① 生产系统(广义和狭义)设计是其首要任务;② 它采用工程设计与分析方法。因此,工业工程具有的工程性成为工业工程区别于管理学或商学的显著特征。

同时,工业工程从规划、设计、评价和创新角度分析和解决问题,能够为管理提供方法、手段和技术。从这个意义上,工业工程也为管理学提供方法论指导。

管理学与工业工程的区别还可从两学科课程设置中体现:管理学的典型课程主要有宏观经济学、微观经济学、管理统计学、管理学原理、组织行为学、人力资源管理、生产运作管理、战略管理、市场营销、信息技术管理等;工业工程的典型课程主要有工程分析、工程经济学、工业工程基础、工业工程建模、工程统计学、质量管理与可靠性方法、系统仿真、供应链管理、随机制造与服务系统、库存管理、工程优化技术、数据库技术等。

2. 工业工程与自然科学的关系

自然科学是研究大自然中有机或无机事物和现象的科学,包括物理学、化学、地质学和生物学等。自然科学的根本目的在于寻找自然现象的成因,即由对自然的观察和逻辑推理引导出大自然中的规律。而工业工程活动需要大量的工程实践,并经过验证,从中找到系统的规律。实践性(或实证性)是其区别于自然科学的最大特点。

3. 工业工程与其他工程学科的关系

工业工程与其他工程学科有着广泛的联系,但工业工程又不同于一般的工程技术,其不同点主要表现在:① 研究对象的构成多样性——人、物料、设备、能源、信息;② 对象的广泛性——任何复杂集成系统;③ 多门类知识与技术的交叉性——不仅包括自然科学与工程技术,还涉及社会科学与经济管理。

工业工程以其独有的接口性和创新性屹立学科之林而不倒。

(1) 接口性　任何系统,无论是硬件和软件之间,还是软件中各环节之间都存在一个接口问题。工业工程就是要解决这些接口问题,使系统更加具有整体性、综合性和协调性。

(2) 创新性　任何系统和管理的活动,都离不开创新活动,有些工作也许是一些改进和改善,但日积月累,就会有更多的改进,最终达到全面优化的目标。

1.3　工业工程的形成和发展

1.3.1　工业工程的起源

在人类从事小农经济和手工业生产的漫长年代里,人们凭着自己的经验去管理生产。产业革命后,社会生产力开始得到较大发展。在此背景下,美国的惠特雷和英国的斯密首先于 18 世纪中叶分别提出了"零件互换性"和"劳动专业化分工"的概念。到 19 世纪 30 年代初,英国的巴贝奇提出了"时间研究"的概念和"设计与制造一种能够完成某些数学运算的机器"的设想。随后,美国的普尔为铁路公司等大企业提出了一些诸如组织化、通信联系和情报资料的管理原则。这些都为生产的标准化、专业化和管理的科学化奠定了基础,并孕育了工业工程的思想。

19 世纪末到 20 世纪初期开始进入"科学管理时代"和工业工程的创建期。美国工程师泰勒于 1911 年发表的《科学管理原理》一书,内容涉及制造工艺过程、劳动组织、专业化分工、标准化、工作方法、作业测量、工资激励制度和职能组织等,该书是这一时代工业工程的经典著作。泰勒还首创了生产现场的时间研究法。从 1910 年前后开始,美国的吉尔布雷斯夫妇从事动作(方法)研究和工作流程研究,还设定了 17 种动作的基本因素(动素,therbligs)。他们为工作与作业方法的改进和后来的预定时间标准创造了科学依据，提供了基本方法，至今人们仍在使用。泰勒作为"科学管理之父"，理所当然地成为"工业工程之父"。吉尔布雷斯也是著名的工业工程创始人之一。

从20世纪初叶到第二次世界大战前，还有一大批技术及管理专家对工业工程的创立与初步完善及管理科学的发展作出了贡献。如：福特在其创办的底特律汽车公司发明了移动式大规模装配生产线（1913年）；甘特进行作业进度规划研究和计件工资制研究，并发明了甘特图（1914年）；法约尔提出了工业经营的6项职能、管理的5种职能和14条管理原则（1916年）；哈里斯研究应用经济批量控制库存量的理论（1917年）；梅奥主持进行著名的"霍桑实验"（1924—1932年）等。在此期间，美国宾州大学根据泰勒的建议，于1908年首次开设了工业工程课程，后来又单独设立工业工程系，开创了工业工程教育的先河。1933年，美国康奈尔大学授予从事动作研究的学者巴恩斯第一个工业工程博士学位。1917年美国成立了工业工程师协会（society of industry engineers），从此工业工程在社会上引起重视。在此时期，从事动作研究、时间研究等各种直接提高劳动生产率的工作及其相关工作的主要是具有一定的工程技术背景或懂得工程技术的人，并逐步造就了一批将工程技术与管理相结合的工业工程师。

第二次世界大战期间和其后的一段时间内，包括时间研究与方法工程、质量控制、人事评价与选择、工厂布置、生产计划等都已正式纳入工业工程的研究范畴。随着制造业的发展，费希开创了工程经济分析的研究领域。由于战争的需要，运筹学得到了很大的发展。战后由于经济建设和工业生产发展的需要，工业工程与运筹学结合起来，这为工业工程提供了更为科学的理论和方法基础，工业工程的技术内容得到了极大的丰富和发展。1948年，美国成立工业工程学会，它是国际上第一个致力于工业工程专业发展和学术活动的专业性组织，是工业工程学术发展和管理的里程碑。

20世纪中叶以来，随着科学技术的高速发展和生产力的极大提高，工业工程对复杂的工业和社会生产系统进行量化分析与系统设计的能力大大增强。尤其是系统工程学和电子计算机技术的产生与发展，逐步奠定了工业工程的理论与技术基础，进一步推动了它的发展和广泛应用，使工业工程成为一门更加成熟的学科。研究对象复杂化和应用领域扩大化、与计算机技术和系统工程紧密结合、开发与应用国际化和推进模式多样化等，均是现代工业工程的显著标志。

进入20世纪80年代以来，国际上工业工程的开发与应用已相当广泛，收效甚佳。在美国，工业工程已是工程界十大支柱学科之一。不仅在制造企业中普遍设有工业工程部门和工业工程师岗位，而且在社会上有多种咨询、科研机构，为各行各业效率的提高、管理系统的改造、人事评价优化、产品市场的预测等提供服务。美国很多高校都设立了工业工程专业，每年培养学士、硕士、博士等不同层次的工业工程专门人才，并开办各种类别的成人教育和继续教育培训班，培养社会需要的工业工程人才,这些仍不能满足社会对此类专业人才的需求。

1.3.2 工业工程的发展阶段

工业工程形成和发展演变过程,实际上就是各种用于提高效率、降低成本的知识、原理和方法产生和应用的历史。

工业工程形成和发展历程可以用图1-6所示的工业工程发展年表概括说明。该图横坐标表示在工业工程发展的历程中一些重大事件产生的时间。在大多数情况下,只表明事件的开始,而不是结束,并且其中有重叠。例如,时间研究至今仍是工业工程的基本方法和工具。

工业工程发展经历了科学管理、工业工程、运筹学、系统工程四个相互交叉的时期。它突出表明不同时期工业工程的重大发展。

1. 科学管理时期(20世纪初至30年代)

这是工业工程萌芽和奠基时期,以劳动专业化分工、时间研究、动作研究、标准化等方法的出现为主要内容。1908年,美国宾州大学根据泰勒的建议,首次开设工业工程课程,成为第一所设有工业工程专业的大学。这时期是在制造业采用以动作研究为主要内容的科学管理办法,以提高工人作业效率。并且,它主要是针对作业者作业现场较小的范围,是建立在经验基础上的研究。1917年,美国成立了工业工程师协会,是世界上最早的独立工业工程组织,以后在1936年又与"泰勒协会"合并为"管理促进协会"。

2. 工业工程时期(20世纪30年代后期至今)

这一时期,工业工程作为一门专业出现并不断充实内容。继宾州大学之后,到20世纪30年代,美国有更多的大学设立工业工程系或专业;工厂出现了专门从事工业工程的职业;众多学者吸收数学和统计学知识,创立了一系列工业工程原理和方法,如休哈特博士1924年建立了"统计质量控制",为工业工程实际应用提供了科学基础,生产计划、库存模型、激励理论、组织理论、工程经济、工厂布置、物料搬运等理论和方法的产生和应用,使工业工程有了真正的科学依据,不再只是凭经验的一种技术。

3. 运筹学时期(20世纪40年代中期至70年代)

这是工业工程进入成熟的时期。长期以来,工业工程一直苦于缺少理论基础,直到第二次世界大战以后,计算机和运筹学的出现才改变了这一状况。为解决战争中的军事方案选择问题而研究出的运筹学是一个新的领域,主要用来描述、分析和设计多种不同类型的运行系统,寻求最优结果。它用于企业产品和市场决策,可实现降低成本、提高效率的目标。

同时,计算机为处理数据和对大系统进行数学模拟提供了有力的手段。因此,工业工程取得重大发展,运筹学成为工业工程的理论基础。

第1章 工业工程概述

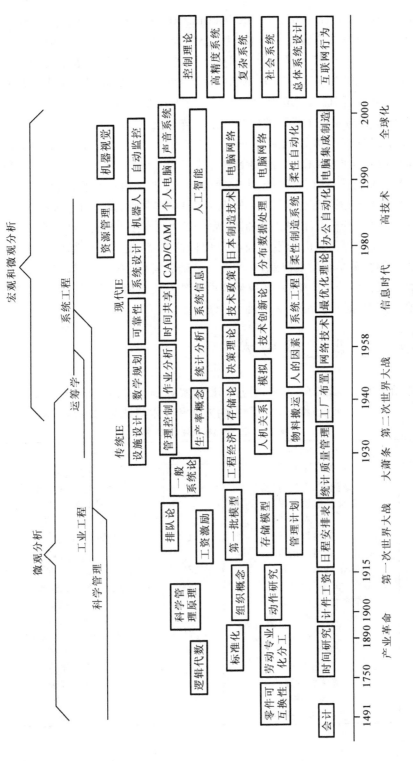

图1-6 工业工程年表

1848年美国工业工程学会(American institute of industrial engineers,AIIE)正式成立(现在已发展成国际性学术组织,仍称为AIIE),并于1955年确定出IE的正式定义。20世纪50年代是工业工程奠定较完善科学基础、发展最快的10年,到20世纪60年代和70年代,其知识基础则更加充实,开始进入现代工业工程的新时期。到1975年,美国已有150所大学提供工业工程教育。

4. 工业工程与系统工程时期(20世纪70年代至今)

从20世纪70年代开始,系统工程原理和方法用于工业工程,使之具备更加完善的科学基础与分析方法,工业工程得到进一步发展和更加广泛的应用。这时期主要技术有系统分析与设计、信息系统、决策理论等。工业工程着力于研究各生产要素和子系统的协调配合,强调综合应用各种知识和方法的整体性,其应用范围从微观领域扩大到宏观大系统的分析设计,从工业和制造部门扩大到服务业和政府部门等各组织。

总之,工业工程正是由于不断吸收现代科技成就,尤其是计算机科学、运筹学和系统工程等相关学科发展成就,有了理论基础和科学手段,才得以从经验为主发展到以精准或精细分析为主,从研究生产的局部系统改善到研究大系统整体优化,从而提高生产率和效益,成为一门独立的学科。

1.4 工业工程技术

根据哈里斯对英国667家公司应用IE的实际调查,按其应用的普及程度,《工业工程手册》(1982年版)将工业工程常用方法和技术归纳为32种,如表1-2所示。

表1-2 工业工程的常用技术

序 号	常 用 技 术	序 号	常 用 技 术
1	方法工程	17	计算机编程
2	作业测定(直接劳动)	18	项目网络技术
3	奖励工资制度	19	计划网络技术
4	工厂布置	20	办公室工作测定
5	表格设计	21	动作研究的经济效果
6	物料搬运	22	目标管理
7	信息系统开发	23	价值分析
8	成本与利润	24	资源分配网络技术
9	作业测定(间接劳动)	25	工效学
10	物料搬运设备选用	26	成组技术
11	组织研究	27	事故与可操作性分析
12	职务评估	28	模拟技术
13	办公设备选择	29	影片摄影
14	管理的发展	30	线性规划
15	系统分析	31	排队论
16	库存控制与分析	32	投资风险分析

工业工程的特点是将管理与技术有机结合，根据这一特点和要求，常常采用的知识技术有以下几项。

1. 工业工程基础

工业工程基础主要是利用方法工程和作业测定两大技术，分析影响工作效率的各种因素，帮助企业挖潜、革新，减少人力、物力、财力和时间方面的浪费，降低劳动强度，合理安排作业，并制定各作业时间，从而提高工作效率。方法工程的目的是减少工作量，建立更经济的作业方法；作业测定旨在制定相应的时间标准。

2. 设施规划与设计

设施规划与设计是指对系统（如工厂、医院、学校、商店等）进行具体的规划设计，包括选址、布局、物流分析、物料搬运方法与设备选择等，使各生产要素和各子系统（如设计、生产制造、供应、后勤保障、销售等部门）按照工业工程要求得到合理的配置，组成有效的集成系统。

3. 生产计划与控制

生产计划与控制是指研究生产过程和资源的组织、计划、调度和控制，保障生产系统有效地运行。研究内容包括生产过程的时间与空间的组织、生产与作业计划、生产线平衡、库存控制等。采用的方法有网络计划（如计划评审技术 PERT、关键路线法 CPM）、经济定货量（EOQ）、经济生产批量（EPQ）、物料需求计划（MRP）、制造资源计划（MRP-Ⅱ）和准时生产（JIT）等。

4. 工程经济

工程经济是指研究投资效益分析与评价的原理与方法。通过整个生产系统的经济性研究、多种技术方案的成本与利润计算分析、投资风险评价与比较等，为选择技术先进、效益最高或费用最低的方案提供决策依据。其内容包括工程经济原理、资金的时间价值、工程项目可靠性研究、技术改造与设备更新的经济分析等。

5. 价值工程

所谓价值工程，是指通过对产品或服务进行功能分析，使目标以最低的总成本（生命周期成本）可靠地实现产品或服务的必要功能，从而提高产品或服务的价值。价值工程的主要思想是通过对所选定研究对象的功能及费用分析，提高研究对象的价值，寻求高效益、低成本方案，主要用于新产品、新技术开发过程。这里的价值，指的是反映费用支出与收益之间的比例，表达为：价值＝功能/成本。提高价值的基本途径有 5 种：① 提高功能，降低成本，大幅度提高价值；② 功能不变，降低成本，提高价值；③ 功能有所提高，成本不变，提高价值；④ 功能略有下降，成本大幅度降低，提高价值；⑤ 适当提高成本，大幅度提高功能，提高价值。

6. 质量管理与可靠性技术

质量管理是指为保证产品或工作质量进行质量调查、计划、组织、协调与控制等，其核心是为了达到规定的质量标准，利用科学方法对生产进行严格检查和控制,预防不合格品产生。内容包括传统的质量控制方法、现代质量管理保证、生产保证、全面质量控制(TQC)、全面质量管理(TQM)等。可靠性技术是指保障现有系统有效运行的原理与方法,包括可靠性概念、故障及诊断分析、使用可靠性、系统可靠性设计、系统维护与保养策略等。

7. 人因工程

人因工程又称人类工程学,或工效学、人机工程等,它综合运用生理学、心理学、卫生学、人体测量学、社会学和工程技术等知识,研究生产系统中人、机器与环境之间的相互作用的一门边缘科学,是工业工程的一个重要分支。通过对作业中的人体机能、能量消耗、疲劳测定、环境与效率的关系等的研究,在系统设计中科学地进行工作职务设计、设施与工具设计、工作场地布置、合理作业方法的确定等,使作业人员获得安全、健康、舒适、可靠的作业环境,以提高工作效率。

8. 人力资源开发与管理

人力资源开发与管理是研究如何有效地利用人力资源和提高员工的素质。它结合心理学和组织行为学,以企业组织的实践为导向,研究人力资源开发与管理的基本理论和可作业的方法。其内容涉及提高工作、生活质量和生产力,人力资源计划,工作分析,员工招聘,员工培训与开发,职业计划和职业管理,绩效评估,报酬系统等方面。

9. 管理信息系统

管理信息系统是指为一个企业的经营、管理和决策提供信息支持的用户计算机综合系统。管理信息系统是一个以人为主导,利用计算机硬件、软件、网络通信设备及其他办公设备,进行信息的收集、传输、加工、储存、更新和维护,以提高效益和效率为目的,支持企业的高层决策、中层控制、基层运作的集成化的人机系统,是现代工业工程应用的重要基础与手段。其主要任务是最大限度地利用现代计算机及网络通信技术加强企业的信息管理,通过对企业拥有的人力、物力、财力、设备、技术等资源的调查了解,建立正确的数据,加工处理并编制成各种信息资料,及时提供给管理人员,以便进行正确的决策,不断提高企业的管理水平和经济效益。主要内容包括计算机管理系统的组成,数据库技术,信息系统设计与开发等。

10. 现代制造系统

现代制造系统是现代工业工程进行企业系统设计和运作优化的重要内容,熟悉和掌握现代制造系统是工业工程师必不可少的重要知识。现代制造系统主要包括制造系统工程基础、成组技术(GT)、计算机辅助工艺过程设计、柔性制造单元与系统、计算机集成制造(CIMS)、机床数字控制与编程基础、工业机器人及其应用、装配及自动化装配、质量改进与自动检测/监控基础、敏捷制造、虚拟企业、网络制造、虚拟制造、可重组制造系统(re-configurable manufacturing system)、孤岛制造系统(holonic manufacturing system)、基于智能体的制造系统(agent-based manufacturing system)、自组织制造系统等。

据对国内企业应用工业工程技术的统计表明,工业工程主要运用的技术分布如图 1-7 所示。

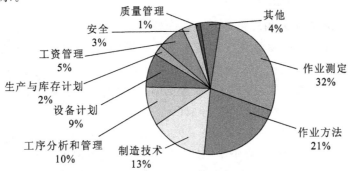

图 1-7　我国工业工程主要运用的技术分布

1.5　工业工程的应用与发展

1.5.1　工业工程的应用领域

工业工程发展初期,应用对象是制造业。直至今天,制造业仍然是工业工程的主要应用对象,但制造业独享其成果的时代从第二次世界大战以后就有所改变。工业工程的方法与技术被更广泛地为非制造业领域所接受,如建筑业、交通运输业、零售业、金融业、公共医疗行业,以至政府管理等。究其原因,一个重要的因素就是工业工程的核心价值——效率与效益,这是一切经济组织所追求的共同目标,也是工业工程在不同领域得到应用的基础。

在美国,专业学会组织往往享有很高的地位,它是推动科学发展的重要基础。美国工业工程师学会现在已成为一个国际性学术组织,从该学会主要专业分会设置的情况就可大致看出工业工程的应用领域的分布情况,如表 1-3 所示。

表 1-3　工业工程应用领域的分布情况

序　号	应用领域的分布情况	序　号	应用领域的分布情况
1	航空与航天	12	运筹学
2	计算机与信息系统	13	加工工业
3	电子工业	14	生产和库存管理
4	能源工业	15	质量控制与可靠性工程
5	工程经济	16	零售商业
6	人因工程	17	卫生系统
7	设施规划与设计	18	运输与销售
8	金融业务	19	公用事业
9	政府	20	作业测定和方法工程
10	工业和劳务关系	21	制造系统
11	管理		

1.5.2　工业工程在国内、国外的应用与发展

1. 工业工程在国外的应用与发展

美国是工业工程的发源地,工业工程为美国的经济发展起到了重要作用,美国制造业的发展历程就是工业工程发展的历史。在美国,各大中型企业都设立工业工程部门和工业工程岗位,其工作是最繁忙的,因此美国的工业工程师队伍极其庞大。美国20世纪60年代后期开始形成以MRP、闭环MRP、MRPⅡ为代表的美国IE模式,20世纪90年代刮起了BPR旋风,精益生产模式也开始盛行。

日本在国际贸易和市场竞争中之所以节节胜利,根本原因在于其社会和企业的低成本、高质量、高效率,而工业工程是它们的成功法宝和依靠的主要技术和工具之一。日本20世纪70年代从美国引进工业工程,在工业工程的开发与应用中注重结合本国实际进行改进与创新,特别是开发出了不少独具特色的技术方法,例如丰田生产模式、零库存生产及看板管理等,并在国际上产生了革命性影响。日本的IE最初也是从基础工业工程开始的,在20世纪60—70年代创立了TQC模式;20世纪70年代以来,推出了以丰田生产方式为代表的日本IE模式,使得质量提高100%,生产周期缩短70%,成本降低40%,市场占有率提高20%。日本IE强调在作业级的实际应用,注重产品设计,采用准时生产和质量控制等方式,有力地推动工业工程的发展。

欧洲如前苏联等从20世纪50年代前后相继开始使用工业工程技术,而且很快向其他一些国家和地区渗透。欧洲的工业工程比较注重两种IE方式的融合,注重管理方法和管理信息系统的建设,以及推动装配线与生产平衡等。同时,引入物料需求规划与企业资源规划、并行工程、同步制造、供应链管理、敏捷制造等。

在亚洲,到20世纪70年,亚太地区经济发展较快的韩国、新加坡、泰国及印度等都已经建立了工业工程的研究、教育、开发和推广体系,并采用美国的工业工程体制。如印度也于1975年开始建立IE教育与应用体制,得到了较快的发展。韩国的工业工程强化高等教育与学术组织的建设和发展,汉阳大学、KAIST、POSTECH、东义大学、庆星大学等都建立了自己的工业工程体系,三星、现代、LG等企业应用和推广工业工程取得了较好的效果。

这些国家和地区的经济发展相当迅速,不能不说与工业工程的研究与应用有着密切的关系。可以说,工业工程的研究与发展水平,在一定程度上标志着一个国家或地区的经济、社会和管理发展水平。

2. 我国工业工程的应用与发展

工业工程在我国的传播可追溯至1943年的重庆九龙坡交通大学工学院"工业管理工程"系。当时该系组织的学习课程中,涉及机械工程和工业工程的内容各占50%。

随着我国社会主义制度的建立和社会主义市场经济体制的逐步完善,生产率

得到了极大的提高,社会生产力得到空前的发展。早在 20 世纪 50—60 年代,我国普通劳动者就自发开展了提高劳动生产率的活动,并创造出了许多立足于本职工作的新的工作方法,如"郝建秀作业法"、"倪志福技术革新"、"毛泽东号机车组作业法"等,这些都体现了工业工程的思想,并有一定的创造性。20 世纪 50 年代初期,156 项骨干工程在实施中全面学习与采用前苏联的模式,推行其生产组织与计划方法,其中涉及了某些传统的 IE 内容,如时间研究、制定劳动定额;20 世纪 50—60 年代社会建设高潮期间,开展了合理化建议、技术革新运动,改进生产工具、工艺过程、作业方法和技术标准,改善劳动条件,提高了工作效率,降低了成本与消耗。"文革"期间,IE 的科学管理方法被当作资本主义的理论加以排斥。

改革开放后的 20 世纪 80 年代,首先工业部门认识到工业工程的推广和应用将会对经济发展产生巨大的影响。机械电子工业部最早提出"加强企业管理,实行整体优化"的要求,并卓有远见地提出要对企业管理整体优化的理论、方法进行研究探索。有关部门和许多有识之士普遍认为,工业工程技术比较适合我国现阶段经济发展的需要,在我国工业界推广应用的前景十分广阔。应用它的一些技术,往往不需要或只需要很少的投资,就可以产生很大的效益。日本能率协会专家三上辰喜受日本政府委托,曾在我国北京、大连等地推广应用工业工程。他认为,中国许多企业不需要在硬件方面增加许多投资,只要在管理方式、人员素质和工业工程等方面着力改进,生产效率就可以提高 2~3 倍,甚至 5~10 倍。20 世纪 80 年代中期北京机床电器厂在日本专家诊断和指导下,运用工业工程,通过"工作研究",改善工作地布置和作业方法,使组装车间在不增加人员、基本不增加设备投资的情况下,生产效率提高一倍,产品合格率由 85% 提高到 97%,并减轻了工人的劳动强度。成都红光电子管厂运用"工作研究"等基础工业工程技术改造电子产品装配线,节约了大量工时、人力、物力,提高了效益,改善了工作环境;长春一汽、湖北东汽从中国国情出发,学习、推广日本的准时生产方式和"一个流"管理法,变"推动式生产"为"拉动式生产",取得了巨大的技术经济效益。鞍山钢铁公司广泛应用工业工程技术,普遍修订岗位作业标准,取得明显效果。另外,国内一些设计院研究应用物流系统分析方法,显著改善了工厂设施的规划和设计工作。

在 20 世纪 80 年代末至 90 年代初的近 10 年来,应用 IE 的行业已涉及冶金、化工、机械、汽车、能源、石化、航空、服务业等各种领域。IE 的 4 项重要技术,即系统分析与统筹规划、工作研究、设施规划与设计、生产计划与控制技术的应用已形成一定格局。1985 年机械电子系统有关部门组织和指导一些企业进行应用"工作研究"试点,据 10 个企业统计,一次性投入 76 万元,每年增加净收入 2815 万元,取得显著效果,证明 IE 对我国企业管理优化,提高效率和效益也是适用与有效的。1987 年实行经济体制改革,从计划经济向市场经济过渡,开创了 IE 应用的新局面。1989 年举行了中国首届工业工程学术会议,成立了中国机械工程学会工业工程分会。

进入20世纪90年代以后,我国企业直接面临国际市场竞争的挑战,急需提高管理水平,降低成本,提高效益。中国机械工程学会经过大量的调查研究和专家论证,为在全国范围内更好地推广工业工程,使企业自觉地、有意识地应用工业工程,在中国科协、原机电部、国家技术监督局等部委和有关高等学校、研究机构、大型企业的支持下,于1990年率先成立了国内第一个工业工程学术团体——中国机械工程学会工业工程分会。从1991年开始基本上每年或每两年召开一次全国性学术会议,1991年还成立了工作研究与效率专业委员会。1992年全国高等教育自考委与机械工业部联合发出通知决定在全国组织开考工业工程专业本科段自学考试,于1994年首考。1993年的学术会议还邀请了台湾工业工程学会和香港工业工程学会等学术团体的代表团及日本工业工程专家参加。大学教育方面,国内大学开始从20世纪90年代开始设立工业工程专业,比如西安交通大学工业工程系创建于1992年,是我国最早开办工业工程专业的教学与研究单位;天津大学是1992年首批由国家教委批准试办工业工程专业(本科)的高等学校之一,也是首批获得工业工程硕士授予权的高等学校之一;重庆大学机械工程学院工业工程系创建于1993年,为国家教委首批正式批准的工业工程专业本科招生单位。清华大学工业工程学科发展始于20世纪90年代,1993年第一批获准设立工业工程硕士专业,1997年起设立本科专业并开始招生,后又获准按"管理科学与工程"一级学科授予工业工程方向工学博士和硕士学位。2001年10月清华大学正式成立工业工程系,特聘美国工程院院士、普渡大学萨文迪教授出任首届系主任和讲席教授。建系五年来,工业工程系已实现了跨越式发展,为清华大学工业工程系在较短的时间内建成世界一流的工业工程学科打下了良好的基础。目前全国已有130余所的高校设立了工业工程专业。

学术交流方面,我国已成功地举办了10余次工业工程学术会议,学术杂志有《工业工程》、《工业工程与管理》。从1994年开始,每年在我国大陆及香港地区召开一次工业工程国际研讨会。近年来,工业工程的教育、研究和推广应用都很活跃,对我国的经济发展产生了积极作用。1995年和2000年,我国分别举办了具有重要国际影响的计算机与工业工程国际会议,促进了工业工程领域的国际交流与合作,扩大了中国工业工程的影响力。2000年6月中国机械工程学会开始组织中国工业工程专家与工业工程工程师认证工作,资格认证工作也已全面展开,同时国家有关部门正在酝酿工业工程师和高级工业工程师岗位的设置问题。

许多企业已开始认识到,面对国际市场的整体竞争格局,没有工业工程有关技术及其相应的专业人才,提高国际竞争力的目标是很难实现的,而实施工业工程是计划经济向社会主义市场经济过渡并与国际接轨的一条有效途径。事实上,中国许多与国外合资或国外独资的企业,像上海大众、一汽大众、天津奥梯斯电梯厂、上海麦道飞机公司、天津摩托罗拉公司等,均设有工业工程部和工业工程师岗位,这些企业的管理方式都尽可能按照国际惯例,经济效益非常明显。国内大中型企业应用IE技术势头日趋旺盛,并已取得了显著经济效益和社会效应,比如海尔、联想、TCL、科龙、美的等先进企业都设有独立的工业工程部门。目前国内许多大中型企业均设有工业工程师岗位。

工业工程在我国冶金、化工、机械、汽车等各种领域广泛应用并取得了丰硕的成果。在汽车行业,长春一汽变速箱厂采用精益生产方式,降低流动资金70%,降低在制品90%,提高劳动生产率90%,使生产能力翻一番,生产用工人数下降1/2。上海大众汽车有限公司5年期间逐步改善物流搬运和劳动组织,在增加加工深度的情况下,生产工时下降39.8%,一线劳动生产率水平接近德国水平。东风汽车公司车桥厂在差速器壳生产线上推行工作研究,使人均搬运距离缩短2 633.54 m,时间减少了145.86 min,作业人员减少20%,班产量提高39.04%,人均生产效率提高73.8%,废品率下降31.1%,在制品下降44.2%,年创经济效益13.87万元。在机电行业,红光电子管厂在引进的生产线上运用工作研究,仅花费1万元就年增产值840万元,净增利税363万元。北京机床电器厂在日本专家指导下,运用IE技术改造电器产品的装配线,新增利税349万元,成为"老厂不大量投入,运用IE技术大幅度增加生产效率"的典型。广东科龙冰箱厂在供应管理上获得显著改善,一次性降低3 000万元费用。机电行业推行工作研究的效果非常显著,据10个企业统计,一次性投资76万元,而每年增加的净收入为2 815万元,取得了巨大的经济效益。在钢铁行业,邯钢在1994—1996年中应用IE技术获奖的38个项目所创造的经济效益累计1.66亿元,年均获益5 558万元。鞍山钢铁公司在其所属的20个企业进行应用试点,通过推行方法工程,修订和制订作业标准9 592个,开展岗位测评、改善劳动条件等活动,品质提高10%~20%,工时利用率提高10%~25%,劳动生产率提高20%,获经济效益5 392万元。宝山钢铁集团公司采用"定员效率化(逐年减少定员和提高劳动生产率)"方法推行IE,不断挖掘生产潜力,在提高效率方面成就显著。1988—1991四年间减少人员800人,劳动生产率提高13%以上。唐山钢铁公司应用IE技术,在1990—1997年间,实施IE项目667项,创造经济效益4亿元,年均5 166万元。

2000年以来,我国工业工程的发展得到全面的提高,除逐步开始应用基础工业工程外,还大力推动现代工业工程的发展,取得了一系列成果。这些都标志着我国工业工程的研究、开发与应用开始进入了一个新的发展时期。

1.5.3 工业工程的发展趋势

工业工程的发展具有鲜明的时代特征。现代工业工程就是在现代科学技术和生产力条件下研究工作系统提高生产效率和竞争力的学科。现代科学技术和生产力的高度发展,尤其是高新技术的出现和应用,今天的生产经营环境和过去相比,发生了很大的变化,主要表现在:① 市场需要多样化,产品生产周期大大缩短,竞争激烈,要求不断开发新产品;② 系统的、成套产品的服务和市场不断扩大,用户越来越多地需要优质、可靠、系统的服务;③ 严格的保证交货期,提供周到、及时的售后服务。

现代制造技术与生产模式为高速、高效、高精度和高品质生产提供了条件。现代制造技术包括数控技术(NC,CNC)、计算机辅助设计与制造(CAD/CAM)、成组技术(CT)、柔性制造单元和系统(FMC/FMS)、计算机辅助工艺设计(CAPP)、物料需求计划(MRP)、制造资源计划(MRPⅡ)、准时制(JIT)、计算机集成制造(CIMS)等。现代制造技术与生产模式也促进了工业工程的广泛应用和发展。

信息技术的发展为生产经营决策科学化和增强应变能力提供了手段。为了适应这些变化和要求,现代工业工程吸收了越来越多的新学科和高新技术,如信息科学、自动化技术、模拟技术和优化理论等。

工业工程的发展趋势主要有以下几个特征。

(1) 研究对象的发展 研究对象与应用范围扩大到系统整体,由相对静态系统发展为动态时变的非确定系统,由企业局部小系统发展为企业整体大系统乃至社会复杂大系统。

(2) 研究目标的发展 研究目标重点转向系统集成,由注重局部优化发展为更加注重系统全局优化;单一目标的优化,由多目标的综合优化;静态优化发展为动态优化。

(3) 研究领域的发展 由传统机械制造业发展到高技术制造业乃至制造业领域中社会各个行业和层面。

(4) 研究方法的发展 由传统设计方法发展到基于计算机与网络的技术再到现代科学技术新理论与方法。如采用计算机和管理信息系统作为支撑,探索可变制造系统、虚拟生产系统、容错生产管理、自适应生产调度与控制等有关新方法。

(5) 更注重人的作用,更注重形成面向问题的、适宜的工业工程模式 目前,工业工程的应用有向源流方向发展的趋向。过去工业工程部门重点是对已经设计好的产品在生产过程中如何改善的问题,最多是生产部门将生产效率差的设计反馈给设计部门,再由其进行改良。但是,在目前激烈竞争的时代,更重要的是在产品开发时如何按照工业工程的原则设计出效率更高的产品,同时,设计部门将工业工程的原理融入设计中,企业联合生产部门研究是否可行并进行改进和改善。

 习题

1. 什么是 IE? 试用几个关键词精简地表述 IE 的定义。
2. IE 的目标是什么?
3. 试述 IE 思想或 IE 意识。
4. 简要说明 IE 学科的特点。
5. 从发展看,工业工程有哪些重要的研究内容?

6. 简述工业工程面临的挑战及其发展趋势。
7. 试述传统 IE 和现代 IE 的关系,如何理解传统 IE 是 IE 的基础和主要部分?
8. 简要说明 IE 发展历程。
9. IE 可以应用于哪些领域?
10. 工业工程专业设置了哪些主要课程?

思考题

工业工程是什么?能做什么?

案例 ▶▶▶

美国大学工业工程教育

工业工程是重要的工程学科,工业强国如美国、德国和日本大多具有较强的工业工程学科。美国一流大学大都设置了工业工程系或专业,工业工程是工程学院的 7 大学科(机械工程、电子工程、土木工程、化工工程、计算机、工业工程、航空工程)之一。据不完全统计,与工业工程相关的系和专业主要有:工业工程系,经管学院(工商管理),公管学院(科技管理),系统工程系,机械工程系,数学系(运筹学),资源系(能源管理),环境、水利、计算机系,自动化系(系统工程、先进制造),土木工程系(交通管理),建筑系(土建项目管理)。美国著名大学工业工程大学学科和专业介绍如下。

1. 普渡大学工业工程学院

普渡大学于 1956 年成立工业工程和管理学院,1961 年成立工业工程学院。全院现有 27 位教师、426 名本科生、83 名硕士生、60 名博士生,1990—2000 年授予学位学士 139 人、硕士 47 人、博士 14 人。

普渡大学工程学士学位学分要求:低年级工程课 31 分,数学、物理 13 分,通用教育选修 18 分,必修工程课 48 分,技术选修 15 分,总共 125 分。普渡大学建议的四个专业方向:人因工程、制造系统工程、运筹和系统工程、生产和管理系统工程。课程安排如下。① 数学:四门课。② 物理:两门课。③ 通用教育选修:人文、社科。④ 技术选修:制造、人因工程、运筹学、生产流动和管理。⑤ 工程科学:统计动力学、材料强度、线性电路分析、热动力学、概率和统计、应用统计学、工业工程中的计算、线性优化、随机最优化、工程经济学、工业控制系统。⑥ 工业工程设计:制造过程、生产控制和设施设计、人机工程和工作设计、人因和认知工程、先进制造工程和设施设计、系统分析和设计。

2. 密西根大学工业与运作工程系

密西根大学于1952年第一次授予工业工程学位,1956年始建工业工程系,其后更名为工业与运作工程系,至今已授予3378个学士学位、1300硕士学位和185个博士学位。在校本科生超过500人,研究生200人。教师有28人:15位教授、5位副教授、8位助理教授。

密西根大学工程学院的学士学位学分要求如下所述。① 统一必修课52学分:数学16分,工程8分,化学及实验4分,物理及实验8分,人文及社科16分。② 相关工程课程12学分:非IE的工程课程。③ 必修的专业课程28学分:工业和运作管理2分,运筹模拟2分,工程概率统计学4分,人机工程学3分,人机工程实验1分,马尔柯夫过程2分,线性统计模型2分,最优化4分,数据处理4分,高年级设计课程4分。④ 技术选修24分。⑤ 自由选修12分。五项总要求学分:52+12+28+24+12=128学分。

3. 佐治亚理工学院工业与系统工程专业

佐治亚理工学院于1945年组建工业与系统工程专业,现在是美国最大的工业工程专业,1999—2000年有1200学生,300学士学位获得者毕业。现有55位教师,其中24位教授、17位副教授、14位助理教授。该学院专业强调数学基础,如运筹、统计分析和模拟、配送、后勤、生产和物流、经济和金融模型、人机集成系统、计算机模拟等。

佐治亚理工学院工业工程学士学位学分总共要求128学分:数学16分,物理8分,实验科学选修8分,人文社科24分,体育2分,工程科学选修9分,工业工程主课33分,计算机科学和管理15分,自由选修课9分,IE高年级设计课4分。课程安排如下。① 数学:微积分Ⅰ、Ⅱ、Ⅲ、线性代数和离散数学。② 物理:物理Ⅰ和物理Ⅱ。③ 实验科学:从化学、生物、地球及大气科学、物理学中选修。④ 人文、社科:英语作文Ⅰ、Ⅱ,美国历史、美国政体、社会科学选修,经济学、人文、心理学。⑤ 体育。⑥ 工程科学选修,从下列4门中选取:热动力学、数字信号处理、静力学/动力学、电路。⑦ 工业工程核心课程。⑧ 计算机科学和管理:经济和金融模型,组织行为,计算机科学Ⅰ,计算机科学Ⅱ,数据库系统。⑨ 自由选课。⑩ 工业工程设计。

4. 加州大学伯克利分校工业工程和运作研究系

加州大学伯克利分校工业工程和运作研究系已成立45年,现有12位教师、140名本科生、45位研究生。伯克利工业工程注重工厂管理,该系人才培养和人才教育主要从四个角度出发,即面向企业、系统的观点、定量的研究、优化的方法等。

该系设置的课程主要有运筹学导论、工业经济学原理、工商数据系统工业、生产和设计生产、系统分析服务、运筹设计和分析、设施规划和设计、运作研究、线性规划、人员工作系统和组织的设计、数据库分析和设计仿真系统、实验数学规划应用、统计过程、排队理论。

表1-4所示为以上四校课程开设的一些情况。

表 1-4　美国四校工业工程课程设置统计表

课程设置	密西根大学	普渡大学	佐治亚理工学院	加州大学伯克利分校
工程经济学	*	*	*	*
工业和运作管理	*	—	—	*
线性统计模型	*	—	—	*
工程概率统计学	*	*	—	—
马尔柯夫过程	*	—	—	*
最优化	*	*	*	—
运筹模拟	—	—	—	*
仿真	*	*	—	—
数据处理	*	—	—	*
工商数据系统	—	—	—	*
人机工程学与实验	—	—	—	*
计算机系统人因工程	*	—	*	—
工作分析和设计	*	—	*	*
人机集成服务系统设计	—	*	—	—
设施规划	*	—	—	*
物流系统	*	—	—	*
统计质量控制	*	*	—	*
工业工程试验方法	—	—	—	*
工作组织	*	—	—	*

从上面的介绍可以看到,大部分学校的四年总学分在125～130之间。其中工业工程的核心课程约为35个学分,选修课组约为16个学分;非工业工程的技术和工程选修约为10个学分;计算机和管理选修约为10个学分。

通过比较和分析发现,工业工程的课程设置和研究方向设置与地缘优势有较大关系。所分析的四所大学由于地理位置的不同,其课程和学术研究与当地的工业特色非常吻合,如加州大学伯克利分校的工业工程以电子制造业为擅长;密西根州是汽车制造业集中的地方,以制造业中的质量控制和人机工程学为擅长;亚特兰大是美国最大的物资转运中心,佐治亚理工学院则以结合运输服务业的物流学为重点;而普渡大学的人因工程是最强的,拥有以萨文迪教授(美国工程院院士)为首的一批造诣深厚的研究人员。

因此,工业工程专业要形成竞争优势,必须具有自身的特色,而特色是根据大学的地理位置和实际发展情况而形成的。

案例讨论

美国大学工业工程教育有何特色?

第 2 章 工业工程的基本职能

内容提要 ▶▶▶

工业工程具有规划、设计、评价和创新等四大职能。按照职能进行分析和研究构成了工业工程的原理和基础，具有广泛的指导意义。本章阐述了工业工程四大职能的内涵和原理，是工业工程基础的核心。要求重点掌握规划的概念、类型、任务和程序，并了解系统调查分析、可行性分析和企业规划方法；掌握设计和评价职能的原则和方法，并要求通过典型的系统设计案例分析，能够对系统设计进行评价。本章还要掌握创新的基本内容和方法，以及对系统进行改善与创新的方法。

2.1 工业工程职能概述

1. 企业生产系统运作模型

工业工程总是不断寻求最有效地利用人力、材料、设备、资金和信息的途径，并对系统进行设计、改进和设置。

企业作为一个系统，其运作分为五个阶段：系统规划、系统分析、系统设计、系统实施、维护与评价等。其基本运作模型如图 2-1 所示。

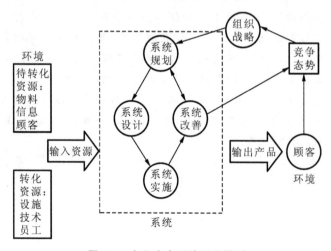

图 2-1 企业生产系统运作模型

2. 工业工程的主要职能

通常,从系统的角度和涵盖的功能来看,工业工程具有规划、设计、评价与创新等四项主要功能或职能,详细内容如图 2-2 所示。

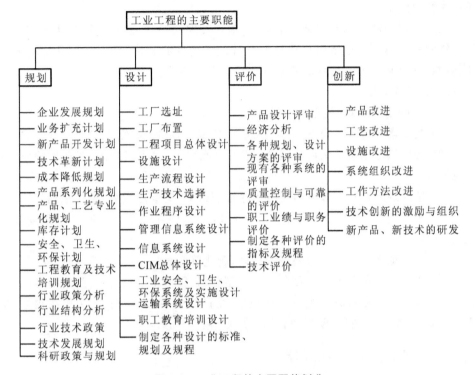

图 2-2 工业工程的主要职能划分

2.2 规划职能

规划活动贯穿于企业所有活动的始终,在企业中具有重要作用。首先,企业必须制订规划。企业为了实现长期发展,需要对其所处的产业发展形势、市场状况、竞争者及自身的生产和经营情况作出全面的分析,并在此基础上制定出长期和短期规划。同时,还为企业重要的经营活动提供详细的实施计划,即通过建立执行计划的阶段性目标,控制计划的实施,使企业能够从计划的实施过程中,通过对执行偏差进行分析,从而对决策及制定决策的基础进行不断的完善和修正。

2.2.1 规划的概念和类型

1. 规划概念

规划是对一个系统在未来一定时期内所从事的生产或服务采取的特定行动的

预备活动。完整的规划活动包括总体目标、方针政策、战略和战术的制定,也包括分期(短期、中期、长期)实施计划的制订。规划不仅需要包括进度和时间上的计划,还包括为实施规划要完成哪些重要的任务,由谁来完成,如何完成及完成这些任务所需要的资源等。

工业工程的规划职能侧重于系统、技术和管理的发展规划,主要是协调和整合各类资源的利用。规划指明了建立新系统的目的和必要性,确定了新系统的要求和制约条件及制订出新系统的开发计划的一系列活动。

2. 规划的类型

按不同的指标体系,规划有不同的分类方法。

(1) 按要素可分为人员规划、财务规划、物料规划、能源规划、信息规划等。

(2) 按地域范围可分为跨国规划、区域或流域规划、省级规划、工业区规划、企业规划等。

(3) 按规划涉及的具体内容可分为企业层规划、车间层规划、班组规划等。

(4) 按规划期限可分为长期规划(大于10年)、中期规划(5~10年)、短期规划(小于5年)。

(5) 按资源类型可分为材料资源规划、制造资源规划、企业资源规划等。

(6) 按生产或服务的广度可分为生产型规划、服务型规划、混合型规划等。

(7) 按业务类型可分为企业发展规划、生产规划、技术规划、人力资源规划、新产品规划、安全生产规划、职工教育培训规划等。

2.2.2 规划的任务和程序

1. 规划的任务

规划的任务是提出一个初步的系统设想,包括确定系统目标、业务流程调查、设定系统功能、配置系统资源及可行性分析。主要内容有:① 可行性分析;② 详细调查;③ 用户需求分析;④ 系统模型建立;⑤ 系统分析报告。

2. 制订规划的程序

一套完整的规划程序包括:定义问题,找出问题的关键,建立解决问题的各种可能方案,并根据实际资源状况作出可行性分析,评估各个方案的利弊得失,选择最佳方案并付诸实施。规划制订的一般程序为:

(1) 调查、收集和整理涉及企业战略决策和经营环境的各种信息;

(2) 根据企业实际情况确定生产资源规划期限;

(3) 采用定性、定量相结合的方法进行预测;

(4) 分别制订各项业务计划。

2.2.3 可行性研究

可行性指在组织内外部环境条件下,确定进行某系统(工作、作业)的必要性和可能性。可行性研究是按照各种有效的方法和工作程序,对拟进行研究的系统在技术上的先进性、适应性,经济上的合理性、赢利性,以及系统的实施可能性等方面进行深入的分析,确定目标,提出问题,制定方案和系统评估,为决策提供科学依据。

1. 可行性研究的意义

(1) 它是确定系统开发的依据。

(2) 它是确定下阶段工作范围、编制工作计划、协调各部门活动的依据。

(3) 它是分配资源的依据。

(4) 它是系统开发的准则。

2. 可行性研究的内容

(1) 系统的必要性研究 企业是否有必要使用该系统、是否有条件使用该系统及达成目标的程度等,都是系统的必要性研究内容。

(2) 技术可行性研究 根据现有的技术条件(含系统硬、软件,技术人员等)能否达到所提出的要求,以及所需要的资源是否具备、能否得到等,都是技术可行性研究的内容。

(3) 经济可行性研究 估计系统的成本和效益,分析该系统经济上是否合理,能否得到所需资金;开发该项目在经济上是否合算,主要资金的来源和存在的风险,经济效益、投资回收期和社会效益的计算等,都是经济可行性研究的内容。

(4) 运行可行性研究 又称作业可行性、社会可行性。所建立的系统能否在该企业实现并高效率地执行预期的功能,组织内外是否具备接受和使用新系统的条件等,都是运行可行性研究的内容。

(5) 安全性研究 系统安全性、数据安全性及安全制度和人员保障等都是安全性研究的内容。

总之,在进行可行性分析时,应按照各种有效的方法和工作程序,对拟建项目在技术上的先进性、适应性,经济上的合理性、赢利性,以及项目的实施等方面进行深入的调查研究,确定目标,提出问题,制定方案和项目评估,从而为决策提供科学依据。图 2-3 所示为可行性研究的一般程序。

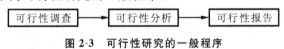

图 2-3 可行性研究的一般程序

3. 可行性分析报告

可行性分析报告主要包括以下内容。

(1) 引言。

(2) 当前系统的初步调查与分析　企业的目标和任务；企业概况；企业外部环境；当前系统的概况；当前系统的业务流程和子系统的划分；新系统的开发条件。

(3) 新系统初步方案　新系统的目标（含范围、边界、主要目标）；新系统的规模；方案中的数量、来源、时间等。

(4) 可行性分析　新系统的必要性分析；新系统的可能性分析；从经济可行性、技术可行性、实现可行性等方面进行方案的比较分析。

(5) 分析处理　分析后的结论大致有以下几种。① 可以立即开始进行；② 需对系统目标进行某些修改后才能进行；③ 需等待某些条件具备后才能进行；④ 不必要或不可能。

2.2.4　系统规划的调查与分析

1. 系统调查的目的和范围

系统调查的目的是深入了解企业工作中的具体情况和存在的具体问题，为提出新系统的逻辑模型提供可靠的依据。其内容包括：① 组织机构和功能业务；② 组织目标和发展战略；③ 工艺流程和产品构成；④ 业务流程与工作形式；⑤ 管理方式和具体业务的管理方法；⑥ 决策方式和决策过程；⑦ 可用资源和限制条件；⑧ 存在的问题和改进意见。

2. 系统调查的方法

(1) 收集资料　将各部门、科室和车间日常业务中所用的计划、原始凭证、单据和报表等的格式或样本统统收集起来，以便对它们进行分类研究。

(2) 调查表征求意见　根据系统特点设计调查表，并用其向有关单位和个人征求意见和设计数据。这种方法适用于需要向许多单位进行调查，而调查的信息量又不大的情况。调查表的设计要抓住核心问题，提问要简单、直接。

(3) 开调查会　开调查会的目的是集中征询意见，它适用于对系统作定性调查。一般是按职能部门召开调查会，了解各部门业务范围、工作内容、业务特点及对新系统的想法和建议；或者是各类人员联合座谈，着重听取他们对目前作业方式和对新系统的要求。

(4) 访问　个别访问可消除被访者在座谈会上的一些顾虑，能收集到被访者的真实想法。

(5) 直接参加业务实践　直接参加业务实践是了解当前系统的最好方法，但有时受到条件的限制。

3. 系统调查与分析

1) 组织结构的调查与分析

系统的组织结构是指一个组织及其组成部分之间的隶属关系或管理与被管理

的关系,组织结构图表示了一个单位组织内部的部门划分及它们的相互关系。进行组织结构的调查与分析时应了解各部门人员的业务分工情况和有关人员的姓名、工作职责、决策内容、存在问题和对新系统的要求等。

2) 功能体系的调查与分析

功能是指完成某项工作的能力。功能体系调查的任务是了解或确定系统的功能构造。每一个系统都有一个总的目标,为达到这个目标,必须要完成各子系统的功能,而各子系统功能的完成,又依赖于下属各项更具体的功能的完成。

3) 管理业务流程的调查与分析

从组织结构图、功能分析图可以看出,管理业务工作集中在哪些部门及这些部门的主要职能是什么,下一步的任务是弄清这些职能是如何在有关部门内具体完成的。

4) 薄弱环节的调查与分析

进行系统调查时,必须重视现行系统所缺乏的和较薄弱的环节,发现并在新系统中加以补充和改进。由于它们正是新系统要解决和改进的主要问题,因而有效地解决这些问题,能够增加新系统的经济效益和社会效益。

2.2.5 企业规划

1. 制造业的问题

制造业在生产规划时经常会遇到以下问题:① 预测困难;② 前置时间短、交货急迫;③ 设计更难以控制;④ 生产排程经常变动;⑤ 对于生产排程表的改变响应不良;⑥ 制造现场生产进度不明;⑦ 制造现场绩效衡量困难;⑧ 制造成本不正确;⑨ 缺乏管理决策所需信息;⑩ 供货商交货期难以控制;⑪ 供货商品质不稳定。

2. 企业规划

企业生产都有一个制订规划的问题,企业规划时将管理制度建立在通用的系统架构上,并建立适合个别公司的管理方法,同时不断地缩短前置时间以确保资源的弹性,并根据实际的可用资源做出合理、适用的规划。

(1) 材料需求规划　材料需求规划(material requirement planning,MRP)是计划出材料需求,它可用来规划所有资源的未来需求。主生产排程 MPS 中记录完成品的生产计划,驱动各项资源的需求;材料表或人力表定义完成品与材料或人力的关系;资源表定义材料表中各零件与所需设备产能的关系。MRP 利用材料表与生产排程转成未来各期的材料需求,其中的自制零件再通过人力表及资源表转成人力及设备需求。利用 MPS 中的完成品总需求及 MPS 中的采购/外包零件计划,可计算出未来各期的资金需求。另外,还要掌握一些主要信息,如材料表、人力表、资源表、库存文件、人事基本信息等文件,以及主生产排程、产能需求计划、销售订单管理、采购单、外包单、制令单、领料单等交易过程文件。

（2）制造资源计划　制造资源计划（manufacturing resource planning，MRPⅡ）主要是计划企业的各项制造资源。

（3）信息资源规划　信息资源规划（information resource planning，IRP）是指对企业生产经营所需要的信息，从采集、处理、传输到使用的全面规划。在企业，不论产品设计、材料和配件采购、加工和生产，还是销售和客户服务等过程中，都有大量的信息产生、流通和运用。要使每个部门内部、部门之间、企业之间的频繁、复杂的信息流畅通，以充分发挥信息资源的作用，进行统一、全面的规划是必要的。美国信息资源管理学家霍顿和马钱德等人在20世纪80年代初就指出：信息资源与人力、物力、财力和自然资源一样，都是企业的重要资源，应该像管理其他资源那样管理信息资源。而搞好企业信息资源管理的前提是首先搞好信息资源规划。目前，许多企业投巨资建立各种生产自动化控制系统、计算机网络和经营管理信息系统，但由于缺乏统筹规划和统一的系统管理，致使设计、生产和经营管理信息不能快速流通，信息不能共享，形成了许多"信息孤岛"，远没有发挥信息规划的作用和效益。

2.3　设计职能

2.3.1　设计的概念和类型

设计是为实现某一既定目标而创建具体实施系统的活动，包括技术准则、规范、标准的拟定，以及最佳方案选择和蓝图绘制等。设计是一个复杂的思维过程，设计过程中蕴涵着创新和发明的机会。设计分产品设计和系统设计等，工业工程主要侧重于系统的总体设计，注重将各类资源组成一个有机整体，并能够有效地运行。

从不同的角度，设计可以分为不同的类型。

（1）按设计发展的阶段　设计可分为传统设计和现代设计。传统设计又称常规设计，包括初步设计、技术设计、施工设计三个步骤。现代设计将传统设计中的经验提高到逻辑、理性、系统的高度，在静态分析的基础上，进行动态多变量最优化的设计。

与传统设计比较，现代设计有下列几个特征。

① 系统性。现代设计把设计对象看作一个系统，同时考虑系统与外界的联系，用系统工程概念进行分析和综合，通过功能分析、系统综合等方法，力求使系统整体最优，使人机之间的功能相互协调。

② 创造性。现代设计强调创造能力开发和充分发挥人的创造性，重视原理方案的设计、开发和创新产品。只有创新才能有所发明。但是，今天的科学技术已经高度发展，创新往往是在已有技术基础上的综合。有的新产品是根据别人的研究实验结果而设计，有的是博采众长，加以巧妙地组合。

③ 综合性。现代设计在设计过程中，综合考虑和分析市场需求、设计、生产、管

理、销售等各方面的因素,综合运用系统工程、可靠性理论、价值工程等学科的知识,探索多种解决设计问题的途径。

④ 程式性。现代设计研究设计的一般进程,包括一般设计战略和用于设计各个具体部分的战术方法。要求设计者从产品规划、方案设计、技术设计、施工设计到实验、试制,按步骤有计划地进行设计。

(2) 按照设计方法的特点和范畴分类

① 信息论方法。如信息分析法、技术预测法等,它们是现代设计方法的前提。
② 系统论方法。如系统分析法、人机工程等。
③ 控制论方法。如动态分析法等。
④ 优化论方法。如优化设计等,它是现代设计法的目标化。
⑤ 对应论方法。如相似设计等。
⑥ 智能论方法。如计算机辅助设计、计算机辅助计算等。
⑦ 寿命论方法。如可靠性和价值工程等。
⑧ 离散论方法。如有限元及边界元方法。
⑨ 模糊论方法。如模糊评价和决策等。
⑩ 突变论方法。如创造性设计。
⑪ 艺术论方法。如艺术造型等。

(3) 按照设计对象　设计可分为产品设计、设施规划与物流系统设计、信息系统设计、运输系统设计、工业安全与环保系统设计等。

(4) 按照对象范围　设计可分为生产系统设计、生产车间布置与设计、生产流程设计、人机系统设计、工作地设计、作业方法设计、组织系统设计、岗位设计等。

2.3.2　设计的原则

系统设计有四个原则:系统性原则、灵活性原则、可靠性原则和经济性原则。

(1) **系统性原则**　设计规范标准、设计代码、设计参数和数据要尽可能一致;对系统输入等数据采集要做到源出一处、全局共享,使一次输入得到多次利用。

(2) **灵活性原则**　在系统设计中,要求系统具有很强的环境适应性,为此,系统应具有较好的开放性和结构的可变性。应尽量采用模块化结构,提高各模块的独立性;尽可能减少模块间的结构和数据耦合,使各子系统间的结构和数据依赖减至最低限度。这样,既便于模块的修改,又便于增加新的内容,以提高系统适应环境变化的能力。

(3) **可靠性原则**　可靠性是指系统抵御或防止外界干扰的能力及受外界干扰时的恢复能力。系统必须具有较高的可靠性,如安全性、防错、检错及纠错能力等。

(4) **经济性原则**　经济性是指在满足系统需求的前提下,尽可能减小系统的成本。一方面,在硬件投资上不能盲目追求技术上的先进,而应以满足实际需要为前提;另一方面,系统设计中应尽量避免不必要的复杂化,各模块应尽量简洁,以便缩短处理流程、减少处理费用。

2.3.3 设计的方法

设计的方法有很多,如优化设计、变型产品设计、价值工程设计、创新设计等。下面介绍几种常见的设计方法。

1. 优化设计

优化设计是现代设计方法的重要内容之一,它以数学规划为理论基础,以电子计算机为工具,在充分考虑各种设计约束的前提下,寻求满足某些预定目标的最优设计方案。

1) 优化设计的数学模型

设计变量、目标函数和约束条件是优化设计数学模型的三个要素。给定变量 $x_1, x_2, \cdots, x_n$(用向量 $\boldsymbol{X}$ 表示),$f(x)$ 是对应的多变量函数,求满足约束不等式 $g_i(x)$ 和等式 $h_j(x)$ 条件下其最优值,这是优化设计的数学模型。

求 $\boldsymbol{X} = [x_1, x_2, \cdots, x_n]^\mathrm{T}$,使

$$\min f(\boldsymbol{X}) = f(x_1, x_2, \cdots, x_n) \quad (\boldsymbol{X} \in \mathbf{R}_n) \tag{2-1}$$

$$\mathrm{s.\,t.} \begin{cases} g_i(\boldsymbol{X}) \leqslant 0 & (i = 1, 2, \cdots, p) \\ h_j(\boldsymbol{X}) = 0 & (j = 1, 2, \cdots, q) \end{cases}$$

2) 优化方法

公式(2-1)是最常用的优化方法,其基本思想是搜索、迭代和逼近,即求解时,从某一初始点出发,利用函数在某一局部区域的性质和信息,确定每一迭代步骤的搜索方向和步长,去寻找新的迭代点,这样一步一步地重复数值计算,用改进后的新设计点替代老设计点,逐步改进目标函数,并最终逼近极值点。

2. 变型产品设计

企业一般有基型产品,基型产品一般选在系列产品的中档,为常用型号。系列产品是指具有相同的功能、相同的结构方案、相同或相似的加工工艺,且各产品相应的尺寸参数及性能指标具有一定级差的产品。

为了满足使用者的不同要求,可在原有产品基础上进行变型产品的开发,使零件标准化、部件通用化、产品系列化。变型产品系列包括纵系列产品、横系列产品和跨系列产品。纵系列产品设计也称相似系列产品设计,在基型产品的基础上,通过相似理论求各扩展型产品的尺寸和参数。

在系列产品设计中,一般按照几何级数的相似产品系列和几何级数的半相似产品系列两种原理进行造型。系列产品设计的步骤依次是基型设计,确定相似类

型,确定尺寸和参数级差,求各扩展型产品的尺寸参数,以及确定全系列产品的结构尺寸等。

3. 价值工程设计

设计的目标是在满足功能需求的前提下,提高产品的价值。价值是产品功能与成本的综合反映,即

$$V = \frac{F}{C} \tag{2-2}$$

式中:V 为产品的价值;F 为产品具有的功能;C 为实现该功能所耗费的成本。

增加产品价值的方法有:① C 不变,V 增加;② V 不变,C 减小;③ C 减小很多,V 减小一点点;④ C 增加,V 增加更多;⑤ C 减小,V 增加。

4. 创新设计

创新设计方法有很多种,下面简单介绍智力激励法、提问追溯法、联想类推法、返向探求法、系统分析法、组合创新法等六种。

(1) 智力激励法　人的创造性思维特别是直觉思维在受激发情况下能得到较好地发挥。一群人集合在一起,针对某个问题进行讨论时,由于各人知识、经验不同,观察问题的角度和分析问题的方法各异,提出的各种想法能互相启发,填补知识空隙,启发诱导出更多创造性思想,通过激励、智慧交流和集智达到创新的目的。

(2) 提问追溯法　提问追溯法是有针对性地、系统地提出问题,在回答问题的过程中,便可能产生各种解决问题的设想,使设计所需要的信息更充分、解法更完善。提问追溯法有奥斯本体温法、阿诺尔特提问法、希望点列举法、缺点列举法等。

(3) 联想类推法　通过由此及彼的联想和异中求同、同中求异的类比,寻求各种创新解法。利用联想进行发明创新是一种常用而且十分有效的方法。许多发明者都善于联想,许多发明创新也得益于联想的妙用。类比联想是指由一事物或现象联想到与其有类似特点的其他事物或现象,从而找出创新解法。

(4) 反向探求法　将人们通常思考问题的思路反转过来,从背逆常规的途径探寻新的解法,因此反向探求法亦称逆向思维法。例如,声音既是振动,那么振动为什么不能复现原声呢? 通过这样的反问,发明了留声机。

(5) 系统分析法　对于技术系统,根据组成中影响其性能的全部参量,系统地依次分析、搜索,以探索更多解决问题的途径。

(6) 组合创新法　组合创新法是将现有技术和产品通过功能、原理、结构等方面的组合变化形成新的技术思想和新产品。组合法应用的技术单元一般是已经成熟和比较成熟的技术,不需要从头开始,因而可以最大限度地节约人力、物力和财力。组合创新的类型很多,常用的有性能组合、原理组合、功能组合、结构重组、模块组合等。

除了以上方法外,在工程上还有许多其他方法,如计算机辅助设计、可靠性设计、模块化设计、反求工程、有限元法、动态设计、相似性设计、系统化设计、并行工

程、人机工程学、模态设计等,这些方法的广泛采用,丰富了设计(尤其是工程设计)的内涵和手段,完善了设计功能。

2.3.4 典型的系统设计

1. 机械产品系统设计

机械产品系统的设计可分为产品规划(概念设计)、总体方案设计、结构技术设计、生产施工设计(工艺设计)、改进设计等8个主要阶段。图2-4则展示了机械产品系统的设计过程及各阶段的主要任务。

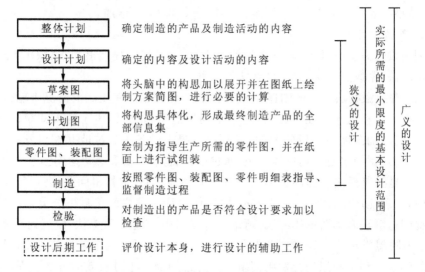

图 2-4 机械产品系统的设计过程

产品开发包括开发新产品和改进现有产品。无论是新产品的开发,还是对现有产品的改进,都必须以市场需求为导向,使它的价格、成本更低,性能更好。图2-5描述了以市场需求为目标的产品开发流程,产品开发中,实现产品功能技术方案设计是非常关键的,图2-6总结了技术方案的构思过程。

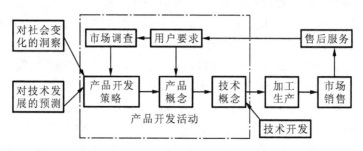

图 2-5 以市场需求为目标的产品开发流程

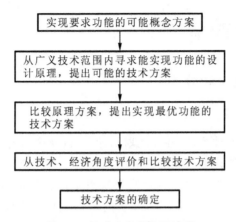

图 2-6　技术方案的构思过程

2. 供应链系统设计

供应链系统设计主要解决采用何种方法，从制造商或配送中心将产品运到需要的地方，要考虑的因素和问题包括：

（1）配送中心数量、地理位置及规模的优化；

（2）运输成本、仓储成本及其之间的权衡；

（3）所涉及的产品及用户对各种产品的需求；

（4）用户所在地、库存水平及供货来源；

（5）运输批量；

（6）订单的数量、频率、发生季节、内容等；

（7）期望达到的用户服务目标。

通过对上述问题的思考、分析和比较，可对企业供应链系统进行设计，基本的设计模式如图 2-7 所示。

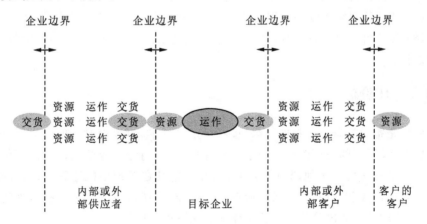

图 2-7　供应链系统设计基本模式

2.4 评价职能

2.4.1 评价的概念和分类

1. 评价的概念

评价是对现存的各种系统、各种规划和计划,以及个人与组织的业绩作出是否符合既定目标和准则的评审与鉴定的活动。包括各种评价指标和规程的制定及评价工作的实施。工业工程评价是为最高层决策提供科学依据、避免决策失误的重要手段,是工业工程评价基本理论与方法的总体概括和总结,包括评价的大体范围、基本程序、主要内容和一般方法等内容。

评价的对象是各种系统、各种规划和计划方案,以及组织与个人的业绩。评价的标准是既定的目标或标准,也就是各种规划、计划、目标、标准及方针、政策、法令、法规和指标等。

2. 评价的分类

从不同的视角,可对评价进行不同的分类。

（1）按评价范围分类有:宏观的工业工程评价、中观的工业工程评价、微观的工业工程评价。

（2）按评价的内容分类有:条件评价、过程评价、成果(效果)评价。

（3）按评价的基准分类有:相对评价、绝对评价、个体差异评价。

（4）按参与评价的主体分类有:自我评价、他人评价、第三方评价。

（5）按评价的方法分类有:定量评价、定性评价。

（6）按评价的时间和作用分类有:诊断性评价、形成性评价、终结性评价。

（7）按评价对象的复杂性程度分类有:单项评价、综合评价。

（8）按评价的对象分类有:产品设计评价、规划设计评价、系统评价、绩效评价、管理评价。

2.4.2 评价的原则

评价是指根据研究分析的结果,按照一定的标准,对评价对象的性质、强度、责任、复杂性及所需的任职资格等因素的差异程度,进行综合评价的活动。评价的目的是找出某一岗位与其他岗位的差异性,并确定其在系统中的位置。评价的内容包括系统的任务和责任、完成系统所需要的技能、系统对组织整体目标实现的相对贡献、系统的环境和风险等。评价工作应遵从下列原则:

（1）符合国家有关产业政策的原则;

(2) 符合企业总体规划及其他相关规划的原则；

(3) 符合生产的原则；

(4) 符合企业环保和排放达标的原则；

(5) 符合总量控制的原则；

(6) 符合经济和节约的原则。

2.4.3 评价内容和程序

1. 评价内容

(1) 系统功能分配是否合理。

(2) 作业范围是否符合要求。

(3) 操纵时手、脚负荷，动作距离、顺序是否合理。

(4) 人的作业舒适性。

(5) 是否采取了防止误作业的措施。

(6) 系统安全性、可靠性。

(7) 环境条件是否利于作业的顺利进行。

2. 评价程序

系统评价程序如图 2-8 所示。

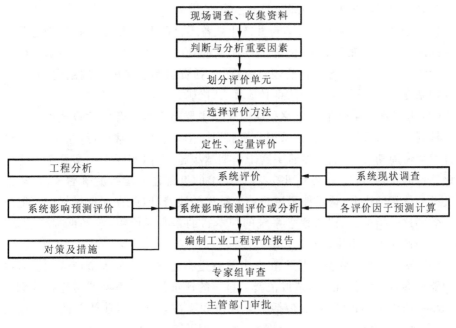

图 2-8 系统评价程序

2.4.4 评价的方法

系统的评价目的是为了估计系统的技术能力、工作性能和系统利用率等项指标。系统评价度量了系统当前的性能并为进一步改善未来的系统提供依据。

系统的评价历来是一项困难的工作，主要是由系统本身的诸多特点造成的。影响系统好与坏的因素很多，有定性和定量的因素结合，有技术、艺术和观念的因素交叉等，因此如何评价一个系统及研究系统的科学评价方法，对促进系统的建设有十分重要的意义。评价系统时，两个方面非常关键：一是评价指标体系，一是所采用的评价方法。

1. 系统评价指标

在评价一个系统时，最重要的是建立评价指标体系。评价指标体系既涉及系统设计开发者，也涉及系统的运行者，还涉及外部社会即运行环境，如同一个三层的同心圆，从核心向外依次为系统设计开发者、用户和运行环境。系统评价指标包含以下10项。

(1) 先进性　先进性是指所建系统在总体上是先进的，是能产生较大效益的，而且具有较长的生命周期。这里讲的总体先进性不单指硬件或软件的先进性，而是指整个系统的方案、结构、功能、安装和使用等综合起来是先进的。同时，系统的建设应对未建系统产生示范作用，具有示范性。

(2) 科学性　系统的良好运行并产生效益不只取决于系统本身，管理也是极为重要的因素。向管理要效率、向管理要质量的观念越来越被人们所接受。所谓管理科学性，是指系统具备完整的规章制度，包括资料和设备的管理制度、系统的运行维护制度等，且系统提供的信息必须真实、准确。

(3) 开发和使用效率　开发和使用效率主要指系统的开发建设速度。一个系统从规划、可行性研究开始，到系统分析、设计、实现直到正常运行，这个过程称"系统开发生命周期"。我们当然希望这个周期越小越好，但实际上许多系统的开发周期比预计的长得多，长期见不到效益，如装上的设备还未运行就落后了，甚至是市场上已淘汰了的产品，这不能不说是一个极大的浪费，因此在评价指标中不能忽视开发效率这一指标。而且，建立系统的根本目的是实际使用，水平再"高"的系统，缺乏实用性还不如不建。

(4) 投入和产出效益　投入和产出效益是指建立系统的投资应合理。有些系统功能不多，但投资却很大，造成浪费。科学的评价指标体系必须考虑投入和产出比，效益/投资越小越好，效益包括社会效益和经济效益。当前效益的评价还比较复杂，尤其是社会效益。

(5) 系统的可维护性　系统的维护、修改是经常的，如果系统可维护性较差，则系统的生命力就较差。

(6) 系统利用率　系统集中了许多高附加值的设备(如硬、软件及其构成的系统)、信息和人力资源,这三大资源中都有利用率的问题。目前有些系统不能产生效益,不能为社会服务,这就是利用率不高的表现。也有些系统硬、软件设备利用率很低,人力浪费现象相当普遍和严重。因此,资源(设备、人力、信息)的利用率应是一个重要的指标。

(7) 安全可靠性　由于各种技术和非技术因素的存在和影响,系统的安全可靠已经成为严重而又深刻的问题。系统安全可靠一般是指系统具备抵御自然和人为有害因素的威胁和危害的能力。

(8) 经济性　使用系统需要付费,如果费用很高,用户承担不起,或者说用户感到经济上不太合算,这个系统的吸引力就不那么强了。

(9) 共享与友好性　共享性即本系统信息等的共享程度。目前我国对这方面的重视不够,重复建设的现象不少。友好性即要求系统人机界面良好,使用方便等。设计的系统如果是一个"傻瓜系统"将会很有吸引力。

(10) 人员结构和领导支持情况　包括系统所配置的人员数量、质量及结构。足够的数量,一定的质量及合理的结构可保证系统建设的质量及运行维护水平。同时,主管领导对系统的建设、运行维护的支持是保证系统建设成功的极为重要因素,也是系统正常运行、产生效益的重要因素。而且,各级管理人员和决策者的服务程度可用于检验系统的服务水平和能力。系统应积极、主动地做好服务工作,全心全意地为用户服务。

总之,任何一个系统的建设必然对外部产生影响,这种影响也是难以定量描述的,需要定性打分,将定性问题定量化。上述指标可能有遗漏或重复,指标之间还可能存在关联,但大体可依据这些指标构建指标体系,对系统进行评价。

2. 系统的评价方法

这里介绍两种常用的评价方法:多因素加权平均法,层次分析法,经济效果评价法。

1) 多因素加权平均法

多因素加权平均法是一种简单易行的综合评价方法,该方法是将上述10项指标列在表2-1所示的最上层,然后请专家对每个指标按其重要性给一个权重分值,权重最高分为10分,最低分为1分。再请每个专家分别对被评价系统的10个指标打分,最高分也是10分,最低分为1分。

表 2-1　系统评价专家权重打分表

权重和评分值	指标1	指标2	指标3	指标4	指标5	指标6	指标7	指标8	指标9	指标10
权重 W(满分10分)										
评分值 X(满分10分)										

专家权重是指专家的权威性,权值大小由评价者根据专家知识面和经验丰富程度决定。根据几个专家的打分表及专家本人的权重,求得每个指标的权重值,计算方法如下。

(1) 求第 j 个指标的权值(加权平均值)W_j,公式为

$$W_j = \sum_{i=1}^{p}(W_{i,j} \times E_i) \Big/ \sum_{i=1}^{p} E_i \quad (j=1,2,\cdots,10) \tag{2-3}$$

式中:W_j 为第 j 个指标的权值(加权平均值);$W_{i,j}$ 为第 i 个专家对第 j 个指标的权重打分值;E_i 为第 i 个专家的权重;p 为专家数。

(2) 求第 j 个指标的评分值(加权平均值)X_j,公式为

$$X_j = \sum_{i=1}^{p}(X_{i,j} \times E_i) \Big/ \sum_{i=1}^{p} E_i \quad (j=1,2,\cdots,10) \tag{2-4}$$

式中:X_j 为第 j 个指标的评分值;$X_{i,j}$ 为第 i 个专家对第 j 个指标的打分值;E_i 为第 i 个专家的权重。

(3) 求该信息系统的综合加权平均值 A,公式为

$$A = \sum_{j=1}^{10}(W_j \times X_j) \Big/ \sum_{j=1}^{10} W_j \quad (j=1,2,\cdots,10) \tag{2-5}$$

式中:A 为某信息系统的综合评分值;W_j 为第 j 个指标的权值(加权平均值);X_j 为第 j 个指标的评分值(加权平均值)。

显然专家数越多(样本数越多),评价越接近实际。综合评分越高,说明系统越好。综合评分不可能达到 10 分,也不可能为 1 分。

可以规定综合评分达到 9 分以上的为极好系统;8 分以上、9 分以下的为优秀系统;6 分以上、8 分以下的为良好系统;4 分以上、6 分以下的为一般系统;2 分以上、4 分以下的为差系统;2 分以下的为极差系统。

如果同时评价若干个可比系统,这种方法也是可用的,但计算将会复杂些。专家的打分表如表 2-2 所示,每个专家填一张打分表,然后首先求出每张表(即每个专家打分的表)对每个信息系统的加权平均分 $A_{k,i}$,计算公式为

表 2-2　多系统评价专家权重打分表

指标权重与系统序号	指标 1	指标 2	…	指标 n	加权平均分 A_k
权重 W	W_1	W_2	…	W_n	
系统 1(评分 X_1)	$X_{1,1}$	$X_{1,2}$	…	$X_{1,n}$	
系统 2(评分 X_2)	$X_{2,1}$	$X_{2,2}$	…	$X_{2,n}$	
⋮	⋮	⋮	⋮	⋮	
系统 m(评分 X_m)	$X_{m,1}$	$X_{m,2}$	…	$X_{m,n}$	

$$A_{k,i} = \sum_{i=1}^{n}(W_{k,j} \times X_{i,j}) \Big/ \sum_{i=1}^{n} W_{k,j} \quad (i=1,2,\cdots,m) \qquad (2\text{-}6)$$

式中：$A_{k,i}$ 为第 k 个专家对第 i 个系统的加权平均分；$W_{k,j}$ 为第 k 个专家对第 j 个指标的权重打分值；$X_{i,j}$ 为第 k 个专家对第 i 个系统、第 j 个指标的打分值；m 为被评价信息系统数；n 为指标项数。

若专家有 P 个，则 P 个专家对第 i 个系统的综合评分为

$$ZA_i = \sum_{k=1}^{n}(A_{k,i} \times E_k) \Big/ \sum_{k=1}^{n} E_k \quad (i=1,2,\cdots,m) \qquad (2\text{-}7)$$

式中：ZA_i 为 P 个专家对第 i 个系统的综合评分值；$A_{k,i}$ 为第 k 个专家对第 i 个系统的加权评分；E_k 为第 k 个专家的权重值；P 为专家数。

将所有 ZA_i 求得后由大到小进行排序，得到各系统好坏的排序表。

2）层次分析法

1973 年，美国运筹学家 T. L. Saaty 针对如何将现代管理中存在的许多复杂、模糊不清的关系转化为定量分析的问题，提出了层次分析法（analytical hierarchy process，AHP）。这种方法是针对系统的特征，应用网络系统理论和多目标综合评价方法而发展起来的。层次分析法求解一般分为以下五个步骤。

(1) 建立层次结构模型　在深入分析面临的问题之后，把问题中所包含的因素划分为不同层次（如目标层、准则层、指标层、方案层、措施层等），用框图形式说明层次的递阶结构与因素的从属关系。当某个层次包括的因素较多时，可将该层次进一步划分为若干子层次。同时，根据系统的内在联系，找出上一层元素与下一层元素之间的因果关系，将有关系的元素之间用直线连接。当某元素与下一层的所有元素都有联系时，称为全层次关系；否则，称为不完全层次关系。

(2) 构造判断矩阵　为了将层次结构图中上下层次相关元素的相关程度由定性转化为定量的相对值，就必须构造判断矩阵。判断矩阵元素的值反映了人们对各因素相对重要程度（或优劣、偏好、强弱等）的认识，一般采用数字 1~9 及其倒数的标度方法。例如，A 与 B 相比，有同等的重要性，则用 1 标度；A 与 B 相比，A 比 B 稍微重要，则用 3 标度；A 与 B 相比，A 比 B 明显重要，则用 5 标度；A 与 B 相比，A 比 B 强烈重要，则用 7 标度；A 与 B 相比，A 比 B 极端重要，则用 9 标度；反之，如果在以上条件下，B 与 A 相比时，其判断值显然是上述标度值的倒数 1、1/3、1/5、1/7、1/9。当然，重要程度一般采用专家调查法。

(3) 层次单排序及其一致性检验　通过判断矩阵 $\boldsymbol{A}$ 的特征根的求解 $\boldsymbol{AW} = \lambda_{\max}\boldsymbol{W}$ 得到解 $\boldsymbol{W}$，经归一化后即为同一层次相应因素对于上一层次某因素相对重要性的排序权值，这一过程称为层次单排序。为进行层次单排序（或判断矩阵）的一致性检验，需要计算一致性指标，计算公式为

$$CI = (\lambda_{\max} - n)/(n-1)$$

对于 1~9 阶判断矩阵,平均随机一致性指标 RI 的值如表 2-3 所示。

表 2-3 平均随机一致性指标的值

阶数	1	2	3	4	5	6	7	8	9
RI	0.00	0.00	0.58	0.90	1.12	1.24	1.32	1.41	1.45

当随机一致性比率 CR=CI/RI<0.10 时,认为层次单排序的结果有满意的一致性,否则需要调整判断矩阵的元素取值。

(4) 层次总排序　计算同一层次所有因素对于最高层(总目标)相对重要性的排序,称为层次总排序。这一过程是最高层次到最低层次逐层进行的。若上一层次 A 包含 m 个因素 $A_1, A_2, \cdots, A_m$,其层次总排序权值分别为 $a_1, a_2, \cdots, a_m$,下一层次 B 包含 n 个因素 $B_1, B_2, \cdots, B_n$。它们对于因素 A_j 的层次单排序权值分别为 $b_{1j}, b_{2j}, \cdots, b_{nj}$(当 B_k 与 A_j 无联系时,$b_{kj}=0$)。

(5) 层次总排序的一致性检验　这一步骤也是从高到低逐层进行的。如果 B 层次某些因素对于 A_j 单排序的一致性指标为 CI_j,相应的平均随机一致性指标为 RI_j,则 B 层次总排序随机一致性比率为

$$CR = \left(\sum_{j=1}^{m} a_j CI_j\right) \Big/ \left(\sum_{j=1}^{m} a_j RI_j\right)$$

类似的,当 CR<0.10 时,认为层次总排序结果具有满意的一致性;否则,需要重新调整判断矩阵的元素取值。

层次分析法的基本步骤可用于解决不太复杂的问题。当面临的问题比较复杂时,可以采用扩展的层次分析法,如动态排序法、边际排序法、前向反向排序法,等等。

层次分析法是一种实用的多准则决策方法,用于解决难以用其他定量方法进行决策的复杂系统问题。它将定量与定性相结合,充分重视决策者和专家的经验和判断,将决策者的主观判断用数量形式表达和处理,能大大提高决策的有效性、可靠性和可行性。因此层次分析法非常适合于信息系统的评价,尤其适合于多个系统的比较。但是技术上层次分析法要比前面多因素加权平均法复杂些,目前已有现成的层次分析软件,不需用户自己编写程序。

总之,层次分析法是将复杂的决策分析过程分解为层次式的结构,对决策有影响的各种因素、标准、政策等组织成层次结构,并对它们赋予一定的优先数,利用严格的数学方法算出各种决策意见或方案的优良度,决策就可以参照这些优良度作出。

3) 经济效果评价法

建立系统的目的在于通过系统集成,整合资源,提高工作效率和经营决策水平,减少管理中的失误,使生产经营活动达到最佳经济效益。评价其应用的经济效果,可以从直接经济效果和间接经济效果两方面来分析。

(1) 直接经济效益　直接经济效益是可以计量的,它取决于应用系统的性能,

由于合理地利用现有设备能力、原材料、能量,产品产量或提供的服务会增长。或者由于劳动率提高,物资储备减少,产品或服务质量提高,非生产费用降低,生产或服务的成本降低等。

直接经济效果主要通过以下三项经济指标来表示。

① 年收益增长额 P 的计算公式为

$$P = [(A_2 - A_1)/A_1] \times P_1 + [(C_1 - C_2)/1\,000] \times A_2 \qquad (2-8)$$

式中:A_1、A_2 为应用系统前、后每年产品销售总额(千元);P_1 为应用系统前产品销售的收益总额(千元);C_1、C_2 为应用系统前、后每千元产品的成本费(元)。

② 投资效益系数 E 的计算公式为

$$E = P/K \geq E_n \qquad (2-9)$$

式中:K 为系统的投资总额(千元);E_n 为国家规定的定额系数。

③ 投资总额 K 的计算公式为

$$K = K_d + K_k + \Delta O_c \qquad (2-10)$$

式中:K_d 为系统开发和转换费用(千元);K_k 为设备购置、安装和厂房建设费用(千元);ΔO_c 为系统实施后流动资金的变化。

如果系统的实际效果系数 E 等于或大于定额效果系数 E_n,就认为系统应用是有益的。

投资回收期 T 的计算公式为

$$T = K/P \qquad (2-11)$$

(2)间接经济效益 间接经济效益反映在企业管理水平的提高,主要表现为:① 管理体制合理化,管理方法有效化,管理效益最优化,基础数据完整、统一;② 管理人员摆脱繁杂的事务性工作,真正将主要精力放在从事系统的分析和决策等创造性工作上,提高了企业管理现代化水平。

2.4.5 系统设计评价

系统设计评价是依据一定的原则,采取一定的方法和手段,对系统设计所涉及的过程及结果进行事实判断和价值认定的活动。评价要建立在事实判断的基础上,进行评价必须制定相应的标准。评价标准的制定应当客观、明确,体现科学性和可操作性。没有良好的设计过程,就不可能有良好的设计成果。加强对设计过程的评价,是树立质量管理意识、加强质量管理、实现设计目标的关键。设计中的评估可以促使设计者树立质量管理意识,强化质量管理,高质量完成设计任务,此外还有助于设计中的信息交流和工作反思。

1. 对设计过程的评价

评价的内容如下。

(1) 设计过程是否完备。
(2) 分工是否合理。
(3) 采用的方法是否正确。
(4) 各个环节或阶段的任务是否完成。
(5) 形成的中间成果(方案)是否符合要求。
(6) 全过程是否有质量控制和相应的监督、改进措施。
评价应注意以下问题。
(1) 对设计过程的评价应贯穿设计的全过程。
(2) 发现与明确问题。
(3) 制定设计方案。
(4) 制作模型或原型。
(5) 测试/评估及优化。
(6) 产品的使用和维护。

2. 对最终产品的评价

对最终产品的评价就是对设计成果的总评价。可以采用的方式有两种,一是参照设计的一般原则进行评价,二是根据事先制定的设计要求进行评价。如对一个产品,可从功能,形态,效率,创新,安全性,性价比,美学因素,对社会、环境、资源的影响,以及市场前景等方面进行评价。

3. 评价的有效性

(1) 内部有效性　内部有效性是指系统评价人员能确定评价结果是正确的。
(2) 外部有效性　外部有效性指评价的结果能推广到其他地方的程度。
内部有效性对评价是至关重要的,如果没有内部有效性,就不能说效果是系统带来的还是其他因素造成的。

2.5 创新职能

2.5.1 创新概念和类型

1. 创新概念

按经济学家熊彼特的理解,创新是"企业家实行对生产要素的新的组合"。创新是对现存各种系统的改进和提出崭新的、创造性和建设性见解的活动,是一种可以使企业资源再增添新价值的活动,广义上还包括企业普遍推行的持续改善产品、过程、服务等。

创新常常是通过大量的技术设备投资,实现工作标准的重大改良。创新是对生产要素进行新的组合,即通过一种生产要素与生产条件的重新组合,为适应组织内外环境变化的要求而对组织进行的局部或全局的调整,使企业获得潜在的超额利润。

改变生产要素的组合有五种方式:生产新的产品或为一种产品提供新的特性;采用一种新的生产方法或新的工艺过程;开辟一个新的市场;获得新的原料或半成品供给来源;实行一种新的企业组织形式。

工业工程的创新是以系统的整体目标和效益出发,把各种关系条件加以综合考虑与平衡,然后确定创新的目标、策略及内容,改进现行研究对象,使其更有效地进行生产、服务和运作。

2. 创新的分类

(1) 按规模和影响程度可分为局部创新与整体创新。

(2) 按创新与环境的关系可分为防御型创新与攻击型创新。

(3) 按系统组建的过程可分为系统初建期的创新与运行中的创新。

(4) 按创新的组织形式可分为自发创新与有组织的创新。

(5) 按创新技术载体可分为要素创新、要素组合创新和产品创新(含品种创新、结构创新)。

(6) 按创新变化性质可分为突变性创新、累进性创新和根本性创新。

(7) 按创新效益可分为资本节约型创新、劳动节约型创新和中性的技术创新。

(8) 按创新制度可分为产权制度创新、经营制度创新和管理制度创新。

(9) 按组织机构和结构可分为组织机构创新和结构创新。

3. 创新的特征

(1) 探索性　创新成功的概率非常低,创新失败也是正常的。

(2) 目的性　创新都有预定的目的。

(3) 新颖性　创新不是单纯的模仿或重复。

(4) 价值性　工业工程的创新侧重于价值,创新的过程是一个价值增值的过程。

2.5.2　创新过程

按照创新的定义,创新不只是发生于组织之间,还可以是组织以外的一种变革。创新应以它对环境的影响来衡量。因此,一个企业中的创新必须始终以市场为中心。如果创新以产品为中心,很可能产生一些"技术上的奇迹,而报酬却令人失望"。这相当于将技术发明专利束之高阁,实现不了市场价值,也就谈不上是创新。因此,创新不是以科学中的发现或技术上的发明作为其标准,而是以实现市场价值为其判别标准的。

创新的原则主要有有效性原则、开放性原则、创造性原则、重点性原则、全员性原则、分析综合性原则、系统性原则、可行性原则等。

基于这些原则,创新的过程可分为技术推动型过程和市场推动型过程,分别如图 2-9、图 2-10 所示。

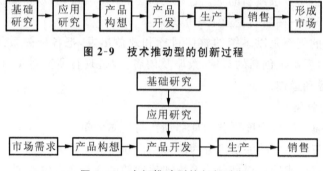

图 2-9　技术推动型的创新过程

图 2-10　市场推动型的创新过程

创新实践的三步骤:① 发现问题,确立创新目标;② 选择创新突破口进行创新规划;③ 创新实践,激发新思想产生。因此,创新的过程就是寻找机会、提出构想、迅速行动并坚持不懈的过程。

2.5.3　创新职能的基本内容

从内涵上讲,创新有两类创新:一类是技术创新,一类是管理创新。技术创新包括新产品及服务的开发、引进,新技术、新工艺、新方法的应用,是创新活动的核心,是企业发展的动力。这里所描述的技术创新是一个狭义的概念,即技术创新就是指企业将新的知识与技术用于企业的生产经营之中,以创造和实现新的经济价值和企业利润为目标的活动。管理创新包括整个管理过程的一切创新活动,包括思想创新、组织创新、方法创新、管理模式创新和管理制度创新,是与技术创新相结合,共同促进企业经营活动的保证。

工业工程的创新职能是将技术创新和管理创新有机结合在一起,形成工业工程特有的创新内涵和创新体系。工业工程创新的基本前提是如何建立有效的运行体制或运作机制,激发企业(或系统)技术创新的潜能,保障企业生产和服务的持续完善,等等。可以考虑的基本思路有三种:一是按产品在企业中的流转过程如研发、设计、生产等进行的创新;二是按企业要素划分进行的产品创新、工艺创新、财务创新和人才创新等;三是按创新的空间条件或创新的可行性来划分的思想创新、模式创新、方法创新、组织创新和制度创新等。下面分别介绍技术、产品、工艺、服务、组织和制度创新。

1. 技术创新

1) 技术创新定义

关于技术创新的含义,现在普遍将其界定为一个从新产品或新工艺设想的产生到市场应用的完整过程,包括新设想的产生、研究、开发、商业化生产到推广等一系列活动。这个定义比较全面地说明了技术创新的含义,即技术创新是一个科技、经济一体化的过程。

2) 技术创新的过程

从决策的角度看,技术创新是一种多阶段的决策过程,可以分成若干阶段。

(1) 机会识别阶段　即弄清市场需要,并且基于对当前社会与经济环境的正确分析,使新思想与技术可行性相结合。

(2) 思想形成阶段　对所形成的新设计思想进行评价,决定该技术创新是否值得继续投入资源,从而把创新项目推向下一阶段。

(3) 问题求解阶段　新思想的形成与设计概念的产生,提出需要解决的问题,从而投入人力、物力、财力去寻求解决方法。

(4) 问题解决阶段　问题可以通过发明解决,即通过获得发明专利或采用他人发明来解决问题,一般称之为模仿或仿造。

(5) 批量生产开发阶段　技术创新活动主要解决批量生产的工艺技术等问题,以降低成本和满足市场需求。

(6) 新技术应用与推广阶段　新技术、新产品首次得到应用并向市场推广,其中少数新产品得到畅销,可顺利回收技术创新的投资。

3) 企业不同阶段的技术创新战略

(1) 企业成长阶段的技术创新战略　企业导入阶段或创设阶段的主要特征是规模小、资金少、人心齐、风险高。创业者一般具有担当风险的勇气,有个性、有强烈的责任感和开拓精神,企业多属于开拓型的。处于该阶段的企业应重点关注以下战略:

① 市场渗透战略;

② 产品或服务开发战略;

③ 市场竞争战略。

(2) 企业成熟阶段的技术创新战略　企业进入成熟阶段,标志着企业的产品、服务具有了一定的市场占有率,具有了较强的市场美誉度。此时企业应重点关注以下战略:

① 名牌战略;

② 联合战略;

③ 国际化战略;

④ 企业扩张战略;

⑤ 产业化发展战略。

(3) 企业衰退阶段的技术创新战略　企业进入衰退阶段,表明企业已由稳定生产到"走下坡路",这就更需要加强技术创新。此时企业应重点关注以下战略:

① 稳定性战略;

② 紧缩性战略；

③ 转移战略。

2. 产品创新

1）产品创新定义

创新有很多类型，如产品技术创新、产品设计创新、产品工艺创新等，可以统称为产品创新。这里的产品是广义上的产品，还包括服务。

产品创新是指将新产品种类、新产品技术、新产品工艺、新产品设计成功地引入市场，以实现商业价值。产品的创新通常包括技术上的创新，但是产品创新不限于技术创新，因为新材料、新工艺、现有技术的组合和新应用都可以实现产品创新。

2）产品创新分类

产品创新应是产品的核心层、形式层和延伸层上的创新，包括产品功能效用的改善和创新，产品的包装、式样的改进和创新，以及售后服务的强化和改进等。

按照对产品实体创新内容的不同程度可以将产品创新分为四类：

① 模仿型产品创新；

② 改进型产品创新；

③ 换代型产品创新；

④ 全新型产品创新。

按照产品的主导性不同可将创新作如下划分：

① 自主开发型产品创新；

② 紧跟型产品创新；

③ 引进消化型产品创新；

④ 差异化产品创新。

3）产品创新策略选择

在产品创新中，不仅要了解顾客的需要，还要研究行业内现有产品及可能出现的替代产品，以采取不同的创新策略。

（1）差异型产品创新策略　产品创新的重点，是在特定的市场中形成与同类产品之间的差异。由于技术与市场的创新程度都较低，形成差异的焦点在于提高产品的性能、降低生产成本和突出本企业产品的特色。实现这一策略的有效工具是应用质量机制展开技术，通过质量展开、技术展开、可靠性展开和成本展开，在细分的目标市场中全面满足顾客的需要。

（2）组合型产品创新策略　通过对现有技术的组合形成创新产品。组合技术创新的产品，可以以现有的市场为目标来满足现有的需要，也可以以新市场作为目标市场来创造新需求。例如，曾经风靡全世界的 MP3 随身携带播放机，由于具有比 CD 机更好的便携性和可以下载网络上的音乐而受到年轻消费者的欢迎，已经取代磁带和 CD 随身听。而 MP3 实际上是信息技术与传统的半导体集成技术组合而成的产品。

根据市场环境的变化和企业生产经营各方面的条件,选择最适宜的产品组合措施和方法,使企业的产品形成一个以主导产品为核心,派生产品为依托,其他相关产品为辅助的产品系列,是系列化产品创新策略。

(3) 技术型产品创新策略　技术型产品创新策略主要是应用新技术、新原理来解决现有产品或相对成熟市场中存在的问题,以提高市场占有率。实现这一策略的关键,是确定技术在现有产品或成熟市场中所具有的成本或质量优势,并通过技术创新来实现和保持这些优势。因此,对这类产品的创新更多地是从提高产品的技术含量入手。

这一策略与差异型策略的不同之处,主要在于所采取的手段不同。技术型策略的应用基础是对技术的积累。创新一种全新的产品相当困难,然而创新构成产品的某一装置就容易多了。为了使部件或装置创新的成果能够被重复利用,技术型创新应该从针对产品或零部件的创新转向针对装置的创新。因为装置是为了实现某种或某些功能而设计的,因此,当其他产品需要同样的功能时,已有的装置就可以直接或修改后加以应用,从而降低开发成本,缩短开发周期。针对装置的模块设计已成为设计的方向,实施技术型策略时,应用并行工程技术和思想将有利于设计的顺利进行,并为此后实施差异型策略打下良好的基础。

(4) 复合型产品创新策略　该策略要求在技术与市场两个方面同时进行创新。这类新产品对开发人员和用户都比较陌生,为此在开发中需要用户和开发人员紧密联系,这样开发人员才有机会引导用户,并使之对产品产生一定的认识。这类产品的销售过程通常很长,失败造成的损失通常较大。由于属于非竞争性产品,因此在一定时间内具有垄断性,价格不是这类新产品开发的重点,而性能、特色、服务甚至企业形象才是需要特别关注的问题。

3. 工艺创新

1) 工艺创新的概念

工艺创新是指生产流程上产生的某种技术上的创新,又称过程创新。

2) 工艺创新与产品创新的关系

(1) 从侧重点来看,产品创新侧重于创新活动的结果;而工艺创新侧重于创新活动的过程。

(2) 从成果形态来看,产品创新一般为物质产品,即有形产品;而工艺创新通常为有形产品和无形产品的统一,原材料、机器设备和工装等是有形的,而工艺流程、作业规程和技术要求等则是无形的。

(3) 从成果的应用来看,产品创新主要是向市场提供产品,其用户是产品的消费者;而工艺创新多数情况下由企业自身享用创新成果,只是在少数情况下才向市场提供。

(4) 从创新成果的价值补偿来看,产品创新的价值补偿通过产品的市场销售即可得到;而工艺创新的价值补偿在少数情况下通过市场销售得到,多数情况下是通过资产折旧和批量产品售出后实现。

3) 工艺创新的内容

(1) 改进工艺设计方法。

(2) 更新与改造机器设备。

(3) 改善工艺装备。

(4) 选用新材料。

(5) 创新加工方法和作业方法。

(6) 改善劳动条件。

4. 服务创新

1) 服务创新的概念

服务也是一种产品或商品,它具有以下一些特点:① 无形性;② 不可分离性;③ 差异性;④ 不可贮存性;⑤ 缺乏所有权。因此,服务创新是指企业首次向市场提供在技术上有某些改变的新服务。

2) 服务创新的类型

(1) 按照服务的领域或范围划分　一是按产业部门划分,可分为第一产业、第二产业及第三产业服务的服务创新,或者按行业,如为建材、电子、化工等行业服务的服务创新。二是按服务区域划分,可分为国内外服务的服务创新,为各地区服务的服务创新,为各省市、自治区、直辖市及各县、乡镇服务的服务创新。

(2) 按服务目的的不同划分　主要分为生产性服务创新、生活性服务创新和发展性服务创新。

3) 服务创新的方法

(1) 工业化——亲密关系法　在国外,有许多搞好服务创新的成熟思路,其中比较著名的观点是哥伦比亚大学管理学教授彼特·科雷萨的工业化——亲密关系法。该法针对服务创新的方向问题,提出了现代社会的服务既要有以工厂化方式提供服务的低成本,又要有高质量和密切关系。这种工业化的亲密关系来源于用户信息获取、调度机制、精心设计的服务和新的组织设计。这种模式往往在服务过程中有效地采用了信息技术,做到了以低成本提供高质量和个性化服务,从而获得巨大的竞争优势。戴尔电脑公司就是典型的例子。

(2) 无形服务和有形展示相结合的方法　服务商品因其无形性而大大不同于实物商品。服务以行为方式存在,既看不见,也摸不着。通过有形展示来发挥以下作用:① 促进用户感受并产生合理的预期;② 促使用户对服务质量和企业形象产生"优质"的感觉;③ 促成企业员工熟悉业务,提高服务水平。

(3) 服务内容加、减方法　它是指在自己现有的特色服务或在别人新颖的服务观念、方式、方法基础上进行顺应式或逆向式的有新意的增加或减少服务内容。

(4) 个性化服务方法　亦可称为定制服务,它是以人们认识事物的相异之点为目标的思维方式,依据人们的好奇、求异的消费心理来为消费者提供特色服务。

(5) 服务质量创新方法　对服务质量的创新,要在以下五个方面下工夫:一是让顾客感知到服务的优良;二是让顾客体验到服务的可靠性;三是让顾客意识到服务的新颖性;四是满足顾客的时间要求;五是要激发顾客的友好情感,增强顾客的信任感。

5. 组织创新

1) 组织创新

任何组织机构,经过合理的系统设计并实施后,都不是一成不变的。它们如同生物的机体一样,必须随着外部环境和内部条件的变化而不断地进行调整和变革,才能顺利地成长、发展,避免老化和死亡。应用行为科学的知识和方法,将人的成长和发展期望与组织目标结合起来,通过调整和变革组织结构及管理方式,使其能够适应外部环境及组织内部条件的变化,从而提高组织活动效益的过程,就是所谓的组织创新。

组织变革是不以人的意志为转移的客观过程。引起组织结构变革的因素通常是外部环境的改变、组织自身成长的需要及组织内部生产、技术、管理条件的变化等。实行组织变革,就是根据变化了的条件,对整个组织结构进行创新性设计与调整。

2) 组织创新的内容

组织创新随着环境因素的变动与组织管理需求发展方向的变化等而各不相同,一般涉及以下内容。

(1) 功能体系的变动　根据新的任务目标来划分组织的功能,对所有管理活动进行重新设计。

(2) 组织结构的变动　对职位和部门设置进行调整,改进工作流程与内部信息联系。

(3) 管理体制的变动　包括管理人员的重新安排、职责权限的重新划分等。

(4) 工作行为的变动　包括各种规章制度的变革等。

以企业为例,企业组织结构老化的主要征兆有:企业经营业绩下降,企业生产经营缺乏创新,组织机构本身病症显露,职工士气低落、不满情绪增加等。当一个企业出现上述征兆时,应当及时进行组织诊断,以判断企业组织结构是否有开发创新的需要。

因此,组织创新是组织所进行的一项有计划、有组织的系统变革过程。组织创新主要从组织形式、组织结构、组织规模和组织流程等方面进行创新。

3) 组织创新的基本思路

(1) 注意培育企业组织意识。

(2) 明确组织创新的目标和方向。

(3) 加强组织创新的系统设计。

(4) 对领导体制优化设计。

(5) 横向沟通创新。
(6) 基层组织创新。
(7) 组织文化创新。

6. 制度创新

1) 制度创新

企业制度是指要求所有的人都要共同遵守的工作规程或行动准则。

企业制度创新是指在企业现有的生产和生活环境条件下,通过创设新的、能更有效地激励人们行为的制度、规范体系,来实现企业的持续发展和变革的创新。所有创新活动都有赖于制度创新的积累和持续激励,通过制度创新得以固化,并以制度化的方式持续发挥着作用。企业制度创新包括:① 企业外部制约性制度的创新;② 企业内部制约性制度的创新。

2) 制度创新的核心内容及内涵

制度创新的核心内容是社会政治、经济和管理等制度的革新,是支配人们行为和相互关系的规则的变更,是组织与其外部环境相互关系的变更,其直接结果是激发人们的创造性和积极性,促使不断创造新的知识和社会资源的合理配置及社会财富源源不断地涌现,最终推动社会的进步。同时,良好的制度环境本身就是创新的产物。

3) 制度创新的必要性

自主创新是强国之道,而制度创新是自主创新的保证,是促进自主创新和经济发展一个非常重要的动力。因此,制度创新应该是需要优先解决的问题,也是在自主创新上取得突破的关键所在。应当从体制改革、机制完善、政策扶持、人才培养、作风建设等方面形成鼓励和支持自主创新的良好文化和制度环境。

制度创新是创新之本,没有制度创新,就没有核心竞争力。如深圳市企业在研发机构、研发人员、研发经费和申请专利这 4 个方面的自主创新都达到了一个比较高的水平,因为其科技体制、政策体系和激励机制在不断地创新,反过来调动了企业和技术人员的创新积极性,营造了有利于创新成果生长发育的良好环境。

4) 制度创新的基本思路

(1) 注意外部制度变化对企业制度创新的影响。
(2) 动态地看待企业制度的创新。
(3) 产权制度创新。
(4) 建立科学的、规范的企业内部制度。
(5) 充分发挥制度功能。

2.5.4 创新方法

主要创新方法或创新技法如下。

（1）寻异　指打破常规，突破思维定势，改变现状，求新寻异，以创造出全新的构想与事物。

（2）综合　指将各种要素或不同方案综合起来形成新的构想或事物。

（3）分解　即面对有关方案，如认为整体方案弊端太大，则可将其科学分解，剔除不适当部分，只选择和应用其中部分内容。分解也是一种变动或创新。

（4）择中　当几种意见对立，而又各有道理，或者各有弊端时，一般对几种方案进行择中处理，从而使各方都能接受。这种择中也是一种高难度的创新。

（5）换元　又称替代，是指用等效目标进行替代，以寻求新的构想或方案。换元，可以是一种方案行不通时，可用另一种方案进行替代；也可以对原方案中某些要素或环节进行替代。有时还要进行多轮替代，直至满足目标要求时为止。

（6）重组　按照新的思路，将原有的要素进行重新组合，就可能获得有价值的新事物。

（7）移植　当将某一领域中的机制与办法引进新的领域，用来解决所要解决的问题时，就会产生一种全新的思路或办法，使原有领域传统的东西一下子变成了另一领域全新的东西。

（8）逆寻　即运用逆向思维，在原有解决问题思路的相反方向上寻求解决方案。

2.5.5　改善与创新

1. 改善的定义

改善是指企业中全员不间断地进行问题的发现和发掘，并从中追求进步与改良，改善是一种渐进性的创新。改善是日本企业管理或工业工程的基础，也是日本企业竞争优势的根源。

2. 过程改进

通常，改善与创新都是在过程中持续进行的。表 2-4 列出了过程改进的类型、方式、思维和步骤。

3. 改善与创新的几种情况

（1）提出一种新的经营思路并加以有效实施。

（2）创设一个新的组织机构并使之有效运转。

（3）提出一个新的管理方式或方法。

（4）设计一种新的管理程式或模式。

（5）进行一项制度的创新。

（6）采用传统工业工程方法创新。

（7）采用现代工业工程方法创新。

表 2-4　过程改进表

改进类型	突破性改进		渐进性改进
	全新过程	重大变更(>70%)	
典型的改进方式	六西格玛设计； 创新型 QCC； BPR(业务流程再造)	六西格玛改进； 问题解决型 QCC； 技术改造	问题解决型 QCC； 技术革新； 现场改进小组
思维改进	创造性思维	分析性思维	
改进步骤	改进的 PDCA 循环 P:选择改进项目→调查、把握现状→寻求要因或方案→制订对策计划。 D:实施对策计划。 C:确认改进效果。 A:巩固和分享改进成果		

 习题

1. 简述工业工程的职能。
2. 规划包括哪几个方面的内容？
3. 简述 IE 设计的原则。
4. 创新设计的方法有哪些？
5. 试述机械产品系统的设计过程。
6. 什么是评价，其原则是什么？
7. 系统评价方法有哪些？
8. 什么是创新？简述 IE 创新体系的基本内容。

 思考题

工业工程的职能与管理的职能有何区别与联系。

 案例 ▶▶▶

工业工程的职能与角色

工业工程在我国台湾地区得到了迅速发展，经过几十年借鉴美国和日本的成功经验，工业工程应用取得丰硕的成果。以台湾中钢公司(简称中钢)为例，中钢特别重视工业工程的理念和运用，形成了自己特有的工业工程的运作模式。从 1972

年创立初期,中钢创办人赵耀东先生及前执行副总经理陈树勋先生就着手引进工业工程的理念,经过30多年的辛勤耕耘,在工业工程方面已奠定了深厚的基础。以下介绍中钢工业工程的主要职能、组织和业务。

工业工程组织职能的演进

1. 工业工程小组建制阶段(1972—1976年)

1972年建厂,初期工程管理部门除包括炼焦、烧结、炼铁、炼钢、电气、公用设施、原料运输及土木等施工单位外,还要统筹掌握全部工程组织、工程进度、报表系统、训练策划、会议制度等参谋工作及各单位间协调工作。为此,设立综合进度管制处,下设工业工小程组等机构。

2. 工业工程处建制阶段(1977—1981年)

投产初期,综合进度管制处所辖的进度管制组、工程协调组、工业工程组、工业安全组,分别蜕变成生产计划处、工业工程处及工业安全卫生处。工业工程师主要工作是为组织编制的建立、功能与职责的划分、操作性职位工作评价、操作报表的建立、操作规范与维护规范的汇编、生产及销售系统的建立、定期会议制度、标准成本制度的建立等提供服务与支持。

3. 工业工程处建制(职能延伸)阶段(1982—1988年)

随着公司产能与设备的增加,将原现场作业组划分为负责上游厂处的炼钢及机电设备组,以及负责下游厂处的轧钢组,以加强对现场有关提高工作效能、降低生产成本等工业工程工作的协助;另增设作业研究组,应用系统分析及作业研究技术建立各种作业模式,帮助生产单位解决制程、质量的改善等。

4. 工业工程大处建制(职权扩大)阶段(1989—2000年)

工业工程处由原隶属生产部门,改为直属执行副总经理指挥,组织架构及主要功能不变,而业务扩展是为对全公司各单位及部门更多服务。工业工程成为名副其实的"第一处"。

5. 工业工程事业部处建制阶段(2001年至今)

随着企业规模日趋庞大,集团转投资事业与管理,由董事会通过设置企划部门,下辖秘书处、工业工程处、事业发展处及法制室。而工业工程处则将原有四组分别改为经营管理组、经营发展组、钢铁营运工业工程一、二组,以扩大服务领域,提升其经营绩效。

工业工程的业务职能

工业工程的业务范围广泛,内容丰富,凡有关合理化、效率化、降低成本、增加获利及提升竞争力等工作,均属工业工程的范畴。

(1) 人力运用　包括:现场生产单位组织人力编订及人力合理化研讨;操作性职位工作评价,以达到同工同酬及公平合理的薪资给付;制定各单位的组织功能与权责区分,充分发挥组织效率;协力契约外包管理作业,合理控制外包人力及成本。

（2）成本管理　包括：制定标准成本制度中各项基本标准；衡量生产现场的生产绩效及各单位的成本绩效，并分析差异原因，寻求改善对策。依据标准成本制度的各项标准，按不同的制程、规范及尺寸等，确定各种产品的标准产品成本，建立标准产品成本系统；研讨各项成本项目，如生产部门推行降低生产成本一亿元方案。

（3）方法工程　包括：协助现场进行作业瓶颈改善、事务流程合理化及制程设备合理化；协助各单位有关投资设备、更新设备、制程改善及操作方法改善等效益评估；规划与研究现场管理制度。

（4）管理活动　包括：方针管理体系的设计及推行、检讨；自主管理活动的企划、执行、检讨、发表与奖励；制定奖金办法、团体奖励办法等各种激励制度，以充分激发员工潜能，发挥最大效率；资本支出方案的审查、编拟、追踪及考核；设立提案改善制度，提出构想及改善案，以强化公司体质，增加公司利润。

（5）作业研究　包括：应用回归分析、变异数分析、实验计划、田口方法、六标准差等统计技术提升解决问题能力；应用线型规划、非线性规划等技术解决最佳产品接单组合、公司利润最大化等问题；应用仿真技术解决设备瓶颈、车辆调度、仓储面积大小、设备数量等问题；应用系统设计的思想，分析各种方案的效益与风险。

（6）经营分析　包括：协助诊断各工厂的管理制度、营运绩效及有关生产、质量、交期、成本的整体评估；对外提供工业工程技术服务；加强内部的稽核与控制，防止"三呆"（呆人、呆物、呆料）等的发生，避免造成浪费。

工业工程的角色

随着企业的竞争将日趋激烈。作为"企业诊断医师"的工业工程师必须具备：观察入微，举一反三的特质；管理与工程知识专精广博；整体系统的概念，宏观的视野；突破创新的想法；正直的精神，追求永无止境的合理化；良好的人际关系。

中钢工业工程的业务由建厂期间综合协调及进度控制等工作，转为担任生产部门相关制度的建立和改善工作，服务范围进一步扩大到全公司及整个企业集团，相对责任更加重要。只有通过不断培训与提高，强化工业工程专业能力与协调沟通能力，才能提供权威可靠的管理咨询和强有力的参谋作用。

工业工程在中钢是合理化、效率化的代名词，凡是能够降低成本、改善工作、提高士气、增进效率的业务，都是工业工程热衷研究的范围。若能将IE常用的手法，推广至公司所有人员，使他们通过对工作产生研究动机及改善意愿，肯定自我价值，必定能够为公司创造最大效益。

 案例讨论

如何发挥工业工程的职能和角色作用？

第 3 章 生产系统及生产效率

> **内容提要** ▶▶▶
>
> 生产系统是工业工程研究的主要对象,而生产效率是针对生产系统的效率。本章阐述了生产系统和生产效率的基本概念、内涵及其相互关系。要求重点掌握对系统进行生产效率分析,即从内部要素和外部要素两个方面提高生产效率的方法;了解成本、成本预测与预算,成本控制与成本分析,以及作业成本法;了解质量控制和改进及其常用方法:PDCA 循环管理法、图表法、抽样检验、统计过程控制、六西格玛管理等。

3.1 生产系统

3.1.1 生产系统概述

广义上,工业工程的研究对象是由人员、物料、设备、能源、信息等生产要素所组成的各种生产及经营管理系统,并不局限于工业生产领域。但这类系统可归结为大规模工业生产及社会经济系统或广义的生产系统。而生产系统是现代企业运作与管理的核心和基础。本书主要研究狭义的生产系统,但有时理解上也可以看成是广义的生产系统。

生产是将各种生产要素(如资源、投入物等)转换成有形或无形的生产财富,由此而产生附加价值的过程。生产有形产品的生产过程,是由产品设计、材料选择、计划、加工、质量保证到销售的一系列活动过程所组成。生产系统就是将与生产过程有关的固有技术和计划、设计、加工制造、控制、管理及有关信息处理技术等系统要素有机结合起来的一个人造系统。图 3-1 所示为生产系统的基本构成情况。

如图 3-2 所示,生产系统由产品计划子系统、技术信息处理子系统、管理信息处理子系统、生产控制子系统和生产过程子系统等所构成。下面就各子系统的功能作简要的说明。

(1) 产品计划子系统 根据需求预测、市场调查或用户订货等信息来确定企业计划期内生产哪些产品及其品种、规格及数量等。产品计划所提供的信息对企业的决策是至关重要的。

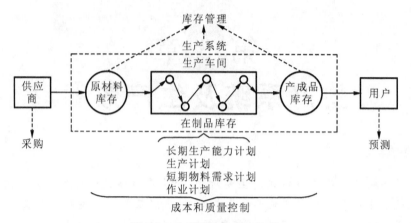

图 3-1 生产系统的基本构成

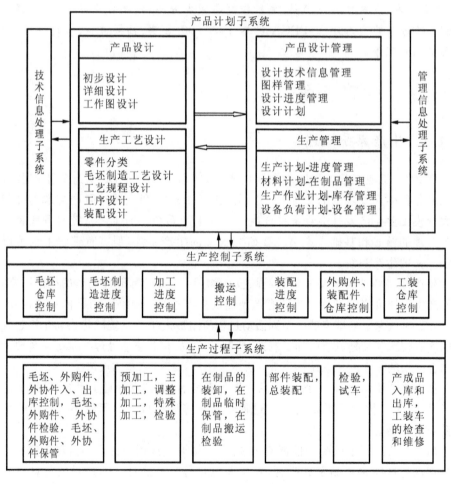

图 3-2 生产系统各子系统

(2) 技术信息处理子系统　主要包括产品设计和生产工艺设计两个部分的内容。产品设计是根据产品计划的信息,对产品进行初步设计、详细设计和工作图设计,并编制产品、部件和零件明细表等。生产工艺设计主要就产品的性质和质量需求,并考虑适当的生产率及经济性等因素来设计生产工艺过程,一般以机械加工工艺设计为主,同时还包括毛坯制造工艺设计、装配工艺设计及工艺装备等。

(3) 管理信息处理子系统　包括产品设计管理和生产管理两个部分。产品设计管理是指对产品设计图样和数据等信息的有效使用及掌握设计进度等的管理系统。为了保证设计信息的有效使用,该系统必须具有信息收集、选择、积累、检索、修正、储存和更新等功能。生产管理指为保证产品生产数量、质量、成本和完成日期等计划的实现,编制各种生产作业计划、核算所需的各种资源、控制生产进度、制定质量标准等与生产有关的管理活动。为此,需要制订各种有关计划,如生产计划、原材料供应计划、设备负荷计划等,此外还包括质量管理、进度管理(进度计划)、在制品管理、库存管理、工艺装备管理、设备管理、成本管理、运输管理等。

(4) 生产控制子系统　该子系统通过有关信息的收集和处理来掌握和控制毛坯制造、加工、运输、装配、检验、外购件和零部件仓储、工艺装备仓储等的活动过程和进度。

(5) 生产过程子系统　它是指由原材料、毛坯等投入生产开始到产品出产为止的全部生产过程组成的子系统。它是一系列相互联系的劳动过程和自然过程的有机结合。

因此,生产系统实质上是由产品计划子系统、技术信息处理子系统、管理信息处理子系统、生产控制子系统所组成的信息流和生产过程子系统所组成的物流两大部分所构成。

生产系统的设计与组织和产品的性质、种类、数量等关系极大。不同的产品性质、种类和数量可以形成不同的生产形态,而不同的生产形态又有不同的设计和组织生产系统的方式和方法。在生产企业中,可以按不同分类标准将生产形态分成很多种类。

(1) 计划生产和订货生产　这是根据计划期内产品销售预测或订货量等信息来进行的分类。所谓计划生产,就是根据通过市场调查、预测和判断所得到的市场需求量或某种计划来组织和安排生产的一种生产形态。而订货生产则是完全按照顾客的订货数量、品种、规格及完成日期等要求来组织和安排的生产形态。通常,顾客订货的产品中有不少是需要重新设计的新产品。

(2) 大量生产、成批生产和单件生产　这是根据产品品种多少和产量大小等来进行分类的,也是最基本的生产类型划分。所谓大量生产是指在较长一段时期内只固定生产一种或少数几种产品,即产品品种少、数量大。因此,大量生产类型具有生产条件稳定、工作地专业化程度高等特征。单件生产类型的特征正好相反,其产品多数属于市场需求量小、专业性较强、通用性不高的专用产品,每种产品只生产一件或少数几件。成批生产按产品批量大小,又可分为大批生产、中批生产和小批生产三种。大批生产与大量生产的特征接近,小批生产与单件生产的特征近似,而中批生产则更多地反映了成批生产的特征。表 3-1 所示即为各种基本生产类型的技术经济特征。

表 3-1 各种生产类型的技术经济特征

生产类型	大量生产	成批生产	单件生产
工作地专业化程度	在每台机床上固定地加工一个或几个零件	在同一机床上轮番地加工几种零件	在同一机床上经常加工各种不同的零件
采用的设备	广泛采用专用设备	通用设备为主,有个别专用设备	通用设备
工艺装备	采用较多数量的夹具和自动化专用工具	较广泛地采用夹具和专用工具	只有在特殊情况下采用夹具和专用工具
工人技术水平	工人技术等级较低	采用不同技术等级工人	工人技术等级很高
工序劳动量	不大	较大	很大
零件互换性	零件要求全部互换,有部分选配,无修配	零件互换性高,保存一部分钳工修配	广泛采用钳工修配
工时定额	采用精确的技术定额	对劳动量大的重要零件制订技术定额	采用概略的工时定额标准
产品品种	较少	较多	多、不定
产量	很大	较大	很小、单件

总之,由产品市场销售量或客户订货量信息来决定是计划还是订货生产,由生产产品品种多少、产量大小来决定是大量生产、成批生产还是单件生产。

由于社会经济、技术和管理环境变化及由此而带来的企业经营环境的诸多明显变化,生产系统正面临着来自复杂性、信息化、随机性、多样化、制约与权衡,以及主要与管理因素有关的其他障碍等多方面的挑战。生产环境也显示出了复杂性、相互依赖性和不确定性。

现代生产系统及其环境条件的特征如表 3-2 所示。

表 3-2 现代生产系统及其环境条件的特征

特 点	表 征
多样化	生产目标非归一,冲突及"两难"问题增多; 生产系统及环境的要素及其属性、种类多样化; 生产模式、技术的选择多样化和非最优化; 文化冲突加剧,文化融合要求提高

续表

特　点	表　征
无界化	生产企业对外部环境的依赖性更大，生产系统的环境适应性要求提高； 产业、行业、企业、产品边界模糊； 合作创新及企业重组成为跨世纪经济生活中的一道"风景线"； 生产活动和企业经营"无国界"
动态化	动态市场； 技术创新加快（产品更新、生产要素及其配置变更）； 动态组织结构； 转变时期的动态社会环境
人本化	生产活动中人因突出，人-机关系十分重要； 知识产品及智力资源日益占据主导地位； 决策者及其所处决策环境处于生产管理的最高层次； 相关利益和行为主体的态度及人与人的协作状态越来越重要
信息化	信息成为关键的生产资源； 信息流在生产管理中具有基础作用
柔性化	柔性设施及柔性人-机关系； 柔性生产战略； 柔性生产组织； 柔性生产管理
精益化	低成本、高质量是基本和永恒的生产目标； 为满足顾客需求和实现持续发展，需要不断改善； 强调生产活动的环境效益
敏捷化	企业要能快速、灵敏、积极、有效地响应市场变化； 生产系统应具有较高的灵活性、自适应性及可重构性、可重用性和规模可调性； 虚拟企业、灵捷供应链等成为具有竞争力的新型组织战略； 合作文化和信息平台的构建成为灵捷化的"瓶颈"与基础
集成化	技术及信息集成； 组织及过程集成； 社会及文化集成
战略化	生产理念和价值观正在发生变化，生产战略对生产技术和生产组织具有支配作用； 生产组织及环境的可持续发展问题日益突出，"环境适应性"意识增强； 供应链、价值网等战略模式引起人们重视； 生产者首先应具有战略眼光

3.1.2 企业生产系统类型

生产过程(制造过程)是将制造资源如原材料、劳动力、能源等生产要素转变为产品的过程。以制造过程为基本行为的制造业将可用资源与能源通过企业的制造过程,转化为可供人们使用的工业品或生活消费品,它涉及国民经济的许多行业,如机械、电子、轻工、化工、食品、军工、航天等。可以说,制造业是国民经济的支柱产业。

企业生产系统主要有离散型制造(intermittent manufacturing)系统、流程型制造(flow manufacturing)系统、重入离散型制造系统和制造服务型系统等几种类型。

1. 离散型制造系统

离散型制造是指以一个个单独的零部件组成最终成品的生产方式。在我国,离散型制造企业分布的行业较广,主要包括机械加工、仪表仪器、汽车、服装、家具、五金、医疗设备、玩具生产等。其生产组织类型按其规模、重复性特点又可分为车间任务型(job-shop)和流水线型(flow-shop)。

车间任务型是指企业的生产同时在几个车间交叉进行,生产的零部件最终传送到装配车间装配,装配好的成品由质量部门检测,合格件出厂交付市场的一种生产组织方式。车间任务型生产主要适用于单件、小批量生产方式的机械制造企业,企业主要按用户订单组织生产。流水线型是指加工对象按事先设计的工艺过程依次顺序地经过各个工位(工作地),并按统一的生产节拍完成每一道工序的加工内容的一种生产组织方式。这是一种传统的、不断重复的生产过程。汽车制造企业就是典型的流水型生产企业。

2. 流程型制造系统

流程型制造是指通过对一些原材料的加工,使其形状或化学属性发生变化,最终形成新形状或新材料的生产方式。其企业规模一般都比较大,生产工艺复杂,诸如石油、化工企业就是典型的流程型制造企业。钢铁企业也是典型的流程型制造企业,它采用多品种、大批量生产方式,一般由单一的铁矿砂原料,根据不同的制造流程及化学性质和物理性质的改变,制成多种不同的产品。不同的钢铁企业,不但产品种类千差万别,而且工艺流程和生产配置也相差甚远。

流程型制造包括重复生产(repetitive production)和连续生产(continuous production)两种类型。重复生产又称大批量生产,与连续生产有很多相同之处,区别仅在于生产的产品是否可分离。重复生产的产品通常可一个个分开,它是由离散制造的高度标准化后,为批量生产而形成的一种生产方式。连续生产的产品则是连续不断地经过加工设备处理,一批产品通常不可分开。

3. 重入离散型制造系统

重入型制造(re-entrant manufacturing)是指产品或零件在制造过程中被某些机器(至少一台)重复加工两次以上的制造过程。随着重复进入的机器数量和重复进入机器的次数增加,生产系统的管理和控制越来越复杂。

重入离散型制造系统多用于制造现代微电子产品,产品加工过程精密而复杂,工序繁多,生产周期长,并且产品在整个加工过程中需要多次甚至数十次经过相同的机器群组加工。现在半导体芯片制造企业多采用代工(OEM)生产模式,是典型的多品种、混合型复杂生产系统。一般要同时生产50多种产品,每一种产品的工艺要求、加工路线和交货期均不相同,在加工的过程中被加工对象数百倍甚至上千倍增值。因此,对生产过程的管理提出了许多新的课题。

4. 制造服务型系统

服务型企业不管是从事制造业还是从事服务行业,都必须以提供服务为中心来组织生产,生产的产品只有让顾客满意,只有得到顾客的承认,才能实现产品的价值,企业才能生存。

按顾客的需求分析,服务型企业可分为通用型服务企业(如零售批发企业、学校、交通运输企业等)和专用型服务企业(如医院、维修站等);按系统的运作特点,服务型企业可分为技术密集型服务企业(如航空公司、银行、娱乐企业等)和人员密集型服务企业(如学校、百货公司、餐饮企业等)。

3.2 生产率和生产率管理

3.2.1 生产率和生产率管理概述

《韦氏大辞典》给生产率下的定义是:每单位生产劳动的实物产出。工业管理上使用生产设施的有效程度及使用劳动力和设备的有效程度来描述生产率。在《辞海》(1999版)中生产率被认为是衡量生产技术的先进性、生产组织的合理性和工人劳动积极性的重要指标。

从经济学角度给生产率下定义,也有许多不同的表达方式。其中最简单的定义是:生产率是产出与投入之比。如果把生产组织看做一个简单的资源转换系统,可用图3-3来表示生产率的概念。

生产率的概念可适用于各种层次和规模的系统,既可用于一个企业,也可用于一个行业、一个地区以至整个国民经济系统,以衡量生产效益和经济效益。无论一个国家还是具体企业,其竞争力都必须以持续改进的生产率作为坚实基础。生产率也称生产系统综合效率,并可进而分为技术效率、资源配置效率及组织效率这三种效率,而组织效率是最重要并影响其他两种效率的关键因素。

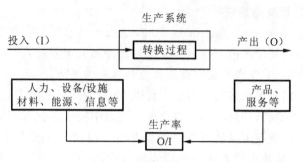

图 3-3 生产率的概念

管理科学家德鲁克（P. F. Drucker）指出：生产率是一切经济价值的源泉。所以，它成为一切生产组织、一个企业、一个行业、一个地区乃至一个国家的经济系统最为关注的目标。工业工程的功能就是规划、设计、管理和不断改善生产系统，使之更有效地运行，取得更好的效果。所以，生产率是衡量工业工程应用效果的基本指标，是工业工程必须掌握的一个重要尺度和准则。

生产率管理系统模型如图 3-4 所示。

关于生产率管理的含义，可引用美国生产率问题专家辛克（D. S. Sink）所下的定义，即生产率管理是一个较大的管理过程中的一个子系统，其内容包括根据系统

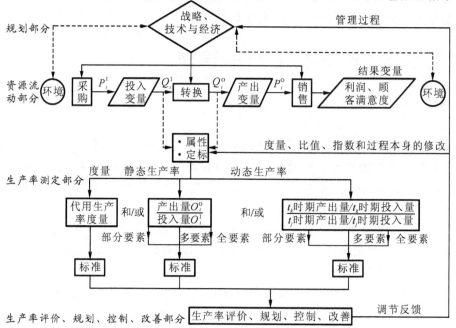

图 3-4 生产率管理系统模型

P_i^I—投入因素的价格；Q_i^I—投入因素的数量；P_i^O—产出因素的价格；
Q_i^O—产出因素的数量；t_j—第 j 时期（基准期）；t_k—第 k 时期（测定期）

的产出和投入之间的关系来进行规划、组织、领导、控制和调节。因此,它必须包括生产率测定和生产率改善。

由此可见,生产率管理就是对一个生产系统的生产率进行规划、测定、评价、控制和改善的系统管理过程。其实质是以不断提高生产率为目标和动力,对生产系统进行积极的维护和改善。

生产率管理与质量管理(保证生产质量的过程)、规划(确定什么是有效可取的方案的过程)、作业测定和预算(评价劳动和资金效率的过程)、财务和审计(负责评价盈利率)及人事管理等都密切相关。人力资源的开发与管理和劳动生产率的提高,对生产率管理具有重要意义。

生产率的改进和管理不仅需要分析、评价、控制这类技术性方法,而且更应该注重对组织的系统性和创新性思考,进而围绕技术效率、资源配置效率及组织效率三层结构,以组织变革为重点,以过程为导向,用创新方法来提高生产率。生产率管理就是创新生产率改善技术、手段和过程,以及创造性解决生产率管理问题的模式、方式和方法,是工业工程的基本内容和方法。

3.2.2 影响生产率的因素

按企业是否可控,影响生产率的因素分为外部的因素和内部的因素。

1. 影响企业生产率的内部因素

1) 硬因素

(1) 产品　产品因素是指产品符合产出要求的程度。产品的类型、品种,产品的质量、数量,产品间的组合结构,都会影响生产率。

(2) 厂房、设备　厂房和设备的维修保养程度,工作地、设备平面布置状况,设备生产能力,使用年限、投资成本等,都能影响生产率。

(3) 技术　技术是构成生产率的一个主要来源。产品和劳务数量的增加,质量的改进,新的工艺流程、工艺方法等,都能够通过自动化和信息技术来获得。

(4) 材料和能源　材料和能源是为获得产出而投入的重要因素。降低材料和能源消耗能直接提高生产率。材料选择、材料质量、生产流程控制、废品的利用管理、存货周期率、库存管理、以国产材料代替进口材料等,都对成本有影响从而影响生产率。

2) 软因素

(1) 人员　人是生产率的重要资源和主要因素。设备、技术都是人类思维的产物,只有通过人才能生产。任何提高生产率的措施必须依靠人才能实施。人的价值观、工作动机、工作方法、技术、个人技巧、工作态度和才能,都会影响生产率。

(2) 组织和机构　为使生产系统正常运转,需要一个内部协调、目标一致的企业组织机构,这个组织机构必须及时对市场信息进行反应,横向联系密切。

（3）工作方法　改进工作方法是生产率提高的最有希望的途径。

（4）管理方式　管理方法和方式影响着组织设计、人事政策、工作设计、工作计划和控制、资本费用和资金来源、成本控制技术等各方面。

2. 影响企业生产率的外部因素

影响企业生产率的外部因素，在短期内企业无法控制它，但在社会结构和制度的较高层次上可得到控制，由此影响单个企业和生产行为、管理行为，从而影响企业的生产率。

1）人力资源

人是最宝贵的自然资源。在人的因素上投资，能提高管理和劳动力的质量。对健康和余暇时间的重视可使疾病减少、精神和体力充沛，从而提高劳动力的质量。

2）科技水平

科技水平直接影响企业的生产率。从某种意义上讲，生产率是反映一个国家科技实力和水平的重要指标。工业发达国家之所以具有比不发达国家高得多的生产率，一个重要的原因在于居于世界领先地位的科学技术和装备。不断提高生产率主要依靠科技进步，依靠加强研究开发。

3）政府政策

政府的政策、战略和计划主要通过政府机构的实际工作、法规（如价格控制、收入和工资政策等）、交通、通信、动力、财政措施和经济杠杆等对生产率产生巨大的影响。

通过对企业内部和外部影响生产率的因素进行分析，可以分清哪些是企业管理控制之下的因素，是企业范围内可以改善的领域，以便设计提高生产率的最佳政策、计划。但也应该分析和了解所有的外部因素，只有这样，才能使企业提高生产率的政策、计划切实可行，内部行为和外部环境协调一致。

3.2.3　生产率测定和评价

生产率测定与评价（以下简称测评），就是对某一生产和服务系统（组织）或社会经济系统的生产率进行测定、评价及分析的活动和过程。

生产率测定（productivity measurement）主要是根据生产率的定义，比较客观地度量和计算对象系统或组织当前生产率的实际水平，为生产率分析提供基本素材和数量依据。

生产率评价（productivity evaluation）是在将对象系统生产率实际水平的测算结果与既定目标、历史发展状况或同类系统水平进行比较的基础上，对生产率状况及存在的问题等所进行的系统评价和分析，它能为生产率的改善与提高提供比较全面、系统和有实用价值的信息。

生产率测定与评价是一项完整工作的两个阶段,相互依存,缺一不可。生产率测定是评价的基础和重要依据,没有经过测算的生产率评估是缺乏客观性和说服力的;生产率评价是生产率测定的目的和必然发展,不进行评估与分析的生产率测定实际意义不大,它所提供的信息基本上没有什么实用价值。

在整个生产率管理工作过程中,生产率测评的地位与作用十分重要,它回答了在哪里寻找机会来提高生产率的问题,并明确了改善与提高工作量的大小。因此,生产率测评是生产率提高的前提,是生产率管理系统过程的中心环节和实质部分之一。

在国家、地区和部门等宏观和中观社会经济系统层次上,生产率测评有助于评价经济绩效的好坏和经济政策的质量,有助于鉴别不同地区和部门内影响收入和投资分配的因素,有助于该地区和部门优先发展项目的选择决策,从而为公共资源的有效利用和政府实施对经济的有效调控提供客观而有价值的依据。

在企业生产系统等微观组织的发展过程中,生产率测评的作用和意义主要表现在以下五个方面。

(1) 定期或快速评价各种投入资源或生产要素的转换效率及系统效能,确定与调整组织发展的战略目标,制定适宜的资源开发与利用规划和经营管理方针,保证企业或其他组织的可持续发展。

(2) 合理确定综合生产率(含利润、质量、工作效果等)目标水平和相应的评价指标体系及调控系统,制定有效提高现有生产率水平、不断实现目标要求的策略,以确保用尽可能少的投入获得较好或满意的产出。

(3) 为企业或组织的诊断分析建立现实可行的"检查点",提供必要的信息,指出系统绩效的"瓶颈"和发展的障碍,确定需优先改进的领域和方向。

(4) 有助于比较某一特定产业部门或地区、国家层次中不同微观组织的生产率水平及发展状况,通过规范而详细的比较研究,提出有针对性的并容易被人们所接受的提高与发展方案及相应的措施,以提高竞争力,求得新的发展。

(5) 有助于测定企业组织内各部门和工作人员的相对绩效,实现系统内各部分、各行为主体间利益分配的合理化和工作的协同有序,从而保证集体努力的有效性。

生产率作为生产系统产出与投入比较的结果,依所考察的不同对象、范围和要素,可具有各种不同的表现形式,因而有不同类型的生产率及相应的测评方法。

生产率有多种分类方法,详述如下。

1. 按投入资源或要素范围分类

图 3-5 所示为按投入资源或要素分类示意图。

(1) 部分要素生产率或要素生产率(partialfactor productivity,PP) 生产过程的总产出与某一种资源(要素)的投入之比。对各种资源投入而言可有不同的生产率度量。例如,各种生产组织最常见的部分要素生产率包括:① 劳动生产率——只

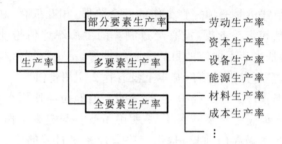

图 3-5 生产率的种类

考虑劳动力(含人数、工时等)投入所计算的生产率;② 资本生产率——用固定资产账面值或折旧费作为投入计算的生产率;③ 设备生产率——投入资源为设备额定产出能力或可利用工时的生产率;④ 能源生产率——用能源这一项资源(通常以千瓦为单位)作为投入(只考虑能耗)的生产率;⑤ 原材料生产率——以投入生产过程的原材料重量或价值来测算的生产率;⑥ 成本生产率——将所有资源的成本总计作为投入,是一种比较特殊的要素生产率。另外,还有工资生产率、投资生产率、外汇生产率、信息生产率等要素生产率。

在我国,目前也可将要素生产率划分为以下两类:一是关于活劳动与物化劳动类投入要素生产率,如劳动生产率、设备生产率、物耗(含能耗)生产率等;二是关于货币资本类投入要素生产率,如成本生产率、资金生产率、投资生产率等。

部分要素生产率的测定一般根据生产率的定义,采用直接求产出量与投入量之比或其指数之比的算术方法(比值法)来比较简单地获得。

(2) 多要素生产率(multifactor productivity,MP) 生产过程或系统的总产出与某几种生产要素的实际投入量之比,它表明几种要素的综合使用效果。

(3) 总生产率或全要素生产率(total productivity,TP) 生产过程或系统的总产出与全部资源(生产要素)投入总量之比。

全要素生产率的定量测评比较复杂,应按照系统评价的原理和定量与定性分析相结合的基本方法来进行。通常采用各种系统评价方法及效用函数、数据包络分析(DEA)方法和生产函数法(如柯布-道格拉斯生产函数法、丹尼森法、超越对数函数法等)。在经过适当简化处理后,也可直接采用比值法。采用比值法所建立的全要素生产率简化测算模型在许多场合仍是简单实用的。

2. 按生产系统运作结果分类

按生产系统运作结果,可将生产率及其测评分为狭义和广义生产率两类。

(1) 狭义生产率 只考虑直接的资源(要素)投入产出结果的各种要素生产率,其测评方法同要素生产率的测评方法。

(2) 广义生产率 生产系统从投入到产出转换过程的总绩效或效能(performance),通常可用如下指标来测评。

效益或效果(effectiveness)：生产系统实现既定目标的程度。该目标应是充分考虑系统内外部环境条件的适宜目标。

效率(effectivecy)：系统对资源的利用程度。该指标更强调对资源(如时间、资本、劳力等)的节约和有效使用。

质量(quality)：生产系统的行为及结果符合用户要求或技术规格的程度。

生产率(productivity)：生产系统的投入量与产出量之间的关系。

获利能力(profitablility)：衡量生产系统在一定时期中营利性的指标,如利润、利润率。

工作生活质量(quality of work life)：生产系统的设备、工具、设施和环境等方面对促进劳动者健康、安全、舒适、高效率工作的条件好坏,反映系统在一定时期内维持正常运作与保持发展的能力与水平,它与系统运行过程中各方面的协作与配合程度等有很大关系。

创新(innovation)：生产系统的创造性和在较长时期内不断改善与持续发展的能力。

以上指标是密切相关的,它们之间的因果关系如图3-6所示。在图3-6中,创新、工作生活质量(两者都是直接涉及人的因素)是其他各指标的基础,也是系统得以维持和发展的原动力,因此,它们是测评广义生产率的重要指标。广义生产率较好地体现了工业工程活动所追求的多重目标和系统化评判准则。

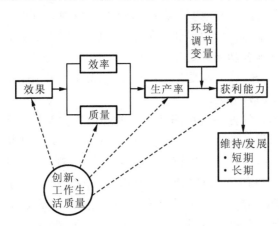

图3-6 生产系统基本绩效指标的因果关系

(资料来源：D. Scott Sink, Productivity Management)

对广义生产率的测评只能是一项系统评价工作,需要建立适宜的系统效能评价指标体系,采用以多指标为基础、定性与定量相结合的系统评价方法来进行综合评析。

3. 按生产率测评层次和对象分类

大体上有国民经济生产率、部门(或行业)生产率、地区经济生产率、组织(企业等)生产率等。组织生产率测评又可分为对营利组织(企业等)和非营利组织(政府和公共机构等)等不同类型组织生产率的测评,以生产企业为代表的营利组织的生产率测评更具代表性和现实意义,测评方法也相对比较规范和成熟。

4. 按生产率测评方式分类

按生产率测评方式,可将生产率及其测评指标分为如下两类。

(1) 静态生产率(static productivity ratios) 某一给定时期的产出量与投入量之比,也就是一个测评期的绝对生产率。比值法和系统评价方法等是这种测评的基本和有效的方法。

(2) 动态生产率指数(dynamic productivity indexes) 一个时期(测评期)的静态生产率被以前某个时期(基准期)静态生产率相除所得的商,它反映了不同时期生产率的变化。比值法、基于统计学和计量经济学原理的各种方法等是这种测评的基本方法和常用技术。

此外,从对生产系统投入与产出的计量形态看,可分为实物形态和价值形态生产率等两种不同表达方式。一般来说,只要产品比价和物价指数等没有问题,以价值形态表示的生产率指标比较准确,更易加总与综合。

生产率测评需要考虑多种因素的影响,是一项复杂的系统性工作,其主要特点和相应的原则如下。

第一,生产率测评首先应具有整体性、目的适应性等特点,满足科学、客观等基本要求。生产率测评系统作为整个组织的管理与控制系统的构成部分和重要环节,其设置和运作应适应整个系统的营运目标,具备测算、评价、分析、预警等完整功能,并与系统内其他各功能集或分系统保持协调,为整个生产系统的管理工作提供客观、准确、快捷、有效的控制信息。一个完善、高效的生产率测评系统必然是组织中管理信息系统的核心部分。

第二,生产率测评的方法是由测评的目的和问题的类型及所处环境条件所决定的。为此,在具体方法的选择上,应坚持问题导向,从实际出发,创造性地使用测评方法和模型。另外,在生产率测评的方法论上,既反对唯"数据"、"量化"和"复杂化",也反对唯"经验"和无条件的"简化",提倡定量与定性方法的有机结合。

第三,生产率测评应有技术上的基本原则和要求,这是测评工作科学、有效的保障。比如,对测评对象的选择等具有广泛性、代表性和可知性,测评项目或指标的确定应具有可测性、独立性和系统性,多要素生产率测算应具有可叠加性,通过横、纵向比较进行测评时应具有可比性等。

第四,生产率测评不是一个纯粹的技术问题,其成功和有效与否会受到测评对象和主体行为因素的制约与影响。决策者的态度,测评的具体目的及其说明,测评主体的认识、立场、公正性,测评对象的理解、积极性等,均会对测评过程和结果造成直接和潜在的影响。测评对象的参与、决策者的支持和适度影响尤为重要和关键。

第五，生产率测评应注意协调好国家、部门、地区、企业等不同层次的要求和关系。测评工作要努力做到微观→中观→宏观的多级递阶和大系统的总体优化及综合协调，并体现在测评目标及组织设定、测评指标及方法设计、测评主体选择及其工作方式确定、测算、评价及测评后工作（含控制、改善、提高、发展等）的全过程中。这对现阶段中国经济的发展更具有现实意义。

第六，生产率测评的制度化和社会化势在必行。不论对国家、地区、部门，还是对企业或其他组织，均需尽快建立起常设、规范的生产率测评系统和制度，并应逐步实现职业化和社会化，这是确保生产率测评连续、公正、有效地进行，促进企业及社会经济健康、高效、持久发展的重要条件。

根据生产率测算的基本指标及其具体数量关系，有如下测定生产率的基本关系和相应的测算公式。

$$静态生产率 = \frac{测定期内产出量}{测定期内要素投入量}$$

$$部分要素生产率\ \mathrm{PPI} = \frac{\sum_{i=1}^{q} Q_i^{\mathrm{O}}}{Q_i^{\mathrm{I}}} \tag{3-1}$$

$$多要素或全要素生产率\ \mathrm{IPI} = \frac{\sum_{i=1}^{q} Q_i^{\mathrm{O}}}{\sum_{i=1}^{m} Q_i^{\mathrm{I}}} \tag{3-2}$$

$$动态生产率 = \frac{t_k\ 时期产出量 / t_k\ 时期投入量}{t_j\ 时期产出量 / t_j\ 时期投入量}$$

$$全要素生产率\ \mathrm{TPI} = \frac{\sum_{i=1}^{q} Q_{ki}^{\mathrm{O}} \Big/ \sum_{i=1}^{q} Q_{ki}^{\mathrm{O}}}{\sum_{i=1}^{m} Q_{ji}^{\mathrm{O}} \Big/ \sum_{i=1}^{m} Q_{ji}^{\mathrm{I}}} \tag{3-3}$$

式中：Q_i^{O}，Q_i^{I} 分别为测定期内第 i 种产品产出量与投入量；Q_{ki}^{O}，Q_{ki}^{I} 分别为现测定期 k 内第 i 种产品产出量与投入量；Q_{ji}^{O}，Q_{ji}^{I} 分别为基准期 j 内第 i 种产品产出量与投入量。

注意：部分要素生产率 PPI 在测算上可看做全要素生产率 TPI 的特例，只要令式(3-3)中 $m=1$ 即可。

生产率测算的基本公式应基于生产率的定义，是测算各种生产率指标的基础，且对部分要素生产率的测算是比较方便和实用的。然而，在考虑多种资源（或生产要素）综合投入及具有多种不同产出（产品和/或服务）、生产系统及其环境状况动态变化（如产品结构和服务领域的调整、价格及成本的变动、各种广义生产率指标的出现）等实际情况时，对生产率的科学测算就比较复杂，甚至有些困难：首先，对于多种不同类型的要素(如人力、材料、设备等),应如何统一其度量单位,准确地反映投入、产出的真实量度;其次,如何确定系统或被分析单元的边界,哪些是产出,哪些是投入;第三,如何确定各种要素对生产率的作用大小或权重。最主要的问题还在于各要素之间的相互作用,它们对总生产率的影响常常是随机的。

3.2.4 提高生产率的方法

影响生产率提高的因素很多,也很复杂。既有人的因素,也有物的因素;既有宏观的因素,也有微观的因素;既有客观的因素,也有主观的因素;既有历史的因素,也有现实的因素;既有技术的因素,也有管理和政策的因素;此外,还有教育、文化的因素。这些因素中,有的是生产系统本身的构成要素,有的则是生产系统外部环境因素。在提高生产率的过程中,它们相互影响,相互制约,共同发挥作用。

对于国家和部门(产业)这样的宏观经济系统来说,影响生产率提高的主要因素有人力资源、经济结构、科技水平、宏观管理政策等。企业是微观经济组织,除了上述因素影响其生产率以外,还有几个直接的影响因素,包括产品结构及设计、生产系统规划与设计、生产规模、组织合理性、职工素质、管理及激励等。人力资源开发与管理、组织变革与管理、技术创新与进步等,都是影响和提高生产率至关重要的因素。

提高生产率的主要因素可以从内部和外部要素两方面来分析。

在外部要素方面,提高生产率的方法有以下几种。

(1) 提高全社会管理者和职工对生产率的重视程度。

(2) 提高生产率的经济和环境方面的要素及方法　① 市场规模及稳定性;② 产(行)业结构;③ 社会服务功能及政策环境;④ 生产要素的品质及可用性;⑤ 有效的培训设施;⑥ 研究信息交换与技术革新;⑦ 原材料的质量和适用性;⑧ 资金和信贷的可利用性;⑨ 税收结构。

在内部要素方面,可从以下几方面找寻提高生产率的解决方案。

(1) 工厂布置、机器和设备　① 产品系统结构;② 物料搬运;③ 设备水平及机器的维修保养;④ 工厂布置;⑤ 人—机—环境系统设计。

(2) 成本的控制。

(3) 生产的组织、计划和控制　① 企业及生产系统合理组织;② 生产计划和控制;③ 简化、标准化和专业化(包括更好的产品系统设计);④ 作业研究;⑤ 库存控制;⑥ 质量控制;⑦ 开发信息系统;⑧ 利用其他方法:如运筹学、抽样、模拟、排队、网络技术。

(4) 人力资源开发　① 管理者与工人的合作;② 工人的选择与安排;③ 职业培训;④ 职务分析、功绩评价和晋升;⑤ 督促与纪律;⑥ 工资激励和利润分成计划;⑦ 工作条件和福利;⑧ 劳动方法;⑨ 作业时间;⑩ 轮班数。

由此可见，提高生产率是一项系统性工作，其要素和方法几乎涉及工业工程的所有内容。因此，工业工程就是要提高生产率，其实质上就是要进行广义的生产率管理。

3.3 成本预测和分析

成本对企业经济活动具有重要影响，对成本进行有效管理是企业经营管理中的一项重要内容，也是企业提高效率和效益的有效手段。凡是和企业经营过程相关的资金消耗都属于成本管理的范围。

3.3.1 成本和费用

企业是为生产经营的目的而建立的，在企业的各项活动中必有各种损耗或耗费。这里首先界定支出、费用和成本的概念，以及三者之间的关系。

企业的一切开支及耗费都属于支出，因此支出是耗费的最大概念。支出中凡是与本企业的生产经营有关的部分称为费用，成本则是为实现某一特定目标而发生或将要发生的以货币计量的代价。费用中符合规定的部分才构成成本。因此其关系如图 3-7 所示。

支出主要包含以下几项。

（1）资本性支出：该项支出的效益与几个会计年度相关，如取得固定资产。

（2）收益性支出：该项支出的效益仅与本年度相关，如水电费、办公费。

（3）营业外支出：指与企业生产经营没有直接联系的支出，如因火灾、水灾、地震、募捐、罚款等发生的支出。

支出与费用的关系如图 3-8 所示。

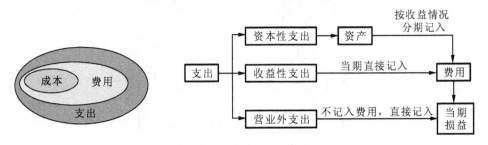

图 3-7　支出、费用与成本之间的关系图　　　图 3-8　支出与费用的关系

费用是企业生产经营过程中发生的各种耗费，成本是企业为了取得某项资产所作出的价值牺牲。费用与成本都是企业在生产经营过程中所发生的耗费，费用是计算成本的前提和基础。成本是一种对象化的费用，即将费用按一定范围归集

到某一个成本对象上,也就是该对象的成本。

费用和成本的区别在于以下几点。

(1) 费用强调的是一定利益主体(如企业、集团等)的耗费,成本强调的是为特定目的(如某件或某批产品等)所发生的耗费。

(2) 费用按时期来归集计算,成本按对象来归集计算。

(3) 费用不一定记入成本,要看是否列入成本开支范围。

(4) 生产费用不包括期初在产品成本,也不剔除期末在产品成本,而产品成本计算刚好相反。

(5) 先有费用发生,后有成本计算。成本计算是费用核算过程中的一个环节。

成本在生产过程中起很重要的作用,具体表现为:

(1) 成本是补偿生产耗费的尺度;

(2) 成本是综合反映企业工作质量的重要指标;

(3) 成本是制定产品价格的重要因素;

(4) 成本是企业经营决策的重要依据。

3.3.2 成本的分类

成本的分类方式很多,主要有按职能、按与收益相配比的时间,以及按性态等进行分类。

1. 按职能分类

成本按职能的分类如图 3-9 所示。

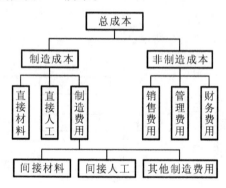

图 3-9 成本按职能分类图

2. 按与收益相配比的时间分类

按与收益相配比的时间,成本可分为期间成本和产品成本,如图 3-10 所示。

(1) 期间成本指在一定会计期间内发生,并由一定产品或劳务负担而直接从当期收入中扣除的成本。

(2) 产品成本指由一定数量的产品或劳务负担的成本。

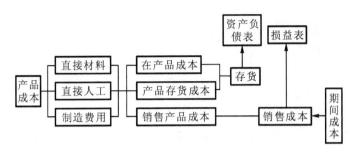

图 3-10　成本按与收益相配比的时间分类图

3. 按性态分类

成本性态是指成本总额与业务量总数之间的依存关系。成本依性态可分为以下几类。

(1) 固定成本　固定成本是指在一定期间和一定业务量范围之内，成本总额不随业务量的变动而改变的成本，它还可进一步细分为约束性固定成本（如厂房、设备折旧、待摊费等）和酌量固定成本（如职工培训费、技术开发费等）。

单位固定成本是指固定成本 y 和业务量 x 的比值。固定成本和单位固定成本的示意图如图 3-11 所示。

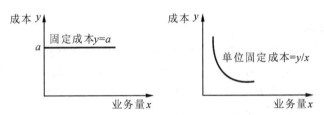

图 3-11　固定成本和单位固定成本的示意图

(2) 变动成本　变动成本是指在一定期间和一定业务量范围内其总额随着业务量的变动而成比例变动的成本。变动成本的控制应强调控制单位业务量上的消耗，而不是消耗总量。决策必须保证业务量的收入高于这部分成本，进而补偿固定成本。

单位变动成本是变动成本 y 与业务量 x 的比值。变动成本与单位变动成本的示意图如图 3-12 所示。

(3) 半变动成本　半变动成本是指有一定初始量，在此基础上随产量增长而增长，成本 y 和增量 x 之间的关系为 $y=ax+b$，其示意图如图 3-13 所示。

(4) 半固定成本　随着业务量的增加成梯度增加的成本，如图 3-14 所示，如销售人员工资即属于此类型。

(5) 延期变动成本　延期变动成本是指在一定范围内总额保持稳定，超过特定业务量后开始随业务量按比例增加的成本。如工人基本工资到一定业务量后计件奖励工资，如图 3-15 所示。

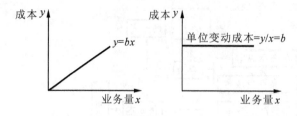

图 3-12 变动成本和单位变动成本的示意图　　图 3-13 半变动成本示意图

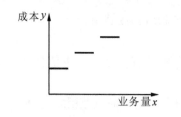
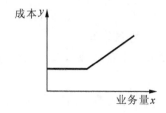

图 3-14 半固定成本示意图　　图 3-15 延期变动成本示意图

这里,半变动成本、半固定成本和延期变动成本称为混合成本。

3.3.3 成本预测与成本预算

1. 成本预测

成本预测是确定目标成本和选择达到目标成本的最佳途径的重要手段,其实质就是动员企业内部一切潜力,用最少的人力、物力和财力来完成既定任务的过程。成本预测的内容主要有:① 新建和扩建企业的成本预测;② 确定技术措施方案的成本预测;③ 新产品的成本预测;④ 在新的条件下对原有产品的成本预测。

成本预测通常可按以下四个步骤进行。

(1) 提出一个目标成本草案。

(2) 采用各种专门方法,预测本企业在当前实际情况下成本可能达到的水平,并算出预测成本与目标成本的差距。

(3) 动员企业内部一切潜力,拟定出降低成本的各种可行性方案,力求缩小预算成本与目标成本的差距。

(4) 对降低成本的各种可行性方案进行技术经济分析,从中选出经济效益最佳的降低成本方案,并制定正式的目标成本,做出成本的最优决策。

从预测的期限来看,成本预测可分为长期预测(五年左右)和短期预测(月、季、年)。比较普遍的是在编制年度成本计划时预测年度成本计划指标。

2. 目标成本预测

制定目标成本一般采用以下方法。

(1) 根据产品价格、成本和利润三者之间相互制约的关系,确定产品的成本目

标。其计算公式为

$$预测目标成本 = \frac{预测单位}{产品售价} - \frac{单位产品}{应纳税金} - \frac{预测单位产品}{目标利润}$$

或

$$单位产品目标成本 = 预测单位售价 \times (1-税率) - \frac{目标利润额}{预测销售量}$$

（2）选择某一先进成本作为目标成本。

（3）根据本企业上年实际平均单位成本和企业经营目标的成本要求来预测。这种方法只适用于可比产品，其计算公式为

$$\frac{单位产品}{目标成本} = \frac{上年实际}{平均单位成本} \times (1-计划期预期成本降低的百分比)$$

对成本进行预测分析一般都是根据成本的历史数据，运用数理统计的方法来进行。具体做法是将成本发展趋势用 $y=a+bx$ 的直线方程式来表示。在这方程式中，只要求出 a 与 b 的值，就可以从这个直线方程中预测在任何产量 x 下的产品总成本 y。主要有以下三种方法。

1）高低点法

选用一定时期历史资料中的最高业务量与最低业务量的总成本之差 Δy 与两者业务量之差 Δx 进行对比，先求出单位变动成本 b，然后再求得固定成本总额 a。其计算公式为

$$\left. \begin{array}{l} y = a + bx \\ \Delta y = b \times \Delta x \\ b = \Delta y / \Delta x \end{array} \right\} \quad (3-4)$$

再以 b 值代入高点 H 或低点 L 业务量的成本方程式，即可求得 $a(a=y_H - bx_H$ 或 $a=y_L - bx_L)$。b 与 a 的值求得后，再代入计划期 P 的总成本方程式，即可预测出计划期的产品总成本和单位成本为

预测计划期产品总成本

$$y_P = a + bx_P \quad (3-5)$$

预测计划期产品单位成本

$$z_P = \frac{y_P}{x_P} \quad (3-6)$$

例 3-1 假如华中公司只生产一种产品，从它最近一年的历史成本数据中获悉该公司产量最高的月份为 12 月，共生产 10 000 件，其总成本为 370 000 元，公司产量最低的月份为 4 月份，共生产 6 000 件，其总成本为 250 000 元。若计划年度一月份的产量为 20 000 件，预测其总成本与单位成本各为多少？

解 将上述有关资料列表 3-3 如下。

表 3-3 成本数据列表

摘　要	高点(12月份)	低点(4月份)	差异(Δ)
业务量 x/件	10 000	6 000	Δx=4 000
总成本 y/元	370 000	250 000	Δy=120 000

$$b = \Delta y / \Delta x = 30 \text{ 元/件}$$

代入高点：
$$a = y_H - bx_H = (370\ 000 - 30 \times 10\ 000)\text{元} = 70\ 000\ \text{元}$$

代入低点：
$$a = y_L - bx_L = (250\ 000 - 30 \times 6\ 000)\text{元} = 70\ 000\ \text{元}$$

预测计划年度一月份产品的总成本 $= a + bx_P = (70\ 000 + 30 \times 20\ 000)\text{元}$
$$= 670\ 000\ \text{元}$$

预测计划年度一月份产品的单位成本 = 33.50 元

2) 加权平均法

加权平均法是根据过去若干时期的固定成本总额及单位变动成本的历史资料，依据影响不同，确定加权系数来确定成本的方法。其距计划期越近，对计划期的影响越大，所加权数就越大；反之，距离计划期越远，对计划期影响越小，所加权数就应越小。计算公式为

$$y = a + bx \tag{3-7}$$

预测计划期间总成本为

$$y = \frac{\sum aw}{\sum w} + \frac{\sum bw}{\sum w}x \quad (w \text{ 代表权数}) \tag{3-8}$$

此法适用于具有详细历史固定成本总额与单位变动成本的数据的企业；否则，就只能采用上述的高低点法，或后面即将介绍的回归分析法。

3) 回归分析法

由线性方程 $y = a + bx$ 可推得

$$a = \frac{\sum y - b\sum x}{n} \tag{3-9}$$

$$b = \frac{n\sum xy - \sum x \sum y}{n\sum x^2 - (\sum x)^2} \tag{3-10}$$

将 a、b 值代入 $y = a + bx$，求得总成本。

3. 成本预算

成本预算分制造费用预算和期间费用预算。

制造费用预算是指除直接材料和直接人工预算以外的一切生产费用的预算，

列示了所有间接制造项目的成本。这一预算的编制基础也是生产预算,但是,它比材料预算和直接人工预算的编制要复杂,主要是由于制造费用中既有固定费用,也有变动费用;既有付现成本,也有沉入成本(即以前费用摊销数)。表 3-4 所示为某公司 2004 年直接人工预算表。

表 3-4　某公司 2004 年直接人工预算

时间 项目	第 1 季度	第 2 季度	第 3 季度	第 4 季度	年度合计
生产量	2 400	6 000	5 600	2 000	16 000
单位产品直接人工小时	0.015	0.015	0.015	0.015	0.015
总需用小时数	36	90	84	30	240
每小时平均工资	10	10	10	10	10
人工成本合计	360	900	840	300	2 400

期间费用包括企业行政管理部门为组织和管理生产经营活动而发生的管理费用,为筹集资金而发生的财务费用,以及为销售产品或提供劳务而发生的销售费用等。在实行制造成本法的条件下,这些费用不计入产品成本,应直接计入当期损益。表 3-5 所示为某公司 2009 年度销售及管理预算表。

表 3-5　某公司 2009 年度销售及管理预算表　　　　　　　　　单位:千元

	时间 项目	第 1 季度	第 2 季度	第 3 季度	第 4 季度	年度合计
	预计销售量	2 000	6 000	6 000	2 000	16 000
	单位变动性销售及管理费用	0.05	0.05	0.05	0.05	0.05
	总变动费用	100	300	300	100	800
固定性销售及管理费用	(1) 工资	35	35	35	35	140
	(2) 广告费	10	10	10	10	40
	(3) 折旧费	15	15	15	15	60
	(4) 保险费	0	0	15	0	15
	(5) 差旅费	5	5	5	5	20
	固定费用合计	65	65	80	65	275
	销售及管理费用合计	165	365	380	165	1 075

3.3.4 成本控制与成本分析

1. 成本控制

成本控制是指在企业生产经营过程中,按照既定的成本目标,对构成产品成本费用的一切耗费进行严格的计算、调节和监督,及时揭示偏差,并采取有效措施纠正不利差异,发展有利差异,将产品实际成本限制在预定的目标范围之内。

1) 成本控制的程序

成本控制一般包括以下几项基本程序。

(1) 制定成本控制标准,并据以制定各项节约措施。

(2) 执行标准,即对成本的形成过程进行具体的监督。

(3) 确定差异。

(4) 消除差异。

2) 成本控制的标准

成本控制的标准有以下四个。

(1) 目标成本　目标成本是在预测价格的基础上,以实现产品的目标利润为前提而确定的。

(2) 计划指标　在编制成本计划后,可将成本计划指标作为成本控制标准。为了便于掌握,还应根据需要将计划指标进行必要的分解。以分解后的更加具体的小指标进行控制,可使成本控制工作落实到每个责任单位和各有关具体人员,并把成本控制与成本计划、成本核算紧密结合起来。

(3) 消耗定额　在产品生产过程中,可将各项消耗定额作为成本控制的标准。消耗定额是在一定的生产技术条件下,为生产某种产品或零部件而需要耗费人力、物力、财力的数量标准,它包括材料物资消耗定额、工时定额和费用定额等,凡是能制定定额的,都应制定出消耗定额或支出标准。用这些定额或标准控制生产过程中的物质消耗和人力消耗,是保证降低产品成本的必要手段。

(4) 费用预算　对企业经营管理费用的开支,一般采用经费预算作为控制标准。特别是对那些与产品生产无直接关系的间接费用,更需编制费用预算。应当指出,企业在一定时期制定的成本控制标准,并不是一成不变的。在执行过程中,要经常注意各种标准的先进性和适用性,以便积累资料,及时加以修正。

3) 成本控制的手段

(1) 凭证控制　凭证是记录经济业务、明确经济责任的书面证明。通过各种凭证,可以检查经济业务的合法性和合理性,控制财务收支的数量和流向。

(2) 厂币控制　厂币是企业发行用于厂内结算的一种货币。企业根据成本计划和费用预算中规定的各项费用支出指标,向各单位发放厂内货币。各单位在领用材料、转移在产品、发放工资和支付费用时,要支付厂币。月末进行结算,如有结余即为成本费用节约额。

(3) 制度控制　制度是职工进行工作和劳动的规范,是企业生产经营管理各方面工作正常运转的保证,具有很强的约束力。严格执行各项制度可对成本控制起到积极的作用。

4) 成本分级分口管理责任制

为了有效地进行成本控制,企业要建立成本控制组织体系,实行成本分级分口管理责任制。

(1) 企业成本管理　企业成本管理的内容主要有:制定和组织执行企业成本管理制度,大力宣传有关成本管理的方针、政策,提高广大职工的成本意识;在深入挖掘降低成本潜力的基础上,进行成本预测分析;编制成本计划;加强成本控制,核算产品成本,编制成本报表;检查、考核和综合分析企业成本计划的完成情况和增产节约的经济效果;组织和指导各车间、部门开展成本管理工作,总结和推广先进经验,不断提高企业成本管理水平。企业对成本的管理,是在企业统一领导下,通过财务部门进行的。同时,要按照各职能部门的分工和生产费用发生的地点,分解、落实各职能部门分口管理的成本指标,并在此基础上确定各分管部门的责任、权限和管理内容。

(2) 车间成本管理　车间成本管理是企业成本管理的中心环节,其内容主要有:根据厂部下达的成本计划或费用指标,在组织员工讨论的基础上进行试算平衡,编制车间成本计划和增产节约措施计划;根据企业批准的车间成本计划,向各班组下达有关消耗指标和费用指标,并对车间各职能组和人员提出增产节约的要求;组织车间成本核算,按计划控制车间生产费用,并督促和帮助各班组按计划和消耗定额管理生产费用;检查和分析车间成本计划和班组有关指标的完成情况,总结、推广班组管理的先进经验,不断提高车间成本管理水平。车间成本管理工作,是在车间主任直接领导下,由车间成本组或成本核算员负责组织执行。在车间内部也应实行生产费用的分口管理,按照生产费用的内容规定各有关职能人员分管费用的职责。车间成本组或成本核算员要与其他职能组或职能人员互相配合,密切协作,共同搞好车间成本管理。

(3) 班组成本管理　班组成本管理的内容主要包括:讨论企业和车间的成本费用计划,拟定班组各项消耗定额和费用计划;根据费用计划和消耗定额,控制班组所发生的各种消耗和费用开支;核算班组负责执行的计划指标,并及时采用适当的形式向群众公布计划的执行结果;检查和分析各项消耗定额和费用指标的执行情况,组织评比竞赛,等等。班组成本管理,是在班组长领导下,由核算员负责组织执行,并与其他管理员密切配合,共同努力,降低生产消耗。

2. 标准成本

所谓标准成本,是指以在产品设计阶段所选定的最优设计和工艺方案为基础,根据料、工、费的合理耗费,在企业现有的生产工艺技术水平条件下,进行经营所发生的成本。

制定标准成本对指导和控制企业的日常经济活动具有重要的意义。

第一,事先提出按成本项目反映的标准成本,可以用来规划未来的经济活动,并以此作为进行短期决策和长期决策的依据。

第二,在日常成本管理工作中,利用标准成本调节和控制日常发生的经济业务,针对重大问题进行分析研究采取有效措施及时加以纠正,以保证预定目标的实现。

第三,事后对实际成本脱离标准成本的差异进行分析,以便于分清经济责任,正确评价有关部门和人员的经济业绩。

第四,在标准成本控制中,将标准成本和成本差异单独反映,在产品、产成品和销售产品的成本都可以直接按标准成本计算,简化了日常的账务处理和成本核算工作。

标准成本控制的运作程序如下。

(1) 制定单位产品的标准成本 单位产品标准成本的制定是标准成本计算和成本控制的基础。确定单位产品的标准成本,可用计算公式表示为

$$\text{单位产品标准成本} = \text{直接材料标准成本} + \text{直接人工标准成本} + \text{制造费用标准成本}$$

(2) 计算某种产品的标准成本 按照产品的实际产量和单位产品标准成本计算出的该种产品的标准成本。其计算公式为

$$\text{某种产品标准成本} = \text{产品的实际产量} \times \text{单位产品标准成本}$$

(3) 汇总计算实际成本 按照一般的成本核算程序,归集产品生产和制造过程中实际发生的直接材料、直接人工和制造费用,以此计算出实际成本的发生额。

(4) 计算成本差异 成本差异通常是指产品实际成本与产品标准成本之间的差额。可用计算公式表示为

$$\text{成本差异} = \text{实际成本} - \text{标准成本}$$

实际成本大于标准成本的差异,通常称为不利差异,一般用 F 表示,可反映在成本差异账户的借方,因此亦称借差;实际成本小于标准成本的差额称为有利差异,一般用 U 表示,通常反映在成本差异账户的贷方,因此亦称贷差。

(5) 分析成本差异 对成本差异进行分析,一般要经过以下三个步骤:

① 分析成本差异的类型,并确定其数额;

② 追根溯源,分析成本差异产生的具体原因;

③ 明确有关责任人员的经济责任。

产品的标准成本是由生产产品所消耗的直接材料、直接人工和制造费用构成,其基本公式是以"数量"标准乘以"价格"标准,包含直接材料、直接工人和制造费用

的三种标准成本。根据各项标准成本,企业通常要为每一种产品设置一个标准成本计算单,并在该计算单中分别列明各项成本的价格标准和用量标准,通过直接汇总的方法得出单位产品的标准成本。

表 3-6 所示为某产品标准成本计算的情况。

表 3-6 产品标准成本计算

项　　目	单价标准(分配率)	用 量 标 准	标准成本/(元/件)
直接材料	—	—	—
甲材料	26.8 元/千克	2.8 千克/件	75.04
直接人工	1.80 元/小时	7 小时/件	12.60
变动性制造费用	1.5 元/小时	7 小时	10.50
固定性制造费用	0.55 元/小时	7 小时	3.85
制造费用小计	—	—	14.35
单位产品标准成本			101.99

3. 成本分析评价

成本分析评价是对企业成本水平和成本管理工作的总结和鉴定。成本分析评价要通过一定的经济指标进行,目前常用的指标有以下几项。

1) 主要产品单位成本

单位成本是指每一单位产品的成本,计算公式为

$$\text{单位成本} = \frac{\text{某产品总成本}}{\text{某产品产量}} \tag{3-11}$$

用单位成本指标评价企业的成本水平,最为简单、清晰。

2) 可比产品成本降低率

可比产品成本降低率,是指同一产品的两个不同时期成本相比的降低额,与前期成本水平相比的比率。由于企业的可比产品往往不止一种,这就需要把每种可比产品的成本降低额加总起来计算降低率,包括计划降低率和实际降低率。

$$\text{可比产品成本计划降低率} = \frac{\sum \left(\text{某产品上年预计平均单位成本} - \text{计划单位成本} \right) \times \text{计划产量}}{\sum (\text{上年预计平均单位成本} \times \text{计划产量})} \times 100\% \tag{3-12}$$

$$\text{可比产品成本实际降低率} = \frac{\sum \left(\text{某产品上年预计平均单位成本} - \text{实际单位成本} \right) \times \text{实际产量}}{\sum (\text{上年预计平均单位成本} \times \text{实际产量})} \times 100\% \tag{3-13}$$

可比产品成本降低率,是长期以来我国分析评价工业企业产品成本的重要指标。这个指标有两个特点:一是综合性,它可以把各种可比产品成本的升降情况综合地反映出来;二是可比性,因为它是以可比产品为基础计算的,不仅可以与计划相比较,检查可比产品成本降低完成情况,而且可以与以前年度相比较,研究成本的降低速度和趋势。

但是,这个指标也有不足之处:① 可比产品与不可比产品界限不易划清,特别是在花色品种、技术革新不断发展的情况下,有时即使相同产品,也会有许多不可比因素;② 它只反映可比产品成本,不能反映成本指标的全貌,无法评价企业全面的成本管理工作,尤其是在可比产品比重小的企业,这种局限性就更为明显;③ 由于只评价可比产品成本降低率,因此在可比产品与不可比产品之间分摊费用时,往往人为地使可比产品少负担一些,这种情况严重地影响成本降低指标的准确性。

3) 全部产品成本降低额

可比产品所占比重比较低的企业,应分析企业全部产品的实际成本是否超过按实际产量计算的计划总成本。计划成本大于实际成本的差额,为全部产品成本降低额。其计算公式为

$$\text{全部产品成本降低额} = \text{本期各种产品的计划单位成本} \times \text{本期各种产品的实际产量} - \text{本期全部产品的实际成本}$$

按上述公式计算出来的成本降低额,只要不是负数,即为完成成本计划。该指标综合反映能力强,既包括可比产品,又包括不可比产品,能够克服可比产品成本降低率指标的某些缺陷。

4) 产值成本率与百元产值成本

产值成本率可用百分比表示,百元产值成本可用绝对额表示,其计算公式为

$$\text{产值成本率} = \frac{\text{总成本}}{\text{总产值(或商品产值)}} \times 100\% \qquad (3-14)$$

$$\text{百元产值成本} = \frac{\text{总成本}}{\text{总产值(或商品产值)}} \times 100\% \qquad (3-15)$$

5) 行业平均先进成本

将不同企业的产品个别成本与行业平均先进成本进行对比,即可发现本企业的产品成本是节约还是浪费。它可以用节约率来表示,也可以用绝对额来表示。其计算公式为

$$\text{全部产品成本节约率} = \frac{\sum \left(\text{某产品行业平均先进单位成本} - \text{实际单位成本} \right) \times \text{实际产量}}{\text{按行业平均先进成本计算的总成本}} \times 100\%$$

$$(3-16)$$

$$\text{全部产品成本节约额} = \sum \left(\text{某产品行业平均先进单位成本} \times \text{实际产量} \right) - \text{本期全部产品的实际成本} \qquad (3-17)$$

在生产经营过程中，产品成本具有重要作用。它是反映和监督劳动耗费的工具，是补偿生产耗费的尺度，是反映企业工作质量、推动企业提高经营管理水平的杠杆和制定产品价格的重要依据。

为了正确地计算产品成本，有效地控制各项开支，必须对企业发生的生产费用进行合理的分类。成本预算中制造费用预算、期间费用预算是最基本的预算，应掌握其编制方法。成本预测是成本管理的重要环节，年度成本预测是编制企业成本计划的准备阶段。成本预测包括目标成本预测、功能成本预测和成本降低幅度的预测。成本控制是成本管理的实施阶段，是落实成本目标、实现成本计划的有力保证。为了有效地进行成本控制，企业要建立成本控制组织体系，实行成本分级分口管理责任制。成本分析评价是成本管理的总结阶段，它对企业成本计划执行情况作出综合评价。成本分析评价指标有多种，要了解各项指标的特点、适用条件及其计算方法。

3.3.5 作业成本法

1. 作业成本法概述

20 世纪 50 年代以来，随着计算机应用领域的日益广泛及高新技术在生产领域的应用，企业生产过程日益高度自动化、计算机化，企业经营面临产品成本结构的根本变化，这种变化使得以工时或机时为主的间接费用分配方法已经不能准确提供产品成本信息，无法为管理决策和控制提供有用信息，企业难以取得竞争优势。传统成本计算方法已经越来越表现出成本信息的严重歪曲，传统成本管理体系无法满足企业实行全面成本管理的需要，在此变化下，作业成本法研究在 20 世纪 80 年代末全面兴起。1987 年 Robert Kaplan 等所著《相关性消失：管理会计的兴衰》，获 AAA 管理会计委员会授予的第一个"管理会计文献杰出贡献奖"。1988 年起 Robin Cooper 连续四次在《成本管理》上发表"论作业基础成本计算的兴起"，首次对 ABC 给予明确解释。现今，作业成本法经过不断的发展研究已经成为现代企业全面管理的重要手段。

作业成本系统是重要的企业战略支持系统，它所提供的大量相关、准确的成本信息能在很大程度上帮助企业实施全面管理。作业成本系统大致由两部分组成：一是作业成本计算法（activity-based costing，ABC），二是作业管理（activity-based management，ABM）。

作业是指企业生产经营过程中相互联系、各自独立的活动。它可以作为企业划分控制和管理的单元。企业经营过程中的每个环节或生产过程中的每道工序都可以视为一项工作。在作业成本法下，成本被定义为资源的耗用，而不是为获得资源而发生的支出。作业成本法计量的是资源耗费水平的变动，而不是支出水平的变化。前者取决于对资源的需求，后者则取决于现有的资源状况。

传统成本会计是为财务报告的目的而对存货进行计量,所提供的信息对企业的决策和管理的相关性不大。一个好的成本方法提供的成本信息不仅能满足财务报告的需要,而且还能满足成本管理的需要。作业成本法改变的是成本管理方法的信息基础,而不改变成本管理的方法和模型。换言之,作业成本法是在新的成本信息支持下,对传统成本管理方法进行批判继承,提供更为精确的产品成本数据。作业成本法可能带来的收益有:为定价策略提供相应的成本信息;加强对成本有效的管理和控制;坚持改善市场营销策略;提高产品的盈利性;确保可标识的成本动因;产品盈利性的有效分析;改善成本控制;提供准确的业绩指标等。

作业成本法认为,"作业耗用资源,成本对象耗用作业"。作业是成本计算的核心,而产品成本则是制造和传递产品所需全部作业的成本总和。

2. ABC 方法

ABC 方法的计算步骤如下。

(1) 确认和计量各类资源,将资源耗费价值汇集到各资源库。资源是执行作业所必需的经济要素。在作业中,企业的各项资源被确认后,要为每类资源设立资源库,并将一定会计期间所耗各类资源成本汇集到各资源库中去。

(2) 将企业经营过程划分为各项工作。作业的划分不一定与企业的传统职能部门相一致。有时候作业是跨部门的,有时一个部门能完成好几项不同作业。作业的确定应遵循成本-效益原则,即作业的划分应粗细得当。

(3) 确定"资源动因"(见表 3-7)。资源动因是资源被各作业消耗的方式和原因,它反映了作业对资源的消耗状况,因而是把资源库价值分解到各作业成本库的依据。确立资源动因的原则是:第一,如果某一项资源耗费能直接地确定为某一特定产品的消耗就直接计入该特定产品成本中,此时资源动因也是作业动因,该动因可以认为是"终结耗费",材料费往往适用于该原则;第二,如果某项资源耗费可以从发生领域划分为各作业的消耗就直接计入各作业成本库,此时资源动因可以认为是"作业专属耗费",各作业各自发生的办公费适用于这种原则,各作业按实付工资额核定应负担工资时也适用于这一原则;第三,如果某项资源耗费从最初消耗上呈现出混合耗费形态,就需要选择合适的量化依据将资源耗费分解到各作业,这个量化依据就是资源动因,如动力费一般按各作业实用电力度数分配,等等。

(4) 根据各项作业所消耗的资源动因数,将各资源库汇集的价值根据资源动因逐项分配到各作业成本库中去,将每个作业成本库中转入的各项资源价值相加就形成了作业成本库价值。

(5) 确认各作业的成本动因(见表 3-8),再根据每个成本动因计算相应的作业动因分配率。作业成本动因通常简称为作业动因,它是作业被产品或劳务等成本对象消耗的方式和原因,是作业成本库成本分配到成本对象中的标准。"专属作业"是指为某种特定产品或劳务提供专门服务的作业,专属作业资源耗费价值应该

表 3-7　资源动因	
成本要素	资源动因
职工医疗保险	职工人数
人力	消耗劳动时间
动力	消耗电力度数
房屋租金	使用面积
折旧	所有设备价值

表 3-8　作业成本动因	
作　业	作业成本动因
订单处理	订单份数
机器调整	调整次数
机器运行	机器小时数
质量检测	检验件数
材料搬运	材料重量

直接由该特定的产品或服务所承担。

（6）根据各项作业所消耗的成本动因数将各作业成本库价值分配计入有关产品或劳务成本计算单，计算完工产品或劳务成本。

3.4　生产质量控制和改进

3.4.1　质量控制的内容和意义

1. 质量的内涵

ISO 9000—2000 质量管理体系中给质量做了如下的定义：一组固有特性满足要求的程度。对这一定义可作如下理解。

（1）术语"质量"可使用表示程度的形容词，如好或优秀、差等修饰，如可以说一个产品的质量很好。

（2）"固有"是指存在于某事或某物中的，尤其是那种永久的特性，如机器的参数和功能等。

（3）"特性"可以是固有的也可以是赋予的，可以是定性的也可以是定量的。

（4）"要求"是指一个产品或一项服务必须满足的明示的或隐含的需求和期望。

通常，质量是符合要求和规格的，是适用的，是指产品出厂后对社会造成的损失大小，包括由于产品技能变异对顾客造成的损失及对社会造成的损害等。因此，质量的内涵应包括性能指标、安全性、可靠性、寿命、美感、认同程度和售后服务等。

2. 质量管理的内涵

按 ISO 9000 的定义，质量管理的内涵是"质量管理是指导和控制一个组织的与质量有关的相互协调的活动"，这些活动包括质量方针、质量策划、质量控制、质量保证、持续改进。

（1）质量方针　指由组织的最高管理者正式发布的该组织的质量宗旨和质量方向，质量方针是企业总方针的一个组成部分，由最高管理者批准。

（2）质量策划　其目的是致力于设定质量目标并规定必要的作业过程和相关资源的分配，以实现质量目标。

（3）质量控制 质量控制包括设计控制、过程控制、包装贮存和搬运及售后服务等的控制。

（4）质量保证 致力于对达到质量要求提供信任，目标在于达到满足顾客要求的目的。

（5）持续改进 质量持续改进的关键在于要有纠正和预防措施，以保证管理体系持续有效，并符合内部（如质量计划和目标）和外部（ISO 9000）要求。

质量管理的原则包括以顾客为中心、重视领导作用、全员参与过程管理、持续改进、基于事实的决策方法、互利的供求关系。

图 3-16 所示为 ISO 9000 推荐的质量管理体系模式，一般企业通常采用如图 3-17 所示的质量管理组织结构。

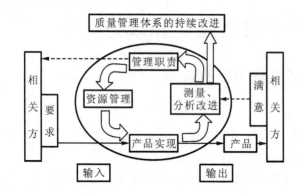

图 3-16 ISO 9000 推荐的质量管理体系模式

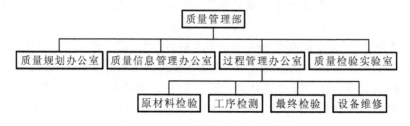

图 3-17 企业质量管理组织结构图

3.4.2 质量成本

在 20 世纪 20 年代，美国质量管理专家费根堡姆提出了质量成本的概念，首次把质量成本同企业的经济效益联系起来，受到质量管理界的高度重视。我国国家标准 GB/T 6583—1994 中对质量成本进行了定义：质量成本是为了确保和保证满意的质量而发生的费用及没有得到满意质量而造成的损失。

不同国家、不同企业对质量成本有不同的划分方法。我国的企业在进行质量成本管理时,常将质量成本划分为运行质量成本和外部质量成本两大类,如图 3-18 所示。

1. 运行质量成本

运行质量成本包括以下四个方面。

(1) 预防成本是指用于预防产生不合格品或发生故障而需的各项费用。

(2) 鉴定成本是指为评定产品是否符合质量要求而需的一切费用。

(3) 内部损失成本是指产品出厂前因不满足规定的质量要求而花费的一切费用。

(4) 外部损失成本是指产品出厂后因为不满足规定的质量要求而支付的有关费用。

2. 外部质量保证成本

外部质量保证成本指在合同环境条件下,根据用户的要求而提供客观证据所支付的费用,包括为提供特殊的附加质量保证措施、程序、数据等所支付的费用,产品验证、实验和评定费用,为满足用户要求而进行质量体系认证所支付的费用。

质量成本图是描述预防成本、鉴定成本、内部损失成本和外部损失成本四种质量成本之间关系的曲线图,见图 3-19。由图 3-20 可知,质量成本曲线在最低点 A 对应的成本为最佳质量水平。

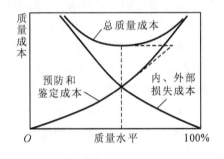

图 3-19　质量成本曲线图

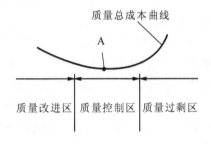

图 3-20　质量控制区域分类

(1) 质量控制区　损失成本约为 50%,预防成本约为 10%,如找不出更有利的改进项目,将重点转为控制。

(2) 质量改进区　损失成本大于 70%,预防成本小于 10%,确定改进项目并予以实施。

(3) 质量过剩区　损失成本小于 40%,鉴定成本大于 50%,此时质量过剩,重新审查标准或放松检验方案。

3.4.3 质量控制的改进

1. 设计和开发

(1) 设计和开发策划　组织应对产品的设计和开发进行策划和控制。在进行设计和开发策划时,组织应确定以下几条:适于每个设计和开发阶段的评审、验证和确认活动;设计和开发的职责和权限;组织应对参与设计和开发的不同小组之间的接口进行管理,以确保有效的沟通,并明确职责分工。

(2) 设计和开发输入　应确定与产品要求有关的输入,并保持记录,这些输入应包括:功能和性能要求;适用的法律法规要求;以前类似设计提供的信息;设计和开发所必需其他要求。

(3) 设计和开发输出　设计和开发的输出应以能够针对设计和开发的输入进行验证的方式提出,并应在放行前得到批准。设计和开发输出应满足设计和开发输入的要求,为采购、生产和服务提供适当的信息,包含或引用产品接收准则,规定对产品的安全和正常使用所必需的产品特性。

(4) 设计和开发评审　在适宜的阶段,应依据所策划的安排设计和开发进行系统评审,评价设计和开发的结果是否满足要求,识别任何问题并提出必要的措施。评审的参加者应包括与所评审的设计和开发阶段有关的职能的代表,评审结果及任何必要措施的记录应予保持。

(5) 设计和开发验证　为确保设计和开发输出能满足输入的要求,应依据所策划的安排对设计和开发进行验证,验证结果及任何必要措施的记录应予保留。

(6) 设计和开发确认　为确保产品能够满足规定的使用要求或已知预期用途的要求,应依据所策划的安排对设计和开发进行确认。只要可行,确认应在产品交付或实施之前完成。确认结果及任何必要措施的记录应予保留。

(7) 设计和开发更改的控制　应识别设计和开发的更改,并保留记录,在适当的时候,应对设计和开发的更改进行评审、验证和确认,并在实施前得到批准,设计和开发更改的评审应包括更改对产品组成部分和已交付产品的影响的评价。

更改的评审结果及任何必要措施的记录应予保留。

2. 采购

(1) 采购过程　组织应确保采购的产品符合规定的采购要求,对供方及采购的产品控制的类型和程度应取决于采购的产品对随后的产品实现或最终产品的影响。

组织应根据供方按组织的要求提供产品的能力进行评价和选择供方。应制定选择、评价和重新评价的准则。评价结果及评价所引发的任何必要措施的记录应予保留。

（2）采购信息　采购信息应表述拟采购的产品,其内容包括:产品、程序、过程和设备的批准的要求;人员资格的要求;质量管理体系的要求。在与供方沟通前,组织应确保规定的采购要求是充分与适宜的。

（3）采购产品的验证　组织应建立并实施检验或其他必要的活动,以确保采购的产品满足规定的采购要求。

当组织或其顾客拟对供方的现场实施验证时,组织应在采购信息中对拟验证的安排和产品放行的方法做出规定。

3. 生产和服务提供

（1）生产和服务提供的控制　组织应策划并在受控条件下进行生产和提供服务,受控条件应包括:获得表述产品特性的信息;必要时,获得作业指导书;使用适宜的设备获得和使用监视和测量装置;实施监视和测量;放行、交付和交付后活动的实施。

（2）生产和服务提供过程的确认　当生产和服务提供过程的输出不能由后续的监视或测量加以验证时,组织应对任何这样的过程实施确认,这包括仅在产品使用或服务已交付之后问题才显现的过程。确认应证实这些过程实现所策划的结果的能力。

组织应规定和确认这些过程的安排,其内容包括:为过程的评审和批准所规定的准则;设备的认可和人员资格的鉴定;使用特定的方法和程序;记录的要求;再确认。

（3）标识和可追溯性　组织应在产品实现的全过程中使用适宜的方法识别产品,应针对监视和测量要求识别产品的状态,在有可追溯性要求的场合,组织应控制并记录产品的唯一性标识。

（4）顾客财产　组织应爱护在组织控制下或组织使用的顾客财产,应识别、验证、保护和维护供其使用的产品中属于顾客的那部分财产。若顾客财产发生丢失、损坏或发现不适用的情况时,应报告顾客,并保留记录。

（5）产品防护　在内部处理和交付到预定的地点期间,组织应针对产品的特性提供防护,这种防护应包括标识、包装、贮存和保护。防护也应适用于产品的组成部分。

（6）监视和测量装置的控制　组织应确定需实施的监视和测量及所需的监视和测量装置,为产品符合确定的要求提供证据。组织应建立过程,以确保监视和测量活动可行并以与监视和测量的要求相一致的方式实施。为确保结果有效,必要时,测量设备应对照能溯源到国际或国家标准的测量基准,按照规定的时间间隔或在使用前进行校准或验定。当不存在上述标准时,应记录校准或验证的依据;同时,还要进行调整或必要时再调整,防止测量结果失效;在搬运、维护和贮存期间防止损坏或失效;当发现设备不符合要求时,组织应对以往测量结果的有效性进行评价和记录,组织应对设备和任何受影响的产品采取适当的措施。校准和验证结果的记录应予以保留。

4. 不合格品控制

组织应确保不符合产品要求的产品得到识别和控制,以防止非预期的使用或交付,对于不合格品控制及不合格品处置的有关职责和权限应在文件中做出规定。

组织应采取下列一种或几种方法处置不合格品:采取措施,消除发现的不合格;经有关授权人员批准,适用时经顾客批准,让步使用、放行或接收不合格品;采取措施,防止其原预期的使用或应用。

5. 改进

(1) 持续改进 组织应通过使用质量方针、质量目标、审核结果、数据分析、纠正和预防措施及管理评审来持续改进质量管理体系的有效性。

(2) 纠正措施 组织应采取措施消除不合格的因素,防止不合格现象的再发生。纠正措施应与所遇到不合格的影响程度相适应。

(3) 预防措施 组织应确定措施消除潜在不合格的因素,防止不合格现象的发生,预防措施应与潜在问题的影响程度相适应。

3.4.4 质量控制与改进的常用方法

1. PDCA 循环管理法

PDCA 循环由美国统计学家戴明博士提出,P(plan)表示计划,D(do)表示执行,C(check)表示检查,A(action)表示处理。如图 3-21 所示,PDCA 循环表明了质量管理活动的四个阶段,每个阶段又分为若干步骤。

在计划阶段,主要工作是确定质量目标,通过市场调查、用户访问等,摸清用户对产品

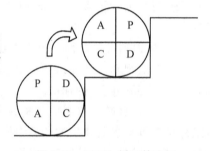

图 3-21 PDCA 循环管理图

质量的要求,确定质量政策、质量目标和质量计划等。它包括现状调查、原因分析、确定要因和制订计划四个步骤。

在执行阶段,要实施上一阶段所规定的内容,如根据质量标准进行产品设计、试制、试验,其中包括计划执行前的人员培训。它只有一个步骤——执行计划。

在检查阶段,主要是在计划执行过程之中或执行之后,检查执行情况,看是否符合计划的预期结果。该阶段也只有一个步骤——效果检查。

在处理阶段,主要是根据检查结果,采取相应的措施,巩固成绩,把成功的经验尽可能纳入标准,进行标准化,遗留问题则转入下一个 PDCA 循环去解决。它包括两个步骤:巩固措施和下一步的打算。

采用 PDCA 循环管理法时,要注意以下几点。

(1) PDCA 循环一定要按顺序进行,它靠组织的力量来推动,像车轮一样向前滚动,周而复始,不断循环。

(2) 企业每个科室、车间、工段、班组,直至个人的工作,均有一个 PDCA 循环,这样一层一层地解决问题,而且大环套小环,一环扣一环,小环保大环,推动大循环。

大环与小环的关系主要是通过质量计划指标连接起来的,上一级的管理循环是下一级管理循环的根据,下一级的管理循环又是上一级管理循环的组成部分和具体保证。通过各个小循环的不断转动,推动上一级循环,以至整个企业循环不停转动。通过各方面的循环,把企业各项工作有机地组织起来,纳入企业质量保证体系,实现总的预定质量目标。因此,PDCA 循环的转动,不是哪一个人的力量,而是组织的力量、集体的力量,是整个企业全体职工推动的结果。

(3) 每通过一次 PDCA 循环,都要进行总结,提出新目标,再进行第二次 PDCA 循环,使质量管理的车轮滚滚向前。PDCA 每循环一次,质量水平和管理水平均提高一步。

PDCA 循环不仅是质量管理活动规律的科学总结,它还是开展质量管理活动的科学程序,也是一种科学管理的工作方法,它同样可以在质量管理活动以外发挥重要作用。

2. 质量管理图表法

质量管理中的一项重要内容就是通过搜集整理数据,对数据进行分析来找出造成过程产生变异的根本原因,并采取措施消除这些变异。在这个过程中常运用排列图、散布图等图表方法对质量进行管理和控制。下面介绍几种常用的图表方法。

1) 散布图

散布图通过分析两种变量之间的关系来控制影响产品质量的相关因素。

散布图有以下几项功能。

① 判断质量问题与某些因素有无关系。

② 判断是否有异常状况。

③ 散布图有时表明一种趋势关系。

④ 散布图有时可用来确定作业范围。

2) 直方图

直方图是质量管理中应用很广泛的一种工具,它以频率的形式提供数据的分布状况,找出其统计规律,以便对总体的分布特性进行推断。

表 3-9 所示为某工厂生产的产品规格分布情况。

表 3-9　工厂生产的产品规格分布

尺寸/mm	从	39.89	39.91	39.93	39.95	39.97	39.99	40.01	40.03	40.05	40.07	40.09
	至	39.91	39.93	39.95	39.97	39.99	40.01	40.03	40.05	40.07	40.09	40.11
分布 a		1	1	3	6	20	39	19	7	2	1	1
分布 b		4	11	11	13	18	11	8	8	4	4	6

对应的直方图表示如图 3-22 所示。

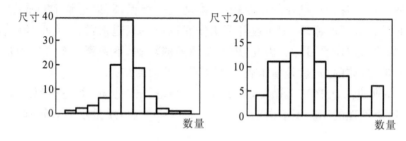

图 3-22　表 3-9 对应的直方图

由直方图可知：
① 可以看出质量参数的分布；
② 研究离散或偏离的原因；
③ 可知不符合质量要求的产品所占的比例；
④ 比较质量改进措施前后质量水平的变化。

3) 特性要因图

特性要因图又称因果图，是用来展示质量问题产生的原因，分析原因与结果之间关系的一种工具。借助因果图可以将影响质量的各种因素集中反映在一张树状的图中，按照各因素的类别进行归类，由主到次分别找出主要原因、次要原因等，从而确定应采取的措施。

4) 分层法

分层法就是把收集到的数据进行合理的分类，将相同性质或同一生产条件下的数据归纳为一个组，从而找到根本影响因素的方法。分层的方法包括按生产线、按材料、按班组或工人、按时间、按作业方法分层等。使用分层法的过程中要注意，尽量采用复合分层，要分析分层标志之间的关系。

此外还有流程图、调查表，排列图等图表方法，将在后面的章节中予以介绍。

3. 抽样检验

抽样检验是从一批产品中随机抽取少量产品（样本）进行检验，以判断该批产品是否合格的统计方法和理论，又称抽样检查。它与全面检验的不同之处，在于全面检验需对整批产品逐个进行检验,而抽样检验则根据样本中的产品的检验结果来推断整批产品的质量。如果推断结果认为该批产品符合预先规定的合格标准,就予以接收;否则就拒收。采用抽样检验可以显著地节省工作量。在破坏性试验(如检验灯泡的使用寿命)及散装产品(如矿产品、粮食)和连续产品(如棉布、电线)等检验中,也都只能采用抽样检验。抽样检验是统计质量管理的一个重要组成部分。抽样检验方案(简称抽样方案)是一套规则,依据它去决定如何抽样(一次抽或分几次抽,抽多少),并根据抽出产品检验的结果决定接收或拒绝该批产品。抽样方案按指标性质分为计数抽样方案与计量抽样方案两类,按抽取样本的方式有一次、二次、多次及序贯抽样。除了根据抽样检验方法制定适用于各种特定情形的抽样方案外,抽样检验方法的标准化是一个重要的研究方向。

抽样检验的方法有以下几种。

(1) 单纯随机抽样　完全随机,无限制,一般多利用乱数表或抽样球。

(2) 系统抽样　按一定的时间或数量间隔抽样。

(3) 分层抽样　先将总体按某种特征分为若干层,然后再在层内随机抽样。

(4) 曲折抽样　希望减少系统抽样因周期性而发生偏差等缺点所采用的方法,可视为随机抽样,但较复杂,具有规则性。

(5) 区域抽样　群体如一大箱物品,箱中有数十个小盒,每一小盒装有若干物品。为抽样之方便,可自数十个小盒中随机抽取若干样本盒,然后就各样本盒进行全数检验。这方法如社会调查时分为城镇或乡村取样,故称为区域抽样。适用前提:区域内变异大,区域间变异小。与分层抽样刚好相反。

(6) 分段抽样　先采用区域抽样,再从样本单位中随机抽样。可有两段、多段之分。

(7) 反复抽样　在同一检验批次内作一次以上的抽样来推定群体品质的抽样方法。一般用在抽样检验中之双次、多次或逐次抽样。

4. 统计过程控制

在生产过程中,判别工序是否在受着异常因素的影响可以采取下面的方法:每隔一定的时间间隔,在生产的产品中进行随机抽样,并根据样本数据观察质量特性值的分布状态。若工序分布状态不随时间的推移而变化,说明工序处于稳定状态,只受着偶然因素的影响;若工序分布状态随着时间的推移发生变化,说明工序处于非稳定状态,有异常因素影响着它,必须立即采取措施消除异常因素的影响。

统计过程控制(statistical process control,SPC)是利用统计规律判别和控制异常因素造成的质量波动,从而保证工序处于控制状态的手段,也称统计工序控制。

1) 影响质量的因素

一般生产过程中影响质量的因素分为偶然因素和异常因素。

(1) 偶然因素(随机因素) 对生产过程一直起作用的因素,如材料成分、规格、硬度等的微小变化,设备的微小振动,刀具的正常磨损,夹具的弹性变型及微小松动,工人作业的微小不均匀性等。

偶然因素对质量波动的影响并不大,一般来说,并不超出工序规格范围,其影响在经济上并不值得消除,在技术上也是难以测量、难以避免的。

由偶然因素造成的质量特性值分布状态不随时间的变化而变化。

由偶然因素造成的质量波动称为正常的波动,这种波动一般通过公差加以反映,此时的工序处于稳定状态或受控状态。

(2) 异常因素(系统因素) 在一定时间内对生产过程起作用的因素,如材料成分、规格、硬度的显著变化,设备或工夹具安装、调整不当或损坏,刀具的过度磨损,工人违反作业规程等。

异常因素造成较大的质量波动,常常超出了规格范围或存在超过规格范围的危险,其影响在经济上是必须消除的。异常因素在技术上是易于识别、测量并且是可以消除和避免的。

由异常因素造成的质量特性值分布状态随时间的变化可能发生各种变化。

由异常因素造成的波动称为不正常的波动,此时的工序处于不稳定状态或非受控状态,对这样的工序必须严加控制。

统计工序控制与产品检查有着本质的区别。产品检查是通过比较产品质量特性测量值与规格要求之间的差距,达到剔除不合格品的目的,是事后把关。统计工序控制是通过样本数据分布状态估计总体分布状态的变化,从而达到预防异常因素造成的不正常质量波动,消除质量隐患的目的,是事先预防。

产品检查通常通过专门的测量仪器和设备得到测量值,并由检查人员进行判定。而统计工序控制必须使用专门设计的控制图,并按一定的判定规则判定工序状态是否处于正常状态。

统计工序控制虽然会带来一定程度的预防成本的提高,但却能及早发现异常,采取措施消除隐患,带来故障成本的大幅度降低。因此对比产品检查,统计工序控制有更显著的经济效果。

2) 控制图

控制图是由美国贝尔(Bell)通信研究所的休哈特(W. A. Shewhart)博士发明的,因此也称休哈特控制图。控制图是反映和控制质量特性值分布状态随时间而发生的变动情况的图表。它是判断工序是否处于稳定状态,以保持生产过程始终处于正常状态的有效工具。根据控制图的特点,可将其分为两类,应用于不同的场合(见表3-10)。

表 3-10　控制图种类及适用场合

类别	名称	符号	特点	适用场合
计量值控制图	均值-极差控制图	$\bar{X}\text{-}R$	最常用,判断工序是否异常的效果好,但计算工作量大	适用于产品批量较大而且稳定正常的工序
	中位数-极差控制图	$\tilde{X}\text{-}R$	计算简便,但效果差些,便于现场使用	—
	两极控制图	$L\text{-}S$	一张图可同时控制均值和方差,计算简单,使用方便	—
	单值-移动极差控制图	$X\text{-}R_s$	简便省事,并能及时判断工序是否处于稳定状态。缺点是不易发现工序分布中心的变化	因各种原因(时间费用等)每次只能得到一个数据或希望尽快发现并消除异常原因
计数值控制图	不合格品数控制图	P_n	较常用,计算简单,操作工人易于理解	样本容量相等
	不合格品率控制图	P	计算量大,管理界限凹凸不平	样本容量可以不等
	缺陷数控制图	C	较常用,计算简单,操作工人易于理解,使用简便	样本容量(面积或长度)相等
	单位缺陷数控制图	U	计算量大,管理界限凹凸不平	样本容量(面积或长度)不等

图 3-23 为控制图的基本构造图,从中可以看到:

(1) 以随时间推移而变动着的样品号为横坐标,以质量特性值或其统计量为纵坐标的平面坐标系;

(2) 三条具有统计意义的控制线——中心线 CL、上控制线 UCL 和下控制线 LCL;

(3) 图中的曲线是一条质量特性值或其统计量的波动曲线。

在实际生产过程中,坐标系及三条控制线是由质量管理人员事先经过工序能

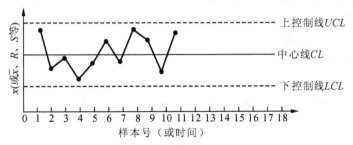

图 3-23　控制图的基本构造

力调查及其数据的收集与计算绘制好的。工序的作业人员按预先规定好的时间间隔抽取规定数量的样品，将样品的测定值或其统计量在控制图上打点并联接为质量波动曲线，并通过点子的位置及排列情况判断工序状态。

3) 控制界限的确定——3σ 原理

如图 3-24 所示，设工序处于正常状态时，质量特性总体的均值为 μ_0，标准偏差为 σ，设三条控制线的位置分别为 $CL=\mu_0$、$UCL=\mu_0+k\sigma$，$LCL=\mu_0-k\sigma$。

控制图常产生以下两类错误，如图 3-25 所示。

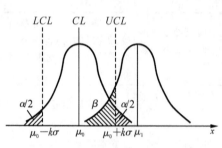

图 3-24 控制图的两类错误

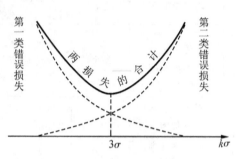

图 3-25 两类错误损失图

当工序正常时，点子仍有落在控制界限外面的可能，此时会发生将正常波动判断为非正常波动的错误——误发信号的错误，这种错误称为第一类错误，控制图犯第一类错误的概率记为 α。

设总体均值 μ_0 在异常因素的作用下移至 μ_1，σ 不变。此时，点子应落在控制界限外以发出警报。但却也存在点子落在控制界限内不发警报的可能，这将导致将非正常波动判断为正常波动的错误——漏发信号的错误，这种错误称为第二类错误，控制图第二类错误的概率记为 β。

放宽控制界限，即 k 越大，第一类错误的概率 α 越小，第二类错误的概率 β 越大；反之，加严控制界限，即 k 越小，第一类错误的概率 α 越大，第二类错误的概率 β 减小。控制界限系数 k 的确定应以两类错误判断的总损失最小为原则。理论证明，当 $k=3$ 时，即控制图上下界限距中心线 CL 的距离为 $\pm 3\sigma$ 时，合计损失为最小。这就是所谓的 3σ 原理，见图 3-25。

4) 控制图的绘制程序

(1) 确定受控质量特性。

(2) 选定控制图种类。

(3) 收集预备数据 收集预备数据的目的只为作分析用控制图以判断工序状态。数据采集的方法是间隔随机抽样。为能反映工序总体状况，数据应在 10~15 天内收集，并应详细地记录在事先准备好的调查表内。数据收集的个数、计算公式及数值参见表 3-11、表 3-12。

表 3-11 控制图的样本及计算

控制图名称	样本数 k	样本容量 n	备注
$\bar{X}$-R 图 $\tilde{X}$-R 图 L-S 图	一般 $k=20\sim25$	一般 $3\sim6$	$\tilde{X}$ 图的样本容量常取 3 或 5
X-R_s 图	$k=20\sim30$	1	—
P_n 图、P 图	一般 $k=20\sim25$	$1/p\sim5/p$	—
C 图、U 图		尽可能使样本中缺陷数 $C=1\sim5$	—

控制图名称	步骤	计算公式	备注
$\bar{X}$-R 图	(1) 计算各样本平均值 $\bar{x}_i$ (2) 计算各样本极差 R_i	$\bar{x}_i = \frac{1}{n}\sum_{j=1}^{n} x_{ij}$ $R_i = \max(x_{ij}) - \min(x_{ij})$	x_{ij} 为第 i 样本中的第 j 个数据 $i=1,2,\cdots,k$；$j=1,2,\cdots,n$；$\max(x_{ij})$ 为第 i 样本中最大值；$\min(x_{ij})$ 为第 i 样本中最小值
$\tilde{X}$-R 图	(1) 找出或计算出各样本的中位数 $\tilde{X}_j$ (2) 计算各样本极差 R_i	$\bar{x}_j = x_{i\frac{n+1}{2}}$ (n 为奇数) $\bar{x}_i = \frac{1}{2}(x_{i\frac{n}{2}} + x_{i\frac{n+1}{2}})$ (n 为偶数) $R_i = \max(x_{ij}) - \min(x_{ij})$	$x_{i\frac{n+1}{2}}$ n 为奇数时，第 i 样本中按大小顺序排列起的数据列中间位置的数据；$\frac{1}{2}(x_{i\frac{n}{2}} + x_{i\frac{n+1}{2}})$ n 为偶数时，第 i 样本中按大小顺序排列起的数据列中中间位置的两个数据的平均值
L-S 图	(1) 找出各组最大值 L_i 和最小值 S_i (2) 计算最大值平均值 $\bar{L}$ 和最小值平均值 $\bar{S}$ (3) 计算平均极差 $\bar{R}$ (4) 计算范围中值 M	$L_i = \max(x_{ij})$ $S_i = \min(x_{ij})$ $\bar{L} = \frac{1}{k}\sum_{i=1}^{k} L_i$ $\bar{S} = \frac{1}{k}\sum_{i=1}^{k} S_i$ $\bar{R} = \bar{L} - \bar{S}, \quad M = \frac{\bar{L}+\bar{S}}{2}$	—
X-R_s 图	计算移动极差 R_s	$R_s = \|x_i - x_{i-1}\|$	—
P_n 图	计算平均不合格品率 $\bar{p}$	$\bar{p} = \frac{\bar{p}_n}{n} \quad \bar{p}_n = \frac{\sum_{i=1}^{k}(p_n)_i}{k}$	$(p_n)_i$ 为第 i 样本的不合格品数（各样本容量皆为 n）

续表

控制图名称	步骤	计算公式	备注
P 图	计算各组不合格品率 p_i	$p_i = \dfrac{(p_n)_i}{n_i}$	n_i 为第 i 样本的样本容量（各样本容量可以不等）
C 图	计算各样本的平均缺陷数 $\bar{c}$	$\bar{c} = \dfrac{\sum\limits_{i=1}^{k} c_i}{k}$	c_i 为第 i 样本的缺陷数（各样本容量相等）
U 图	计算各样本的单位缺陷数 u_i	$u_i = \dfrac{c_i}{n_i}$	各样本容量不等

表 3-12 控制图系数表

样本大小	A_2	D_3	D_4	$M_3 A_2$	E_2	A_9
2	1.880	—	2.267	1.880	2.660	2.695
3	1.023	—	2.575	1.187	1.772	1.826
4	0.729	—	2.282	0.796	1.457	1.522
5	0.577	—	2.115	0.691	1.290	1.363
6	0.483	—	2.004	0.549	1.184	1.263
7	0.419	0.076	1.924	0.509	1.109	1.914
8	0.373	0.136	1.864	0.432	1.054	1.143
9	0.337	0.184	1.816	0.412	1.010	1.104
10	0.308	0.223	1.777	0.363	0.975	1.072

（4）计算控制界限。

（5）作分析用控制图并判断工序是否处于稳定状态　在坐标图上画出三条控制线，控制中线一般以细实线表示，控制上、下线以虚线表示。将预备数据各样本的参数值在控制图中打点。根据本节介绍的控制图的判断规则判断工序状态是否稳定，若判断工序状态不稳定，应查明原因，消除不稳定因素，重新收集预备数据，直至得到稳定状态下的分析用控制图；若判断工序处于稳定状态，继续以下程序。

（6）确定控制用控制图　由分析用控制图得知工序处于稳定状态后，还须与规格要求进行比较。若工序既满足稳定要求，又满足规格要求，则称工序进入正常状态。此时，可将分析用控制图的控制线作为控制用控制图的控制线；若不能满足规格要求，必须对工序进行调整，直至得到正常状态下的控制图。

所谓满足规格要求，并不是指上、下控制线必须在规格上、下限内侧，即 $UCL > TU, LCL < TL$，而是要看受控工序的工序能力是否满足给定的 Cp 值要求。

（7）应用控制图控制工序。

5）控制图的观察与判断

工序质量特性值分布的变化是通过控制图上点子的分布体现出来的,因此工序是否处于稳定状态要依据点子的位置和排列来判断。处于稳定的控制状态的工序,必须同时满足以下两个条件。

一是控制图的点子全部在控制界限内。由于在稳定状态下,控制图也会发生误发信号的错误(第一类错误),因此规定在下述 3 种情况下,判定第一个条件,即点子全部在控制界限内是满足:① 至少连续 25 点处于控制界限内;② 连续 35 点中,仅有 1 点超出控制界限;③ 连续 100 点中,至多有 2 点超过控制界限。

二是点子的排列无缺陷,即点子在控制界限内的波动是随机波动,不应有明显的规律性。点子排列的明显规律性称为点子的排列缺陷。

对控制图上的点,不能仅当作一个"点"来看待,一个点代表某时刻某统计量的分布,点的排列变化才能说明分布状态发生的变化。

5. 6σ 质量计划

1) 6σ 概念

σ 是希腊字母表里的一个字母,专业术语为"Sigma",中文发音为"西格玛",其定义为标准偏差,用来描述特性值相对于过程平均值的偏离程度。对于一个事务或制造过程,σ 值是一个度量单位,它显示过程的执行情况。σ 值越高说明执行情况越好。σ 通过测量过程的能力来追求零缺陷。这里将缺陷定义为可能导致客户不满意的任何要素。在 6σ 中,常用的测量指数是单位缺陷数(DPU—defects-per-unit),其中单位可以是各种任务或实体,如一个小时的工作、一份文件、一张发票、一个零件、一块材料等。σ 值显示了缺陷可能发生的频率。σ 值越高,过程产生缺陷的可能性越少。当 σ 值增加时,成本下降,工作周期减少,同时客户满意度提高(如图 3-26 所示)。

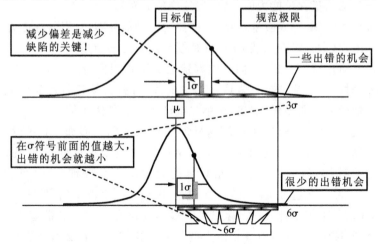

图 3-26　6σ 与 3σ 比较

20世纪80年代中期,美国摩托罗拉公司确立了以客户完全满意(total customer satisfaction,TCS)为目标的质量方针并实施了6σ计划,由于6σ质量计划的成功实施,20世纪90年代后,美国各大公司如GE等都开始实施6σ质量计划,并为这些企业带来了显著效益。事实上,6σ并不纯粹是一项统计技术,其实施是对企业管理技术的一次变革。目前,6σ质量计划已经成为实现企业业务整体改进的一项竞争战略。图3-26所示为6σ与3σ的比较。

2) 6σ的计量值质量特性

工序处于稳定状态时,工序质量特征值一般服从正态分布,在理想情况下即分布中心和公差中心重合,公差范围为+6σ到-6σ之间。

实际上,σ水平是一种反映过程能力的统计度量单位。σ值与单位产品缺陷、百万机会之缺陷和缺陷发生的概率等指标密切相关。随着σ水平的升高,缺陷水平降低。

6σ是一种愿景,一种展望,一种基于数据制定决策的方法,一种致力于改善客户质量的承诺。6σ是产品质量和过程能力的衡量指标,目标是每百万次机会3.4个缺陷,即短期σ水平达到6σ。

对计量值质量特性来说,可以用日本著名质量管理专家田口提出的质量损失函数度量其对顾客的影响。通常,质量特性一旦偏离目标值就会对顾客造成损失。质量特性越远离目标值,对顾客造成的损失就越大。顾客的损失是与质量特性与目标值之差的平方成正比的。

作如下假设:

第一批产品的质量特性均匀分布在规格限内且没有超差品(当主要采用检验来控制产品质量时,通常会产生这样的分布);

第二批产品的质量特性呈倒钟形分布在规格限内(当对过程进行统计控制,且过程具有一定的质量保证能力时,会产生这样的分布);

第三批产品达到了6σ质量,即质量特性呈倒钟形分布,且以目标值为中心分布在1/2规格限内(世界级企业按6σ原理持续改进获得的质量)。

对同样的质量特性来说,它们给顾客造成的平均损失分别是12:4:1。也就是说,如果从对顾客造成的损失来度量质量的优劣的话,第三批产品的质量,即6σ质量比第一批产品的质量优12倍,比第二批产品的质量优4倍。

对记数值质量特性来说,可以用这样的假设来说明。假如一件有100个零部件构成的产品,由4个厂家来生产。这四个厂家的质量水平分别是3σ、4σ、5σ和6σ。那么每生产10 000件产品,交给顾客的无缺陷产品分别是10件、5 364件、9 970件、9 997件。在这种情况下,6σ质量是3σ质量的999.7倍(见图3-27),是4σ质量的1.86倍。不仅如此,6σ质量交付给顾客的仅有3件产品带有1处缺陷,而3σ质量将有6 645件产品带有6处以上的缺陷。这就是为什么有些企业在没有推广6σ时,总是为处理质量问题而疲于奔命的原因(见表3-13)。

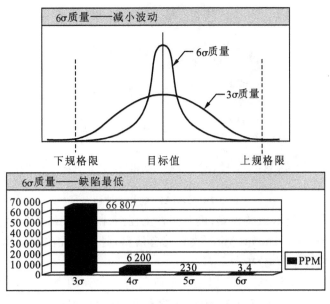

图 3-27 6σ质量与3σ质量之比

表 3-13 6σ公司与3σ公司的比较

3σ公司	6σ公司
质量成本耗费15%~25%的销售额	质量成本耗费5%的销售额
每百万次机会产生66 807个缺陷	每百万次机会产生3.4个缺陷
依靠检查来发现缺陷	依靠有能力的工序防止缺陷产生
认为高质量是昂贵的	知道高质量制造商就是低成本制造商
没有规范的解决问题的方法	使用定义、测量、分析、改进、控制或定义、测量、分析、设计、验证
以竞争对手作为参照基准进行比较	以世界上最好的公司作为参照基准进行比较
认为99%已经足够好	认为99%是无法接受的
从自身内部出发定义关键质量特性(CTQ)	从外部出发定义关键质量特性(CTQ)

市场是由顾客决定的。因此，6σ质量计划具有强劲的市场竞争力。

3) 实施模式和DMAIC的标准流程

从20世纪80年代诞生发展至今，6σ已经演变成为一套行之有效的解决问题和提高企业绩效的系统方法论，而推动企业不断持续改进的6σ具体实施的模式有DMAIC(见图3-28)，该模式已经成为国际上质量持续改善的标准流程。

(1) 定义(define，D) 将顾客之声VOC转换成为对内部产品、服务、过程的技术要求，再转换成关键质量因素(CTQ)，进而定义项目，决定项目所需资源；定量化

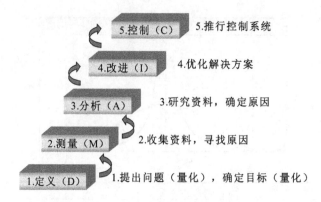

图 3-28 DMAIC 的标准流程

地定义问题、设定目标、效益预测;确定高端流程图;制订项目进展计划。

(2) 测量(measurement, M) 收集现有信息,寻找潜在的关键因素,并进行测量系统分析和过程能力分析。

(3) 分析(analysis, A) 根据在测量阶段所寻找到的潜在的关键因素设计实验,根据实验数据进行图表分析、假设检验和回归分析,以确定一组按重要程度排列的关键因素。

(4) 改进(improvement, I) 优化解决方案,并确认该方案能够满足或超过项目改进目标。

(5) 控制(control, C) 制订控制计划,实施 SPC 动态跟踪。确保对过程的改进一经实施就能够持之以恒,不会返回到以前的状态。

习题

1. 生产系统的含义是什么?
2. 试分析比较生产系统的类型。
3. 简述生产效率及影响生产效率的因素。
4. 什么是 ABC 方法?
5. 成本控制有哪些内容?
6. 何谓质量控制,其内涵是什么?
7. 什么是 PDCA 循环管理法?
8. 试述 6σ 在质量控制中的运用。

思考题

如何提高生产系统的生产效率?

 案例 ▶▶▶

上海通用的全球制造系统

上海通用汽车有限公司成立于1997年,由上海汽车工业(集团)总公司、通用汽车公司各出资50%组建而成。目前已经形成赛欧紧凑型轿车、别克君威轿车、别克GL8商务公务旅行车、别克凯越轿车四大系列19个品种的产品矩阵。上海通用汽车坚持"以客户为中心,以市场为导向"的经营理念,并不断以高质量、全系列的产品和高效优质的服务,满足用户日益增长的需求。

上海通用汽车建立了一套完整的采购、物流、制造、销售与售后服务体系和质量管理体系,并在生产和管理中大量采用计算机控制技术,具有国际先进水平的国内第一条柔性化生产线,涵盖了冲压、车身、油漆、总装等整车制造环节及发动机、变速箱等动力总成制造过程。至今,上海通用汽车通过了上海质量体系审核中心(SAC)和挪威船级社(DNV)的联合质量体系评审,成为中国汽车工业第一家获得QS 9000质量体系认可的汽车制造公司。同时,上海通用汽车还获得了ISO 14001环境体系认证证书。上海通用汽车将计算机信息技术应用于公司业务的各个领域,公司的信息系统无论硬件还是软件都是目前国内汽车行业最先进之一,其不仅为公司各项业务提供强有力的技术支持,而且可以和通用汽车公司全球网络联网。

就像一个生物体的DNA中的遗传信息一样,在上海通用的组织内部也传递着一套"行为准则"。作为通用公司全球五大生产样板企业之一,上海通用汽车以通用汽车全球制造系统为蓝本,结合自身特点和国情,创造了自己的全球制造系统和上海通用汽车标准制造体系SGM-GMS,如图3-29所示。

图3-29 上海通用全球制造系统

标准化

标准化工作是成文的、目前最好的、安全及有效完成工作的方法,以达到必要的质量水准。标准化实现有 SOS 标准化工作操作单、JIT、岗位指导培训、5S、工作场地有序安排、目视控制等。

制造质量保证

在上海通用,人人都会背诵质量"三不主义",即"不接受、不制造、不传递缺陷"。工人有权力拒收有问题的零部件,而没权把工作中的缺陷传递到下道工序。生产线上也装备了按灯系统,一旦操作员工发现质量问题和物料脱节等现象,及时让生产线暂停下来。车间主任工段长立即第一时间赶到现场解决问题。"质量是制造出来的。我们不会因为质量问题惩罚员工,工作是可以改进的,但绝不允许隐瞒、传递质量问题。"品质管理的责任就这样被授权给了员工,让他们感觉到了责任,也感觉到了权力,这样每一个员工都知道自己的行为都有影响力,而不是一台只会干活的机器。他们一旦感受到自己工作的价值,自身的积极性和能动性就迅速激发出来。

基本保证程序:记录最佳操作顺序,记录质量检查及关键质量操作,通过消除偏差来支持组员质量,支持解决问题。

基本保证模式有:质量体系(ISO 9000)、统计过程控制(SPC)、测量系统分析(MSA)、生产件认可程序(PPAP)、产品质量先期策划(APQP)、关键特征指示系统(KCDS)、过程失效模式分析(PFMEA)、设计失效模式分析(DFMEA)、质量系统评估(QSA)、实验设计(DOE)。

制造周期缩短

通过建立物料拉动系统(material pull system),缩短制造周期(lead time reduction)。主要的方式有:记录最佳工序和工艺;记录所需在途存货;通过消除浪费,实施 CIP 以减少操作时间。

员工参与

支持组员的培训及岗位柔性,组员与班组长共同制定和维护标准化工作。主要内容及相关措施如下:

一页报告(one page report);

效率会议(effective meeting);

简报技巧(presentation skill);

领导角色(role of leader);

安全和健康(safety & health);

团队建设/力量(team building/power);

组织(get organized);

管理压力和变革(managing stress & change)。

工人是产品质量的直接缔造者,上海通用十分重视对员工进行质量意识与技能的培训。每个新员工至少要经过 2 周的入门培训,对公司宗旨、制造质量、精益生产等理念有一个全面、深入的了解。线上工人则要在不同岗位上培训,直到达到公司近乎苛刻的上线生产标准。同时,公司还要求每个工人至少能掌握 3 个工位的工作内容,以适应柔性化生产。比如在上海通用的金桥工厂,一个工人最多一年能生产 75 辆汽车,达到全球最好的水平。

　　在上海通用烟台基地的车身车间,美方经理将全车间 144 人,在 28 门基础课程、67 门核心技能课程(岗位预培训)、46 门技巧课程的计划中,按领导层、工段长、班组长、工人的不同类型一一对号入座,进行周密安排,并用英文提出了自己对培训的问题和意见。车间各级干部则亲自为员工讲课,他们用在国外样板厂接受过的培训知识,经过自己的实践、总结,理清思路后传授给班组长。

不 断 改 进

　　标准化是推进企业求变创新、提升企业竞争力的动力,并坚持持续改进。公司在"没有最好只有更好"口号的鞭策下向世界一流的目标前进。

　　公司通过 PDCA、PPS、实际问题解决、CIP 等具体方法不断改进其全球制造系统,并将成果不断标准化。

案例讨论

上海通用的全球制造系统是如何不断改进的?

第 4 章
方法工程

内容提要 ▶▶▶

方法工程是将工作方法进行改进及标准化的技巧之总称,旨在消除生产系统中不合理、不均衡、不经济的因素,寻求最有效的标准工作方法。本章主要内容是利用程序分析、作业分析和动作分析进行方法研究。通过本章的学习,要求了解方法工程的概念、目的和特点,掌握这三种分析方法及其内在联系;掌握程序分析的定义、原理和分析步骤,重点掌握工艺程序图和流程程序图的内容和绘制方法,并会使用这些方法进行工艺或流程改进分析,并了解线路图和线图等;结合实例,掌握人机作业、联合作业和双手作业的作业分析;了解动作及动作要素,掌握动作分析方法和动作经济原则。

运用科学合理的工作或作业方法以降低劳动或工时定额,是提高生产率的重要方法。对其工作或作业进行的研究,称为工作研究(work study)。它是利用科学的方法对生产或运营系统(工业领域和非工业领域)的全过程,涉及人、机、料、法、环等方面进行实证研究的最重要的工业工程基础技术。

工作研究包括方法工程(methods engineering)和作业测定(work measurement)。方法工程和作业测定的研究方法不同,但研究的对象范围是一致的,最终目的都是提高生产率。方法工程是将工作方法进行改进及标准化的技巧之总称,旨在消除生产系统中不合理、不均衡、不经济的因素,寻求最有效的标准工作方法。作业测定是对生产活动中劳动力如何使用及应当如何使用的问题进行定性、定量的测定,在方法工程的基础上正确测定作业量并制定标准时间。因此,两者是相辅相成的。

工作研究中的这两种技术有着密切联系,方法工程着眼于现有工作方法的改进,其实施效果要运用作业测定来衡量。作业测定是努力减少生产中的无效作业或时间,为作业制定标准时间。进行作业测定的基础是工作方法的合理化和标准化。

在实施方法工程和改进过程中,不可能撇开与工作方法有紧密联系的机器设备、工具和环境条件等重要因素。最佳工作方法也必定是建立在最佳的人、机系统配合的基础上的,人机工程是开展方法工程和作业测定的重要基础。要使工作研究得到持久和有效的实施,调动处于生产和工作中心地位的人的积极性是至关重要的。工作研究应该成为企业中人的自觉要求。因此,在工作研究过程中要重视激励因素,要从思想、人际关系、物质鼓励等方面入手,调动广大员工的积极性,使工作研究在生产和管理工作中真正发挥作用,而不致流于形式。

可以看出,工作研究是使用方法工程和作业测定技术,对生产系统的生产组织、劳动分工与协作、工装设计、操作方法、生产流程、作业环境等进行综合设计,改进,寻求最经济、有效的方法与程序,使生产过程效率最高,并最大限度地利用资源。

总体上,方法工程是运用特定的技术,进行作业分析、设计,改进工作(作业)方法的工程活动,它运用程序分析、作业分析、动作分析的方法及其图表,对生产过程、工艺流程、工序以至详细的操作方法等全部过程,进行记录、分析、考察,得到与劳动效率和资源利用有关的图表和数据。在研究过程中,方法工程试图从作业对象、目的、地点、时间、人员与方法六个方面,以自我质询并作出回答的方式,在客观允许的条件下,将其中某些环节或动作进行取消、合并、重排、简化设计,以形成更为简便、有效的作业方法。而作业测定是在方法工程设定工作标准的基础上,采用写实、测时、工时抽样、预定动作时间标准等时间研究技术,以特定的程序和方法,确定完成一定工作(作业)所需时间的工程活动。

方法工程与作业测定的关系如图4-1所示。

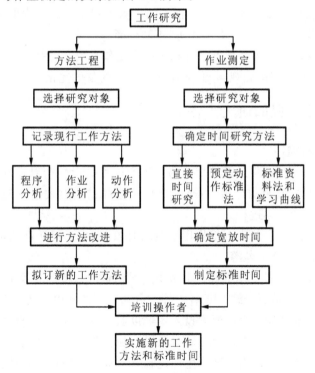

图4-1 方法工程与作业测定的关系

4.1 方法工程概述

4.1.1 方法工程的目的与特点

方法是由支持人们的工作能有效进行所运用的整体手段的部分组成。方法工程是对运行过程中的每道工序、每个作业、每个动作甚至每个微动作,都进行系统化的科学分析,寻求新的工作方法,以实现时间节约与空间节约的预期。

方法工程的目的是通过改进来逐步完善。具体表现在以下几个方面。
(1) 改进工艺程序。
(2) 改进工厂车间和工作场所的平面布局。
(3) 改进工厂设备的平面设置。
(4) 改善工作环境,实现文明生产。
(5) 改进物料、人力、机器的利用,提高生产率。
(6) 降低劳动强度。

方法工程的特点如下。
(1) **求新意识** 永不满足、永无止境的求新意识是方法工程的一个显著特点,不以现行的工作方法为满足,力图改进,不断创新。
(2) **系统意识** 方法工程首先着眼于整个工作系统,然后解决问题时从关键的局部问题入手,进而解决微观问题,从而达到系统的整体优化。

4.1.2 方法工程的研究方法

1. 生产过程描述

方法工程与生产过程是密切相关的。生产过程是指生产要素从投入生产前的一系列生产技术组织活动开始,直至生产出来产品的全过程。按是否有劳动者参与分为自然过程和劳动过程。

自然过程借助于自然力直接作用于劳动对象,完成运行活动的部分环节,如衣服自然晾干、木材自然干燥等。

劳动过程中劳动者使用劳动工具作用于劳动对象,按照预期制造出质量合格的产品的过程,如铸造、机械加工、装配等。劳动过程通常由下述 4 个环节构成。
(1) 生产准备过程 生产要素投入生产以前的一系列生产、技术、组织准备。
(2) 基本生产过程 直接对劳动对象进行加工使其成为产品的过程。
(3) 辅助生产过程 确保基本生产过程有效运行而进行的各种辅助生产活动。
(4) 生产服务过程 为保证基本生产过程和辅助生产过程的有效运行而进行

的各种供应服务。其中,基本生产过程由工序组成,工序由作业(工步)组成,作业由动作组成,动作由动素构成。

2. 方法工程分析技术

方法工程主要包括程序分析、作业分析和动作分析三部分。

1) 程序分析

程序分析是指以整个生产过程为对象,研究分析一个完整的工艺或流程程序。全面研究和分析从第一个到最后一个作业,有无多余的作业,程序是否合理,搬运是否太多,等待是否太长,以便进一步改善工作和工作方法。

2) 作业分析

作业分析是指研究以人为主体的工序,使作业者(人)、作业对象(物或设备)和作业工具(机器)三者科学地、合理地布局与安排,以减轻作业者的劳动强度,减少作业时间消耗,使工作质量得到保证。

3) 动作分析

动作分析是研究作业者在进行各种作业时的身体动作,以排除多余的动作,减少疲劳,使作业简便有效,从而制定出最佳的动作程序。

表 4-1 以汽车车身的方法工程分析为例阐述了方法工程的层次和技术。

表 4-1 方法工程的分析层次和技术

	工 序	作业单位	作业要素	动作单位	动作要素
工作划分	以材料的加工过程单位为基础的工作划分	以加工、检验、搬运等作业单位为基础的作业划分	以作业单位中所包含的一系列作业要素为基础的作业划分	以一个作业要素中所包含的一系列动作单位为基础的动作划分	以动作单位中所包含的一系列动作要素为基础的动作划分
工艺分解	汽车车身:板材切断、成形、焊接、组装、涂覆	搬入构件、点焊自动焊、检查制品、搬往下工序	放好构件A、放好构件B、进行焊接、取出成品	取出构件B、搬到夹具上、放好构件B	搬运、校正位置
分析技术	程序分析	作业分析		动作分析	

方法工程的类别和方法如表 4-2 所示。程序分析是首要的研究内容。经过程序分析,若有一项作业可以剔除,则该项作业就没有必要再进行作业分析及动作分析。

各项技术分析的特点,将分别在以后有关章节中加以论述。

表 4-2　方法工程分析技术的类别和方法

类别	分析技术名称	分析技术的特点
程序分析	工艺程序图分析	工艺程序图含有工艺程序的全面概况及工序之间的相互关系，并根据工艺顺序编制，且标明所需时间。分析的目的是改善工艺内容、工艺方法和工艺程序
	流程程序图分析	流程程序图分析是在工艺程序图的基础上，作进一步的详细分析。通过对生产过程中的"操作"、"检验"、"运送"、"储存"、"等待"进行详细记录、分析，提出改进意见
	线图、线路图分析	线路图是以作业现场为对象，对现场布置及物料和作业者的实际流通路线进行分析，以达到改进现场布置和移动路线，缩短搬运距离的目的
作业分析	人机作业分析	分析单人单机或单人多机的作业，分析人和机器的相互配合，以提高人-机的利用率
	联合作业分析	分析多人单机的作业，以提高多人间的作业配合程度，平整工人的工作量
	双手作业分析	以双手为对象，记录其动作，表示其关系，经过分析、改善，提高工作效率
动作分析	动作要素分析	将作业划分为动作要素，分析每一动作要素与其他动作要素的关系，以达到简化动作，提高效率的目的
	瞬时动作分析	用 1 s 或 0.01 min 拍摄一格的速度，记录作业活动，然后在较短时间内分析动作轨迹，加以改进
	微动作分析	用每分钟拍摄 3 840～7 680 格的速度，记录作业活动，然后作微动作(慢动作)分析，寻求作业的改进

4.1.3　方法工程的一般程序

不管是解决工厂的布局问题，还是解决作业者的重复性劳动问题，都可以采用方法工程的各种分析技术。方法工程的一般程序如下。

1. 确定研究对象

首先，选择研究对象，弄清问题所在。然后制订实施计划，包括确定调查研究日程、参加人员、使用的工具等。确定研究对象时要考虑经济因素、技术因素及人的因素，三方面缺一不可。

2. 进行分析前的准备工作

收集有关资料及与之有关的信息，包括现在的实施情况、过去达到的实际成绩及将来的计划等有关资料，以及相关因素的最新资料等。

调查准备工作包括人员、用具、纸张等的准备，同时要统一调查人员的认识，制订调查表及设施布置图(参见表 4-3、表 4-4 和图 4-2)。调查表的格式合理与否，对调查、研究工作有较大的影响。

表 4-3 分析记录表

动作分析表					分析序号		批准	检查	制表
动作划分		现在（左/右）	改进（左/右）	节省（左/右）	制品	品名	产品号图号		
基本元素	第一类				车间	工厂	车间		
	第二类				对象		基本元素、两手动作		
	第三类				范围		~		
两手	操作/运送				调查日		年 月 日	上午下午	~
合 计					备注				

序号	要素作业	左手动作内容	基本元素记号			右手动作内容	备 注
			左	目	右		
合 计							

表 4-4 流程工序分析汇总表

零件编号	零件名	作业工序		搬运工序			储存工序		检验工序表
		工序数	总工时	工序数	总距离	总时间	工序数	总时间	

调查表一般按以下原则设计。
① 调查结果容易记录，例如，按调查顺序排列，用定量的、直观的记录方式。
② 纵横栏的划分要易于进行累计统计。
③ 在表格中应设有记录存在问题及改进意见的栏目。
④ 可在表格中加上备注栏，作为已有栏目的补充。

3. 进行调查

向现场有经验的人员进行询问，通过实测的方法或通过资料查询，把调查结果准确无误地记录在调查表中，并绘制成相应的图表。

4. 进行分析研究

通过调查分析明确存在的问题，根据改进原则提出简便易行的改进方案，对所提出的改进方案进行分析及选择。

5. 确定实施方案

从经济、安全、易于管理等方面进行综合分析评价，制定实施方案。

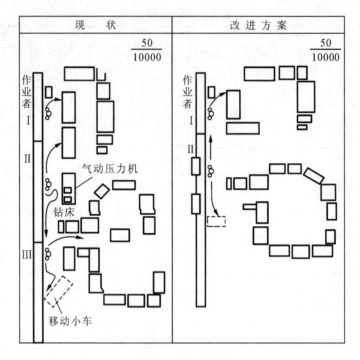

图 4-2 设施布置图

6. 试行实施方案

实施新方案前要做好准备工作,并在实施新方案过程中不断地对新方案加以修正。

7. 实施和进度管理

针对存在的问题按正确的方案进行调整或修正,确认最终效果。

4.2 程序分析

4.2.1 程序分析概述

1. 程序分析的定义

程序分析是以整个生产过程为对象,研究分析一个完整的工作程序。从第一个到最后一个工作,全面研究和分析有无多余的作业,程序是否合理,搬运是否太多,等待是否太长,以便进一步改善工作和工作方法。

程序主要包括两类:流程程序和工艺程序。

2. 程序分析原理

程序分析的原理主要通过"5W1H"技术、ECRS 四大原则及 IE 改善法得以体现。

1) 5W1H 技术

"5W1H"技术在国外又称 6W 技术或 5W1H 方法。"5W1H"是抓住事物的制约条件,从主题的本质,客观的本质,物质运动的基本形式,时间和空间,以及事情发生的原因和程度这几个角度进行提问,从而发现问题的症结所在。在实际应用中,往往按表 4-5 进行分析。

表 4-5 5W1H 的分析

问题 条件	第一类问题(5W1H)	第二类问题(Why)	第三类问题(Other Options)
目的	做什么(What)	为何需要做	有无其他更合适的工作代替
地点	何处做(Where)	为何需此处做	有无其他更合适的地点
何时	何时做(When)	为何需此时做	有无其他更合适的时间
人员	何人做(Who)	为何需此人做	有无其他更合适的人选
方法	如何做(How)	为何如此做	有无其他更合适的方法
原因	为何这样做(Why)	为何需这样做	有无其他更合适的原因

当进行程序分析时,表 4-5 中的问题必须有系统地一一询问。这种由浅入深、由表及里、有系统的逻辑提问技术是程序分析的基础,适合于所有领域有关解决和改善工程和管理等方面的问题,是一种很好的分析时的提问技术和方法。

2) ECRS 四大原则

ECRS 是通过提问技术,对现行方案进行严格考核与分析,从而建立新方案时所运用的四项原则。

(1) 取消(eliminate) 在经过"完成了什么"、"是否必要"及"为什么"等问题的提问后,取消不必要的工序、作业与动作。

(2) 合并(combine) 将无法取消的工序,能合并者则合并,以达到省时简化的目的。

(3) 重排(rearrange) 经取消、合并后,可再根据"何人、何处、何时"三提问进行重排,使其有序,剔出重复。

(4) 简化(simplify) 经取消、合并、重排后,采用最简单的方法和设备,以节省人力、时间及费用。

俗话说"正确地提出问题是解决问题的一半",在方法工程中尤其如此。方法工程的方法提出过程就是将拟议中的各种方案变为现实的过程。人们在研究各项活动的改进时,容易陷入就事论事的误区,缺乏整体考虑。在拟定新方案时,必须树立全局观点和系统观点。一旦各种改进方案发生矛盾时,就应抓住改进的重点目标,放弃若干次要目标。

新方案开发阶段,应尽可能采取三结合方式进行,即将方案研究人员、现场管理人员和作业人员组织在一起,发挥集体智慧和经验,研究和探讨各种改进方案。实践证明,这种方式能取得较好的效果,可以改变现场管理人员和作业人员不关心方法工程的现状,并使他们了解改进的全过程,有利于新方案的推行和实施。

3) IE 的基本改善方法

从 ECRS 四大原则还可以衍生出 IE 的改善方法。

(1) 排除法　从另外角度看,发现无用的作业工序。

(2) 结合法　将类似的作业一起分析。

(3) 交换法　改变作业的顺序,替换作业人员。

(4) 精减法　消减作业的次数和距离。

3. 程序分析的描述

为了简化记录及分析工作过程,程序分析时有必要规定一些专用符号。美国和日本分别于 1947 年、1960 年颁布了工序与流程图标准,随后我国也颁布了相应的符号标准。

1947 年美国机械工程师学会(ASME)颁布了工序与流程图标准,其中规定了工艺流程中各种生产活动的图形符号,共 6 项,有加工、检验、运输、暂时存储、控制存储、组合作业组装等(见表 4-6)。

表 4-6　ASME 工序与流程图符号

符号名称	符号	代表内容
加工	○	改变工件的几何形状或物理、化学性质的工作,包括加工的准备和清理等
检验	□	对产品质量、产量与标准进行核对的操作
运输	⇨	产品位置的变动
暂时存储	◻	移进和取出不需要临时请示的产品储存
控制存储	▽	对产品的存储、收货、发货有必要的手续
组合作业组装	⦿	作业和检查同时进行或由作业者在同一作业域进行

日本于 1960 年在日本工业标准 JISZ8206 中规定了工序图符号(见表 4-7)。标准规定的工序图符号分为两类:一类是基本符号,包含生产过程中全部基本要素,从加工、搬运、停滞及检查四方面进行分类;另一类是辅助符号,包含划分管理范围、工序图省略、废却等。

表 4-7　工序图符号

工序		符号	内容
加工		○	原料、材料、零件或制品,根据作业的目的发生物理或化学变化的情形,或者为了给下一道工序做准备而进行的作业
搬运		o / ⇨	原料、材料、零件或制品,从某一位置向另一位置发生移动的状态,符号的大小相当于加工符号直径的 1/3~1/2,与加工符号容易混淆的情况下,也可使用下面的符号
停滞		▽ / ▭	原料、材料、零件或制品,不处于加工或检查状态,而处于停止或储存状态,有必要区分停止和储存时,可用下面的符号表示停止
检查		□	对原料、材料、零件或制品用任何方式进行测量,把测量的结果同基准比较,以判定其是否合格。包含与这些活动同时发生的不属于直接生产的准备、整理等作业
辅助符号	区分主管部门	╪	在区分管辖部门的场合下,用加波浪线的符号图表示
	省略工序图	╤	省略工序系列中的一部分时,将工序线像左图那样断开来表示
	废却	↓	在生产工序中原料、材料、零件或制品废却的情况

我国根据美国机械工程师学会 ASME 颁布的标准,结合我国具体情况,也制订了工作程序分析图表所用的图形符号标准(见表 4-8),作为程序分析所用符号。

表 4-8　我国工作程序分析图表所用图形符号

符号名称	图示	含义
操作	○	工艺过程或工作程序中的主要步骤
运送	⇨	研究对象从一处到另一处的移动
检验	□	对物体的品质、数量及操作执行情况的检查
等待	D	延迟或耽搁
储存	▽	受控制的储存
操作和检验	⊙	同一时间或工作场所由同一个人执行着操作和检验工作

从表 4-6 至表 4-8 可以清楚地看出,3 个国家制定的标准符号大体相同。这些工作程序图形符号对于许多工业活动都适用,其划分的活动和应用范围如下。

(1) 操作　或称加工。这一工序通常要求有作业人员及设备、工具等。它是唯一增加产品使用价值的环节,即该活动能改变工件形状或性能。

(2) 运送　或称搬运、运输，需要作业者和设备。需考虑搬运重量、距离及消耗时间等。

(3) 检验　包括数量和质量检查，该工序需要作业者、设备及工具，起控制作用。检验的目的是为了剔除不合格的产品。应根据产品的功能和精度要求，选择合理适宜的检验方法及决定是否需要设计更好的工夹量具等。

(4) 等待　或称暂时储存、延迟。由于工序程序设计或车间布置所造成的半成品或成品需要暂时储存，要求有一定的空间来增加储存量。等待应减至最低限度。

(5) 储存　也就是控制储存。要求有空间位置和作业者。应着重对仓库管理、物资供应计划和作业进度等进行分析，以保证材料及零件的及时供应，避免不必要的物料积压。

(6) 操作和检验　又叫联合作业。操作和检验同时进行或由同一个作业者在同一工作地进行。

4. 程序分析的步骤

程序分析的步骤为：找出问题→确定目标→制订计划→调查现状→制定措施→调查结果→巩固成果。具体步骤如下。

(1) 选择　选择所需要研究的工作。

(2) 记录　用程序分析有关图表，对现行的方法进行全面记录。

(3) 分析　用5W1H技术，对所记录的事实进行逐项提问，并根据ECRS四大原则，对有关程序进行取消、合并、重排与简化，并用IE改善法进行分析。

(4) 建立　在上述步骤的基础上，建立最实用、最经济、合理的新方法。

(5) 实施　采取措施使新方法得以实现。

(6) 维持　坚持规范及经常性的检查，维持该标准不变。

具体分析时，要利用程序分析的符号，并按照以上步骤进行。

4.2.2　工艺程序分析

1. 工艺程序分析的内容

工艺程序分析是对现场的宏观分析，将整个生产系统作为分析对象，分析的目的是改善整个生产过程中不合理的工艺内容、工艺方法、工艺程序和作业现场的空间配置，通过严格的考查与分析，设计出最经济合理的、最优化的工艺方法、工艺程序、空间配置。

2. 工艺程序图

1) 工艺程序图的构成

工艺程序图包含以下内容。

(1) 含有工艺程序的全面概况及各工序之间的相互关系，根据工艺顺序编制，需标明所需时间。

(2) 能清晰地表明各种材料及零件的投入,可作为制订采购计划的依据。

(3) 包含各生产过程的机器设备、工作范围、所需时间及顺序。

2) 工艺程序图的编制方法

在图的上方先注明产品名称、产品型号、图号、工艺图号、制图人姓名及编制时间。用垂线表示工序程序的顺序,以水平线表示材料及零件的投入顺序。符号的右边记录作业与检验的简单说明,左边记录时间、地点、距离等所要说明的数据。

主装配件的制造过程画在工艺程序图的最右侧,其他零部件均按进入装配线的顺序从右至左排列。自制零件一起排列在上方,并写明名称、图号、规格及数量。

按时间顺序从上至下、从右至左标明作业与检验的编号,将其写于符号之内。

工艺程序图的基本形式如图 4-3 所示。

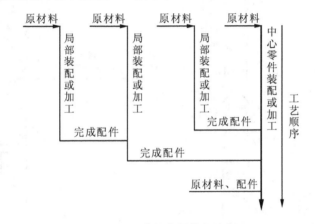

图 4-3 工艺程序图基本形式

3. 工艺程序图的实例分析

现以国内某厂电子枪生产线的工艺程序图为例进行分析,图 4-4 所示为电子枪结构图。

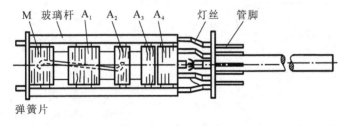

图 4-4 电子枪结构图

图 4-5 为电子枪生产线改进前的工艺程序图,真实地记录了生产线的供料点、供料规格和用量、时间、人员配备及电子枪生产线的概况和各作业点之间的相互关系,通过本图能对整个生产线的现状有所了解,可为工艺程序分析提供依据。

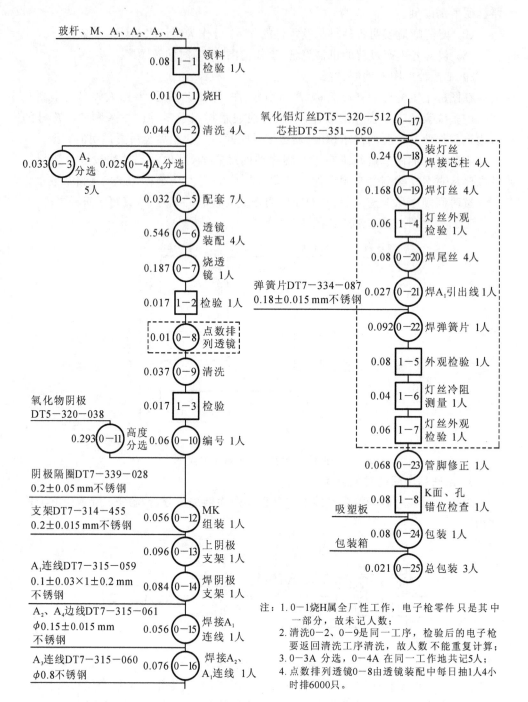

图 4-5　改进前电子枪生产线工艺程序图

从图 4-5 中可以看出以下几点。

(1) 0—8 检验作业经分析可以取消。

(2) 作业 0—18 装灯丝焊接芯柱,产生的结果如下。

① 由于灯丝装入后还要经过作业 0—20 焊尾丝、0—21 焊 A_1 连线和 0—22 焊弹簧片三道工序,每道工序都有可能因为焊接时产生的火花溅到灯丝上而造成灯丝损坏,因此废品率高达 12% 左右。

② 一旦经 1—5 和 1—7 两道检验不合格,要将灯丝取下重新装入新灯丝。

经改进,将 0—18 分解为装灯丝和焊芯柱两个作业,并将装灯丝作业排到最后,避免灯丝的损坏。改进后每年节约灯丝 19.56 万根,节约返修工时 540 小时。

电子枪生产线改进后的工艺程序如图 4-6 所示。

4.2.3 流程程序分析

流程程序分析是对生产现场的整个制造程序做详细的记录,以便于对整个制造程序中的操作、检验、运送、储存、等待等做详细的研究与分析,特别是可用于分析运送距离、等待等隐藏成本的浪费。

1. 流程及企业作业流程

1) 企业的作业流程

流程就是一组能够为客户创造价值的相互关联的活动进程,也是一组将输入转化为输出的活动进程。这就是说:首先,流程是一组活动,而非一个单独的活动;其次,流程是一组能够创造价值的活动。

企业的作业流程包括各项作业活动、管理活动等核心流程。

(1) 各项作业活动　包括识别客户需求并满足需求、接受订单、评估信用、设计产品、采购物料、制作加工、包装发运、结账、产品保修,等等。

(2) 管理活动　包括计划、组织、分工、协调、监控、预算和汇报,以确保作业流程以最小成本及时准确地运行。

(3) 信息系统　通过提供必要的信息技术以确保作业活动和管理活动的完成。

(4) 支持作业流程　包括设施、人员、培训、后勤、资金等,以支持和保证核心流程。

如图 4-7 所示,从客户下订单到生产管理,再到采购和供应商等,形成了一个较完整的企业作业流程,为企业创造价值和利润。

2) 流程的组成要素和特点

(1) 流程的六要素　指输入的资源、活动、活动的相互作用(结构)、输出的结果、客户和价值等,其结构如图 4-8 所示。

(2) 流程的特点　流程有以下特点。

① 目标性——有明确的输出(目标或任务)。

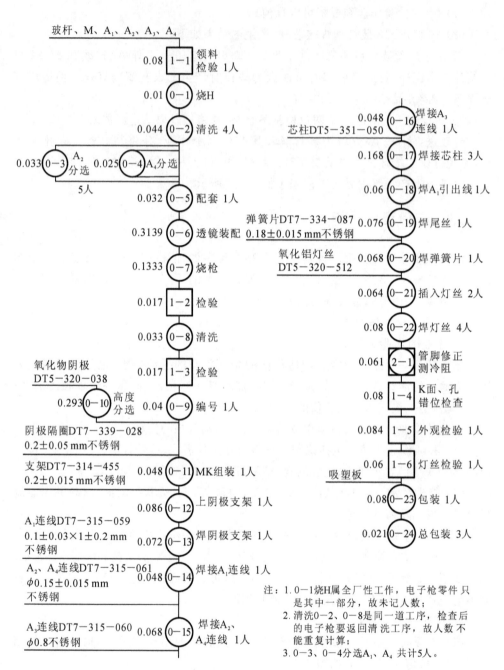

图 4-6 改进后电子枪生产线工艺程序图

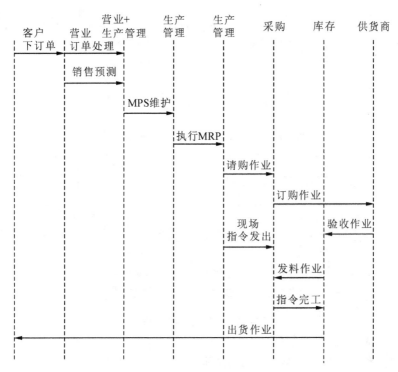

图 4-7 企业作业流程

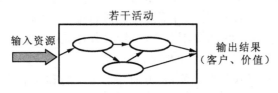

图 4-8 流程的要素

② 相关性——流程的活动是互相关联的。
③ 动态性——流程中的活动具有时序关系。
④ 层次性——活动中又有子流程。
⑤ 机构性——有串联、并联、反馈等结构。

3) 流程管理

流程管理 (BPM) 是从流程角度出发,关注流程是否增值的一套管理体系。图 4-9 所示为流程管理体系的框架示意图。供应链环境下的流程注重价值链的增值,其包含内部价值链和外部价值链,如图 4-10 所示。供应链流程模式如图 4-11 所示。

图 4-9 流程管理体系

图 4-10 供应链环境下的流程——价值链

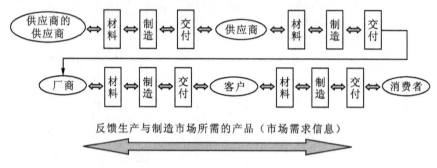

图 4-11 供应链流程模式

2. 流程程序图

生产流程分析是以产品生产过程为研究及改进对象的一种分析技术。它把产品(包括零部件)从原料到制成品的一系列流程划分成加工、检验、运输、贮存等要素加以控制,按照各要素的顺序具体而定量地进行记录,然后通过对整个生产过程的分析研究,针对生产性活动及非生产性活动(如停放、运输、延迟等)中存在的问题,提出改进意见,使生产流程更加合理。

生产流程分析通常包括两方面:一方面是加工工艺和作业的方法改进,也就是采取取消、合并一些工序或调整、改进加工工艺和作业的方法,达到提高生产率的目的;另一方面则是改进生产过程管理,减少停放时间和缩短运输路程等。

在生产流程分析过程中,可用规定的工序符号将生产现状的调查资料绘制成流程分析图表,并使用该图表开展分析工作。

流程程序图由操作(○)、检验(□)、运送(⇨)、暂存或等待(D)、储存(▽)等5种符号构成,因为比工艺程序图详尽复杂,所以常对每一主要零件单独作图,除记录时间外也记录搬运距离。依据研究的对象不同,流程程序图可分为材料或产品流程程序图和人员流程程序图。材料或产品流程程序图说明生产过程中材料或零件被处理的步骤,人员流程程序图记载作业人员在生产过程中的一系列活动。

在实际工作中,一般都使用事先设计好的流程程序图。此种图表将5种符号印在表格中,分析记录时,只需要将各项工作按照发生的顺序用直线将符号连接起来,而表头部分则应有工作部别、工作名称、现行方法与建议方法及最后统计。

绘制流程程序图必须注意以下事项。

(1) 图表上记录的内容必须是直接观察所得到的。

(2) 图表应提供尽可能全面的信息，所有的图表都应具备有关信息，其表头应包括：① 产品、物料或设备的名称，附上图号或编号；② 所记录的流动程序，应明确说明起点与终点，以及该方法是现行的还是建议的；③ 进行作业的地点（如部门、工厂、工地等）；④ 图表查阅号、总页数、页号等；⑤ 记录者、审定人的姓名、记录日期等；⑥ 距离、时间的总计，人工成本、材料成本，以便对新、旧流程进行比较。

3. 生产流程分析

1) 流程分析图示

(1) 工序的连接　为了表示生产流程，用一条实线把各工序连接起来。在同一图面上若同时表示几条工序系列时，则应将作为研究对象的工序系列用粗实线表示，其余工序系列仍用细实线表示，如图 4-12(a)所示。

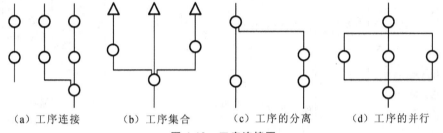

(a) 工序连接　　(b) 工序集合　　(c) 工序的分离　　(d) 工序的并行

图 4-12　工序连接图

(2) 工序的集合　在装配作业中，将若干个零件装配成部件，或将部件装配成机器，其表示规则如图 4-12(b)所示，即将几个工序系列汇总在同一加工工序（装配）的符号上。

(3) 工序的分离　在检修机器时，先将机器拆成部件，再将各部件拆成零件，即分解作业。工序分离的表示方法如图 4-12(c)所示，即从加工工序（拆卸机器）符号的下端引出各工序系列。

(4) 工序的并行　相同的工序同时进行时，把表示的工序系列并排画出，然后在并行工序的上面或下面集中起来。这种表示方法称为工序并行，如图 4-12(d)所示。

(5) 记录时间　作业、检验或运送等所需的时间，其记录形式为

$$\frac{单件时间 \times （件）数}{总时间}$$

(6) 记录运送距离　运送距离可目测或步测，其记录形式为

$$\frac{运送一次的距离 \times 运送次数}{总运送距离}$$

2) 流程分析的调查项目

调查的目的不同，调查的内容也不完全一样。表 4-9 比较全面地列出了调查的项目，实际使用时，可以从表中选择适当的内容进行调查。通常可用调查分析图或

表 4-9 流程分析的调查项目

符号	数量	距离	时间	作业内容	作业者	机器	工夹模具检验器具	容器放置法	方法	费用
○ 操作	加工数量次品率合格率		加工时间标准时间熟练率	作业名(工序名)	职务、特长、人员、经验、工资率	台数、名称、型号、能力、精度、折旧费	名称、型号、能力、精度、折旧费	名称、容积、放置法(活性)	作业部位作业方法作业条件环境条件	加工费
□ 检验	检验数量次品率合格率		检验时间标准时间熟练率	检验名称检验项目	职务、人员、技能、经验、工资率	台数、名称、型号、能力、精度、折旧费	名称、型号、能力、精度、折旧费	名称、容积、放置法(活性)	检验部位检验方法检验条件环境条件检验基准	检验费
⇨ 运送	运送数量、重量、体积、运送不良	距离次数	运送时间运送间隔	运送区间	运送工职务、人员、技能、经验、工资率	台数、名称、型号、能力、折旧费	—	名称、容积、放置法(活性)	运送方法通路条件	运送费
▽ 储存	储存数量、重量、体积、变色、色质(不良)、丢失、破损		储存日数平均储存日数、储存时间	储存场所保管场所	储存责任者、职务、人员、技能、经验、工资率	—	—	名称、容积、放置法	储存方法储存条件环境条件	储存费

表格来记录调查结果。

调查分析图(见图 4-13)是通过生产流程将各工序记录下来,在其右侧简要地记

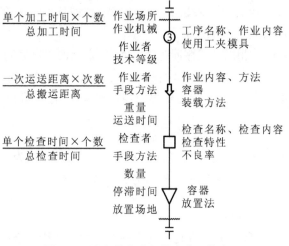

图 4-13 流程程序分析调查事项的表示

录已规定的作业条件,再在左侧记录加工、检验、运送等所需的时间及运送距离等。

采用表格形式记录时,在图表中应将加工对象的作业工序、生产设备、物料运送和停放的时间、地点、距离等情况记录清楚,以便进行分析研究。

不管采用哪种形式记录调查结果,都应在记录结束后检查一下是否有遗漏若有遗漏还应进一步检查,看其是属于调查中的遗漏,还是属于记录时的遗漏。

3) 流程分析研究

在调查现状的基础上,将流程程序图进行整理,对各工序的数量、时间及距离加以汇总,并填写汇总表,最后根据汇总表进行分析研究(见表 4-10)。分析研究时应着重考虑以下问题。

表 4-10 流程程序分析的调查分析表

作 业 名 称 _____   分 析 人 员 _____

图   号 _____   分 析 日 期 _____

产   品   号 _____

车   间 _____   审 查 日 期 _____

序号	符号	说明	执行方法					
			移动距离/m	操作时间/h	运送时间/h	检验时间/h	等待时间/h	储存时间/h
1	○⇨□D▽							
2	○⇨□D▽							
3	○⇨□D▽							
4	○⇨□D▽							
5	○⇨□D▽							
6	○⇨□D▽							
7	○⇨□D▽							
8	○⇨□D▽							
9	○⇨□D▽							
10	○⇨□D▽							
11	○⇨□D▽							
12	○⇨□D▽							
13	○⇨□D▽							
14	○⇨□D▽							
15	○⇨□D▽							
16	○⇨□D▽							
17	○⇨□D▽							

(1) 所有活动的目的是什么？能否采取措施排除不必要的活动？
(2) 作业地点、时间是否合适，能否变动？
(3) 作业人员是否可以变动，或合并由一人作业？
(4) 各作业工序使用的工夹模具情况如何？有无实现机械化、自动化的可能性？
(5) 工序划分是否合理，能否简化或改善作业方法、合并作业工序？
(6) 是否可以变更作业或检查顺序，从而获得更高的效率？
(7) 运输路线是否合理？能否改进？

总之，要从作业目的、时间、地点、人员及作业方法等方面进行改善，而改善的着眼点应放在"排除、结合、交换、简化"四个方面。也就是说，要首先根据作业的目的，明确此项活动是否需要排除，如果决定排除，则对该项活动其他方面的考查就没必要进行了；对地点、时间、人员进行考查，其改进的方向应是结合或交换（重新组合）；对作业方法进行考查，其改进方向应是简化。

4. 流程分析举例

分析对象不同，生产流程分析图表会有所区别，下面举例说明流程分析方法。

某机械厂对阀体加工工序的流程进行了分析与改进。原有的工艺路线工序划分过细，运输及等待时间较长，因此改进后的流程合并了部分加工工序，如将第7道（抹遮盖物、喷漆、干燥等）工序与第8道（装箱）工序合并，并减少作业及检查等工序的次数，缩短了时间及运输距离，从而大大减低了成本。改进后的流程程序见表4-11。从表中可见运输距离缩短了1 791 m，单件成本减低2.20元。

5. 流程程序图分析与改进

某机械厂改进后的流程程序分析的主要内容是通过厂区布局及车间设备布置状况的调查，研究原材料和制品的运输路线。其目的在于缩短流程（加工路线）和运输路线，以便缩短生产周期。表4-11所示为该机械厂改进的工序流程。

1) 分析方法

首先用1/100～1/50缩尺画出厂区或车间面积，画出其他固定设施、机械设备、货架等，然后按作业对象的运动过程、发生顺序在图面上用线段与工序的图示符号连接起来，如图4-14及图4-15所示。图4-14所示为平面流程线图，产品加工若不在同一楼层或同一平面内，需要画出立体流程图，图4-15所示为立体流程图。进行平面流程分析时，也可用引线流程图，就是在平面流程图的作业点按上图钉，然后引出一条线绳并将其拉紧，该线绳代替流程图中的实线，用以表示生产流程。为了区分加工、检验、运输等不同工序及不同工序系列，图钉和线绳可以采用不同的颜色。进行立体流程分析时，可以采用上下移动线图来代替立体流程图，作图方法如下：根据立体分析结果进行汇总，然后在坐标纸上画出纵轴和横轴，纵轴表示上下移动的距离，横轴表示水平移动的距离，再按工序顺序用工序图符号表示水平及上下移动的位置，最后把水平及上下移动的距离按工序顺序加以汇总，如图4-16所示。

表 4-11　某机械厂改进后的流程程序

		现行方法		改善方法		差异	
年节约额—直接劳务费2.2万元	单位成本直接工资	30.0		27.8		2.20	
	移动距离/m	2 446		655		1 791	
		序号	合计时间/h	序号	合计时间/h	序号	合计时间/h
设备改进费1.5万元	○ 操作	8	.325 9	7	.304 4	1	.017 5
	⇨ 运送	9	.008 5	6	.002 22	3	.006 23
估计节约费2.05万元	□ 检验	2	.008 5	1	—	1	.002 5
	D 等待	12	31.5	8	25.5	4	6.0
	▽ 储存	2	108.0	1	60.0	1	48.0

改 善 方 法

序号	符号	说明	移动距离/m	操作时间/h	运送时间/h	检验时间/h	等待时间/h	储存时间/h
1	●⇨□D▽	向搬运车送料（2人）	3	.000 2	—	—	—	—
2	○⇨□D▽	搬向钻床	30	—	.000 2	—	—	—
3	●⇨□D▽	放在机床旁	3	.000 2	—	—	—	—
4	○⇨□D▽	等待加工	—	—	—	—	4.00	—
5	●⇨□D▽	钻孔、攻丝、切断	2	.055 0	—	—	—	—
6	○⇨□D▽	停工待料	—	—	—	—	2.00	—
7	○⇨□D▽	将工件移向钻床	6	—	.000 52	—	—	—
8	●⇨□D▽	钻孔（8个）	2	.035 0	—	—	—	—
9	○⇨□D▽	等待搬运	—	—	—	—	2.00	—
10	○⇨□D▽	运往修理车间	100	—	.001 1	—	—	—
11	○⇨□D▽	等待作业	—	—	—	—	1.50	—
12	●⇨□D▽	去毛刺	2	.010 0	—	—	—	—
13	○⇨□D▽	等待	—	—	—	—	2.00	—
14	○⇨□D▽	运往机加工车间钻床旁	100	—	.000 5	—	—	—
15	○⇨□D▽	等待加工	—	—	—	—	6.00	—
16	●⇨■D▽	钻孔、检查与测量	2	.170 0	—	—	—	—
17	○⇨□D▽	等待搬运	—	—	—	—	2.00	—
18	○⇨□D▽	运往喷涂工段	100	—	.000 4	—	—	—
19	○⇨□D▽	等待喷涂	—	—	—	—	6.00	—
20	●⇨□D▽	喷涂、干燥	5	.038 0	—	—	—	—
21	○⇨□D▽	运往包装工段	150	—	—	—	—	—
22	○⇨□D▽	等待作业	—	—	—	—	—	60.0

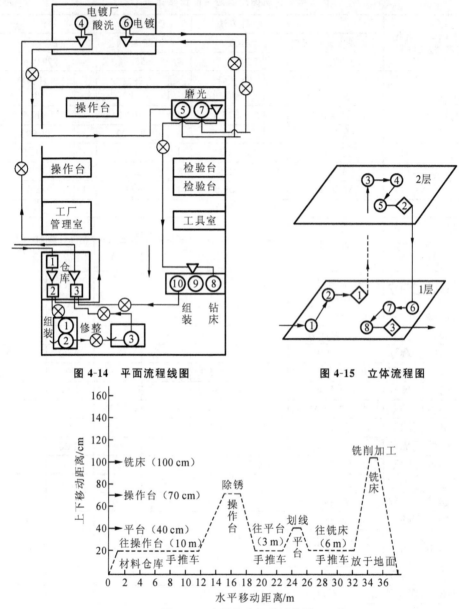

图 4-14　平面流程线图

图 4-15　立体流程图

图 4-16　水平及上下移动线图

2) 改进分析

按流程分析的改进要点提出改进方案,具体改进要点如下。

对平面移动的研究要点包括:移动距离可否缩短?移动路线是否直线或较近线路?零件的流程有无逆行情况?

对于上下移动的研究要点包括:上下移动的高度能否减低?上下移动的次数

能否减少？上下移动能否用吊车或其他搬运工具？

此外，还有对设备及建筑物配置的情况，如设备布置采用何种方式（按机群还是按流水线等）？通道吊车的布置是否合适？通路宽度是否合适？车间办公室、检查场地位置是否合理？等等。

6. 流程程序分析实例

例 4-1 某工厂领发料工作的改进。

某工厂新上任的仓库主任，发现每日上班后领料人非常拥挤，并且等待时间较长。由于此仓库每日要供应全厂六个车间的物料，领料发生延迟必将影响全厂的工作，并且该仓库发料员常发生锯伤手的情况。因此，经与仓库人员商量后，决定选择仓库的发料工作为改进对象，主要的流程程序分析步骤如下。

1) 选择

以仓库发料作为改进对象。

2) 对流程的记录

采用记录技术记录以下情况。

(1) 仓库的平面布置 该仓库为一层平房，其仓库平面布置如图 4-17 所示。

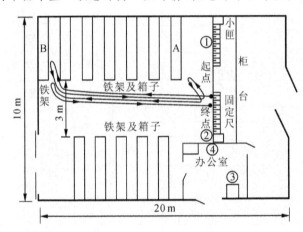

图 4-17 仓库平面布置图

领料人从右边的大门进入至柜台处，该柜台与大门之间约有 3 m 左右的距离。在柜台内侧有两把 1 m 长的固定尺，柜台两端各有一小匣，作贮存已经发料的领料单用。柜台一端连接办公室，由窗口可以看到柜台处发料的情况。仓库内全部是铁架及箱子，存放各种大小物料及零件。仓库后面的铁架 B 系堆放钢管、铁管及橡皮管等物料用。柜台后面铁架 A 处，放锯切用的手锯。图中的①、②代表发料员，③代表仓库管理员，④代表仓库主任。

(2) 记录实际发料情况 以发橡皮管为例（见图 4-18），发料详细过程如下。

工作开始为发料员②审阅领料单（查看要领的物料或零件的名称、规格、数量及主管

统计表

项别	现行方法	改良方法	节省
操作次数 ○	9	7	2
运送次数 ⇨	6	2	4
检验次数 □	4	2	2
储存次数 ▽			
等待次数 D			
运送距离（米）	6.5	3	3.5
共需时间（分钟）			

工作部门　仓　库　　　　　　　　　编号＿＿＿
工作名称　从仓库发橡皮管　　　　　编号＿＿＿
开　始　发料员在柜台收到领料单
结　束　发料员在柜台旁等待另一领料单
研究者＿＿＿＿＿＿＿＿＿＿　＿年＿月＿日
审阅者＿＿＿＿＿＿＿＿＿＿　＿年＿月＿日

现行方法

步骤	操作	运送	检验	等待	储存	工作说明	距离(米)	需时(分)	剔除	合并	排列	简化
1	○	⇨	■	D	▽	审阅领料单						
2	○	⇨	□	D	▽	至铁架处	1.5					
3	●	⇨	■	D	▽	选取比需要稍长之橡皮管(必须要稍长)						✓
4	○	⇨	□	D	▽	回柜台	1.5					
5	●	⇨	□	D	▽	量取尺寸,指出锯切点(用大拇指指出锯切点)				✓		
6	○	⇨	□	D	▽	带橡皮管至铁架A处	0.2		✓			
7	●	⇨	□	D	▽	从箱内取弓锯						✓
8	○	⇨	□	D	▽	带橡皮管及弓锯回柜台处	0.2		✓			
9	●	⇨	□	D	▽	锯切需要长度(手指有受伤危险,且锯不平)					✓	
10	●	⇨	□	D	▽	放锯于柜台上(因此,常下次找不到锯子)				✓		
11	○	⇨	■	D	▽	再量取尺寸				✓		
12	●	⇨	□	D	▽	发给领料人						
13	●	⇨	□	D	▽	在领料单上签字						
14	●	⇨	□	D	▽	放领料单于匣中						
15	○	⇨	□	D	▽	带余料至铁架处	1.5		✓			
16	●	⇨	□	D	▽	放余料在铁架上						
17	○	⇨	□	D	▽	回柜台	1.5		✓			

改良方法

步骤	操作	运送	检验	等待	储存	工作说明	距离(米)	需时分
1	○	⇨	■	D	▽	审阅领料单		
2	○	⇨	□	D	▽	至铁架处	1.5	
3	●	⇨	■	D	▽	取合适长度管子放锯切架上		
4	●	⇨	□	D	▽	自钩上取锯		
5	●	⇨	□	D	▽	锯切需要长度		
6	●	⇨	□	D	▽	余料放回铁架,锯挂钩上		
7	○	⇨	□	D	▽	带管至柜台	1.5	
8	●	⇨	□	D	▽	发给领料人		
9	●	⇨	□	D	▽	在领料单上签字		
10	●	⇨	□	D	▽	放领料单于匣中		

图 4-18　仓库发料的流程程序图

是否均已签章）。此例为领 1.2 m 的橡皮管,该发料员经中间过道走到仓库最后的铁架 B 处（距离约为 15 m）,选取比所需长度稍长的橡皮管,拿回柜台,放于柜台固定尺上量取所需长度,以大拇指按住锯切点,用手握住橡皮管走至 2 m 远的 A 处,拿到锯子后返回到柜台上锯切所需长度的橡皮管。注意锯时一拇指按住锯切点,如果不这样,不但锯不平,而且有锯伤手指的危险。锯毕即将锯子放回柜台上(若这样,下次再需锯子时,在A处将找不到锯子),将橡皮管在尺上校对其长度后交给领料人,并在领料单上签字以示该料已发放,再将领料单放入小匣内。最后将锯下的余料送回仓库后面的铁架B处。

3) 对流程分析

根据记录的全部事实,按照程序对记录的事实采用5W1H提问技术逐项分析。

首先是对操作提问。由图4-18的仓库发料流程程序图(现行方法)可知,第一个操作是步骤3,现对步骤3的作业进行提问。

问:完成了什么(首先提问作业动作)? 是否必要?(What,第一类问题)

答:选取比需要稍长的橡皮管是必要的。

问:为什么?(Why,第二类问题)

答:怕在柜台上量时不够长,故必须选取稍长的橡皮管。

问:有无其他更好的做法?(other options,第三类问题)

答:可能有,假如能够贮存各种不同长度的管子。

问:何处做(即在什么地方锯)?

答:在柜台上。

问:为何在此处锯(即为什么要在柜台上锯)?

答:因为锯子在附近,柜台上有固定尺,柜台平面可作锯切台用。

问:有无其他更合适之处?

答:若在存放管子的铁架处锯,则可节省来回行走的时间。

问:何时做(即什么时候锯)?

答:在整个发料工作时间的一半时锯,即走了大约35 m之后才锯。

问:为什么要在此时锯?

答:因为要走到后面铁架B处取橡皮管及在铁架A处取锯子,最后才能放到柜台上锯。

问:有无其他更合适的时间锯?

答:可以最初在铁架B处选取管子时锯,或者事先锯好最常用的各种尺寸管子。

问:由谁做?

答:由发料员锯。

问:为什么要由发料员锯?

答:因为仓库里不可能有其他人。

问:有没有其他更合适的人锯?

答:如果找有锯切经验的人来做,可能更好。

问:如何做(即他是如何锯的)?

答:他用左手握住管子,用拇指按住管子锯切的地方作为锯片下切处。

问:为什么要这样锯?

答:因为在锯切的过程中,并无任何可以夹住管子的东西。
问:有没有其他更合适的办法?
答:如果能使用一个简单的设备夹住管子,则既可以保持正确平整的锯缝,又可以不锯伤手指。

再对步骤5的"检验"进行提问。
问:完成了什么?
答:锯切点已经找出来,并用拇指按住。
问:是否必要?
答:有必要。
问:为什么?
答:因为这样可以保证锯出所需的长度。
问:有没有其他更好的办法?
答:如果仓库储存所需长度的管子,则可以取消此动作。
问:何处做?
答:柜台上。
问:为什么要在此处做?
答:因为尺是固定在柜台边缘上的。
问:有没有其他更合适的地方?
答:有。在最后面的铁架B处。
问:何时做?
答:在柜台与铁架间行走约35 m后,在锯切前做。
问:为什么要在那时做?
答:因为尺在柜台上,所以必须将管子带至柜台时才可以做。
问:有没有其他更合适的时间做?
答:有。如果在选择管子时做,则不需要带管子到柜台前。
问:由谁做?
答:发料员。
问:为什么需要此人来做?
答:因为他的工作是发料。
问:有没有其他更合适的人来做?
答:有。如果找有锯切经验的人来做,可能更好。
问:如何做?
答:将管子平放在尺子上,使其一端位于尺的起点,再移动左手待拇指到达所需的尺寸即用拇指按住锯切处。
问:为什么要这样做?

答:因为一向都是如此做的。

问:有没有其他更合适的方法?

答:有。如果有一种设备,能夹住橡皮管,并能调整和指出锯切点,又不会锯伤手指为最好。

对步骤11的第4个检验提问,则有以下问题。

问:完成了什么?

答:管子已经按其所需要的尺寸锯好,现在再来量取其尺寸。

问:是否必要?

答:无此必要。因为在锯前已经量好,而且此种锯切并非要求精确地锯切,故此动作可以取消。

根据提问、归纳和整理,有以下结论。

(1) 在仓库不需要锯切。

① 贮存一定长短的管子。

② 由锯工来锯(不用仓库人员锯)。

(2) 减少锯切。

① 锯成各种常用尺寸的管子(进仓库时锯)。

② 比需要长5 cm以内的管子不再锯切。

③ 收料时即在管子上注明各种尺寸。

(3) 安全而又容易地锯切。

① 在铁架处,选择与锯切同时进行,不用来回走动。

② 使用可以夹持管子并保证安全且能控制锯切长度的设备。

③ 在铁架处量长度,与选择合并。

下面即可根据程序分析的ECRS四大原则,进行取消、合并、重排、简化工作。

对于"仓库不需锯切"的意见:贮存生产中所需长度的管子,如果产品是固定的,则容易做到;如果产品不固定,则很难做到。仓库专门有一位锯工负责锯料,也不需要。

将"减少锯切"与"安全而又容易地锯切"合并起来考虑:在铁架B处适当高度的地方上刻上刻度,以10 cm为单位,这样发料员发料时便可以方便地在铁架处量取长度,而不必走到柜台前来量尺寸。在铁架处锯,则需要在铁架前增加锯切工作台。

可以夹持管子并保证安全且能控制锯切长度的设备如图4-18所示。图中,活动夹和锯切架固定在平台上,锯切时,将管子放入槽内,活动夹可将管子固定在所需位置,锯子亦挂在锯切架旁边。

4) 建立新方案

发料新方案的流程程序图如图4-18(改良方案)所示。

发料员首先仍然如原来一样审阅领料单、根据领料要求(领取1.2 m长的橡皮管),走到最后面的铁架B处,取出一根橡皮管,只要在铁架上刻度处一比,就很容易地取得需要的长度。然后在锯切架处安全而容易地完成锯切工作(锯子就在锯架旁),锯完后,可以放余料于铁架上,锯子挂于钩上。然后,带锯好的管子返回柜台,办理发料及领料单的手续。

由图 4-18 的表头处可见,新方案比老方案每次节省了两个操作、四次运送、两次检验,路程缩短 34 m。

5) 实施新方案

新方案必须经由领导批准才能实施,为此需起草一份建议书,其内容包括提案人、工作部门及改良方案的效益分析等,待领导批准后即可实施新方案。

新方案解决了领料人在柜台处的拥挤及等待,提高了管子的锯切质量,发料员的手指不会划伤,操作更加安全可靠。

可节省的工时及费用如下。

(1) 平均每人每次 3 min 的等待时间,每天平均 600 次/人,共节省 1 800 min (即 30 h),相当于每天 3~4 人的工作量。

(2) 锯伤的医疗费及休息时的工资损失。

所需设备及措施如下。

(1) 在铁架的适当高处做各种长度记号,以 10 cm 为单位。

(2) 在铁架上添置一个 2 m 长的台架,作为锯切的工作台。

(3) 添置锯切架及活动夹,如图 4-19 所示。

新设备的成本:锯切架、活动夹估计约需 100 元。投入少,但收益大。

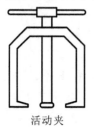
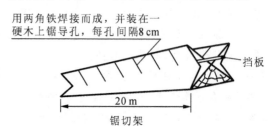

图 4-19 锯切设备

4.2.4 线路图和线图

1. 线路图

线路图以作业现场为对象,对现场布置及物料(包括零件、产品、设备等)和作业者的实际流通路线进行分析,常与流程程序图配合使用,以达到改进现场布置和移动路线、缩短运输距离的目的。

线路图依比例缩尺绘制工厂的简图或车间平面布置图,将机器、工作台等相互位置一一绘制于图上,并将流程程序图上所有的动作,以线条或符号表示。特别是物料与人员的流通路线,要按照流程程序记录的次序和方向用直线或虚线表示,各项动作发生的位置则用符号及数字表示。流通的方向一般以箭头表示。线路图主要用于"搬运"或"移动"路线的分析,下面以实例分析加以说明。

图 4-20 为汽缸头的加工线路图,按照图示线路流通,运行复杂,流程线路较长,时间花费较多,有必要进行改进。改进后的汽缸头的加工线路图如图 4-21 所示,对比两图可见,改进后的加工线路图可节省路程。

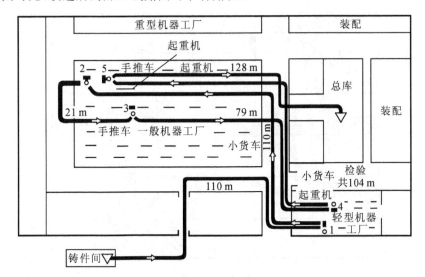

图 4-20 汽缸头的加工线路图(原方法)

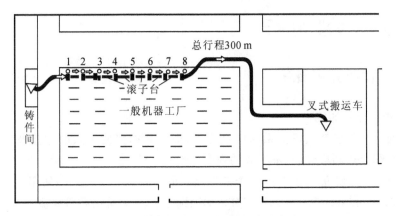

图 4-21 汽缸头的加工线路图(改进方法)

2. 线图

线图是线路图的一种特殊形式,是按比例绘制的平面布置图或模型。在图上,用线条表示并度量人、物料或设备在一系列规定活动中所走的路线。因为是用线条来度量距离,所以要精确地按比例绘制。制作时可用一画有方格的软质木板或图纸,将程序内有关的机器、工作台、库房、各工作点,以及可能影响移动路线的门、柱、隔墙等均按比例用硬纸板剪成或画出,用图钉按照实际位置的比例钉于软质木板上。长线的一端,用图钉钉于移动的起点,然后按照其实际的顺序,绕过钉于移动各点的图钉,直至全部移动完毕为止。这样,就建立了包含工作(作业)活动路线全部情况的模型。愈是频繁活动的路线,包含的线条就会愈多。也可画线表示工作活动的路线,以线条的数量(如图4-22所示)表示活动的频繁程度。

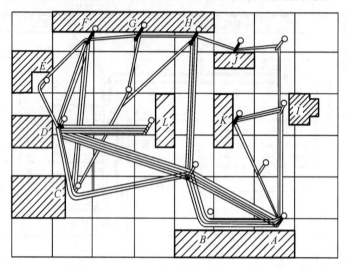

图4-22 线图

4.3 作业分析

4.3.1 作业分析概述

1. 作业分析的定义

作业分析是研究人机关系的内容之一,即研究如何使工人的作业及工人与机器的相互配合达到最经济、最有效的程度。

作业分析是研究一道工序、一个工作地点的工人(一人或多人)使用机器或不使用机器的各个作业活动。它与流程分析的区别在于,流程分析是研究整个生产的运行过程,分析到工序为止,而作业分析则是研究一道工序的运行过程,分析到作业为止。

作业分析常用的工具为人机作业、联合作业和双手作业程序图。这些图线详细记录了作业者在工作地点的活动状况及作业者与机器之间在同一时间、同一地点的协同工作状况。通过作业分析,寻找进一步发挥人和机器的作用、缩短作业周期、提高工作效率的途径。

2. 作业分析的基本要求

（1）通过删减、合并、简化，使作业总数减至最低、工序排列最佳，并使每一作业简单易行。

（2）合理地分配负荷，防止人体某些肌肉群由于动作过于频繁而产生劳损。发挥两手作用，平衡两手负荷，避免用手长时间握持工件，尽量使用工具。

（3）要求机器设备完成更多的工作，例如自动进刀、退刀、停车、自动检测、自动换刀等。对于大量生产应设计自动上料落件装置，改进零件箱或零件放置方法。

（4）减少作业循环，减少物料的运输和转移次数，缩短运输和移动距离，使运输和移动方便易行。

（5）改进设备、工具、材料规格或工艺性，采用经济的切削用量。

（6）工作地点应有足够的空间，使作业者有充足的回旋余地。

（7）消除不合理的空闲时间，尽量实现人机同步工作，使某些准备工作、布置工作地点的工作、辅助性工作放在机动时间进行。

综上所述，通过作业分析，应达到使作业的结构合理、减轻作业者的劳动强度、减少作业时间的目的。

4.3.2 人机作业

1. 人机作业概述

人机作业分析又称闲余能量分析，主要分析一个作业周期内设备与人的作业的相互关系，以减少空闲时间。主要分析方法是人机作业程序图。

人机作业程序图画法如下。

（1）在图中的时间栏中间画出等距离的间隔刻度线代表时间比例单位。刻度的大小可根据作业周期的长短和图纸幅面确定。

（2）按照活动发生的顺序和时间，在人、机栏内分别记录作业者和机器的活动情况。在图中，用涂黑的粗线表示工作，空白表示空闲。左边注写出作业单元内容说明，右边注写出机器设备的工作内容。

（3）观察结束后，将人、机的工作时间、空闲时间汇总填入右上方各栏中。

进行人机作业程序分析时，关于工人与机器数的确定，常用下面的公式计算。

$$工人数 = \frac{一月（年）总工作量}{平均一个工人一月（年）有效工时}$$

$$N = \frac{t+M}{t}$$

式中：N 为一个工人操作的机器数目，t 为一个工人操作一台机器所需时间（包括从一台机器移动到另一台机器所需时间）；M 为机加工时间。

例如，一个工人操作一台机器的时间为 1 min，机加工时间为 4 min，则机器数目

$$N = \frac{t+M}{t} = \frac{1+4}{1} 台 = 5 台$$

有时,为了求得一个工人操作的机器所需最少数,可用以下公式。

$$N_{\min} = \frac{L+M}{L+W}$$

式中:$N_{\min}$为一个工人操作的机器的最少数目;L为装卸工件的时间;W为工人从一台机器移动到另一台机器所需时间;M为机加工时间;$(L+W)$为工人操作机器所需时间;$(L+M)$为一台机器的作业周期。

2. 人机作业实例分析

图 4-23 所示为在立式铣床上粗铣铸件(工件)时人机作业情况的详细记录图。由图可见,工作中铣床有 3/5 的时间没有工作,这是由于当工人作业时,机床停止工作;机床自动切削时,工人则无事可做。由于工人将工件夹紧在机床台面上和加工完成后松开夹具、取下零件是必须在机床停止时才能进行的,因此要缩短其周程时间,应尽量利用机器工作的时间进行手工作业。如检查工件,去除加工面的毛刺,将加工完的工件放入成品盒,取出铸件做好加工前的准备,在放回工件的同时取出待加工件(铸件),

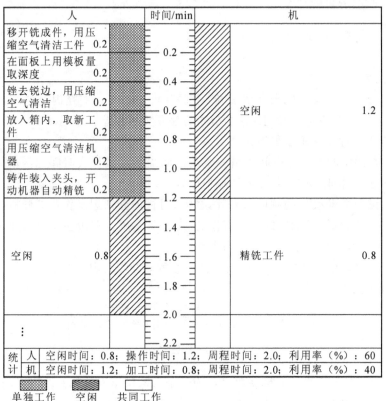

图 4-23 精铣铸件人机操作图(现行方法)

用压缩空气吹洗已加工的铸件等。图 4-24 所示为改进后的记录图,由图可见,重新安排工作后,不需增加设备和工具,仅在 2 min 内就节省了工时 0.6 min,提高工效 30%。

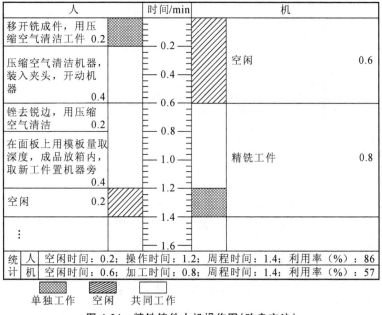

图 4-24 精铣铸件人机操作图(改良方法)

4.3.3 联合作业

1. 联合作业概述

联合作业是指两个或两个以上人员对同一台设备进行作业,主要分析方法是采用联合作业分析图,力求通过对各对象的工作合理调配,取消空闲或等待时间,达到缩短周期的目的。

联合作业程序图又称多种动作程序图,是记录在同一时间坐标上,一组工人共同作业一台机器或不同工种的工人共同完成一项工作时,他们之间相互配合关系的图表。其绘制方法如下。

(1) 在图纸的正中央画出等距离的水平间隔刻度线,表示时间单位,并标出刻度数值。

(2) 在左边现行方法栏中,按作业活动发生的先后顺序,记录每一工人或不同工种的工人活动的内容及消耗的时间。用带有斜线的方块表示工作时间,空白表示空闲时间。

(3) 经过现行方法考查后,将改进的方法画入右边栏内,并填写节省时间的百分率。

2. 联合作业实例分析

图 4-25 所示为转化塔内触媒检验的联合作业程序图。

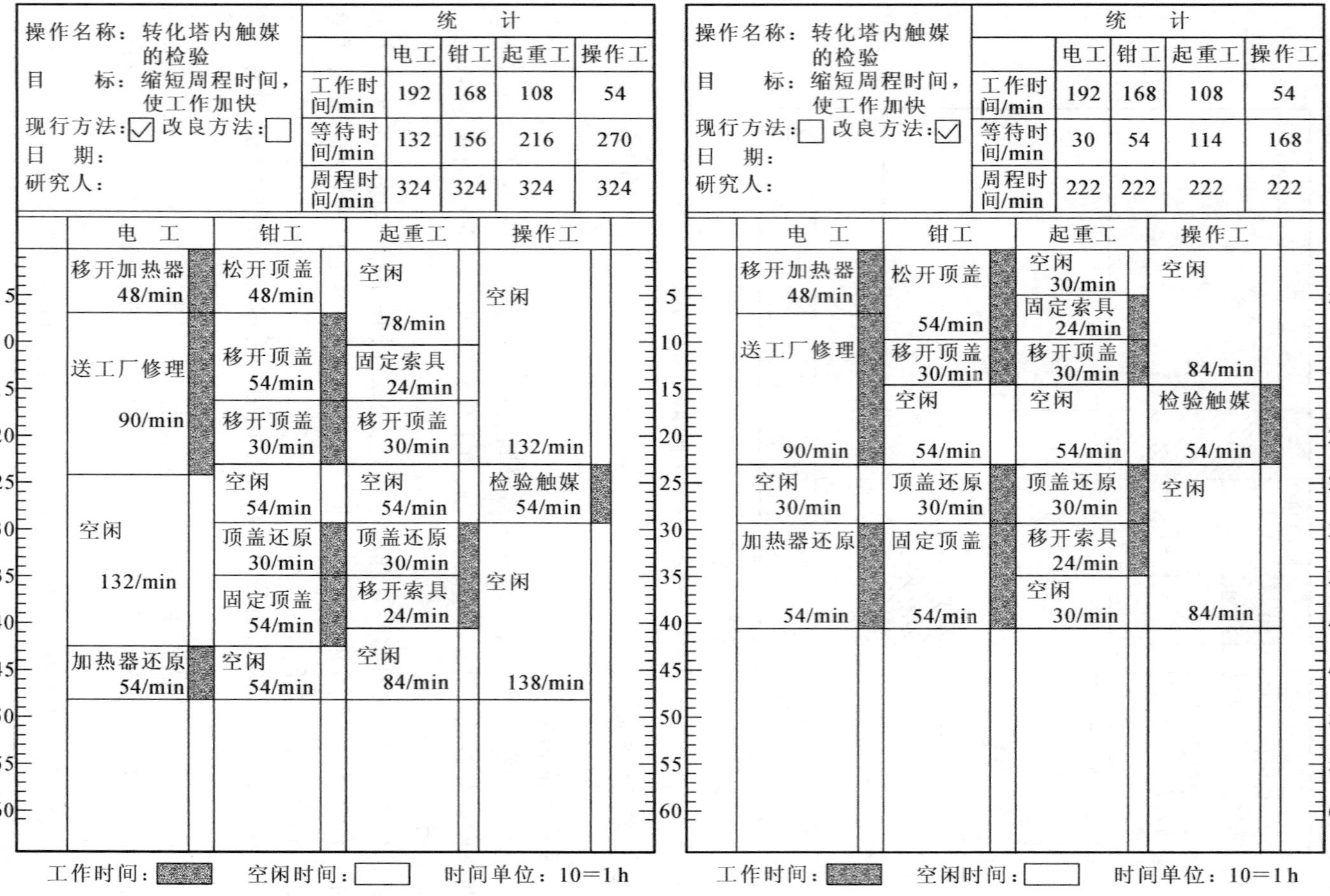

图4-25　转化塔内触媒检验的联合作业程序图

转化塔为很高的圆形设备，其作用是将一种气体转化成另外一种气体。触媒即催化剂，其作用是促使化学反应加速进行。触媒在使用期间，必须经常检验，以维持其转化效率。由于化工厂多为连续生产，故检验触媒的时间应尽量少，以缩短其周期。现行方法中用不同工种的 4 名工人，其工作时间如图 4-25(a)所示。由图可见，全部检验作业共需 324 min，空闲时间为：电工 132 min，钳工 156 min，起重工 216 min，作业工 270 min。

改进方法是根据如果能改为同时作业则可缩短周程的原则建立的，即当加热器移开的时候，顶盖同时松开，而在顶盖还原装妥之时，加热器亦同时还原，如图 4-25(b)所示。由改良方法知，电工、作业工、起重工、钳工的空闲时间大为减少，整个周程时间由 324 min 降为 222 min，减少了 102 min，增加效率达 45 个百分点。

4.3.4 双手作业

1. 双手作业概述

生产现场的具体作业，主要是靠工人的双手完成的。调查了解如何用双手进行实际作业则称为双手作业分析。其作用是研究双手的动作及其平衡，发掘"独臂"式作业，发现伸手、寻找和笨拙无效的动作，发现工具、物料、设备等不合适的放置位置，使动作规范化。分析时常采用双手作业程序图。

双手作业程序图是按作业者双手动作的相互关系记录其手（或上、下肢）的动作的图表。分析研究双手作业程序图的目的，在于平衡左右手的负荷，减少无效动作，减轻工人疲劳，缩短作业时间，使作业过程合理化，并据此拟定作业规程。

双手作业程序图一般用来表示一个完整工作循环时的重复作业。它和人机程序图的区别在于，前者是分析作业者左右手的动作状况，着眼于工作地点布置的合理性和零件摆放位置的方便性，而后者则是分析人、机的相互协调配合关系，着眼于如何充分利用人的机动时间来做其他工作或增加操作机器的台数，以提高人力、机器的利用率。

绘制双手作业程序图所使用的符号一般与其他程序图相同。但由于双手作业程序图要比流程程序图记录详细，所以在符号的名称和含义上略有不同。

2. 双手作业实例分析

以电缆夹的装配为例进行说明。如图 4-26 所示缆夹包括上夹、下夹、垫圈及螺钉。

由图 4-27 看到，在改良方法中，虽然右手的动作仍为 27 个，但已经使左右手尽可能地达到同时对称动作，且等待、持住的动作已大大减少。

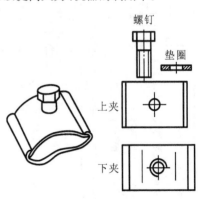

图 4-26 缆夹

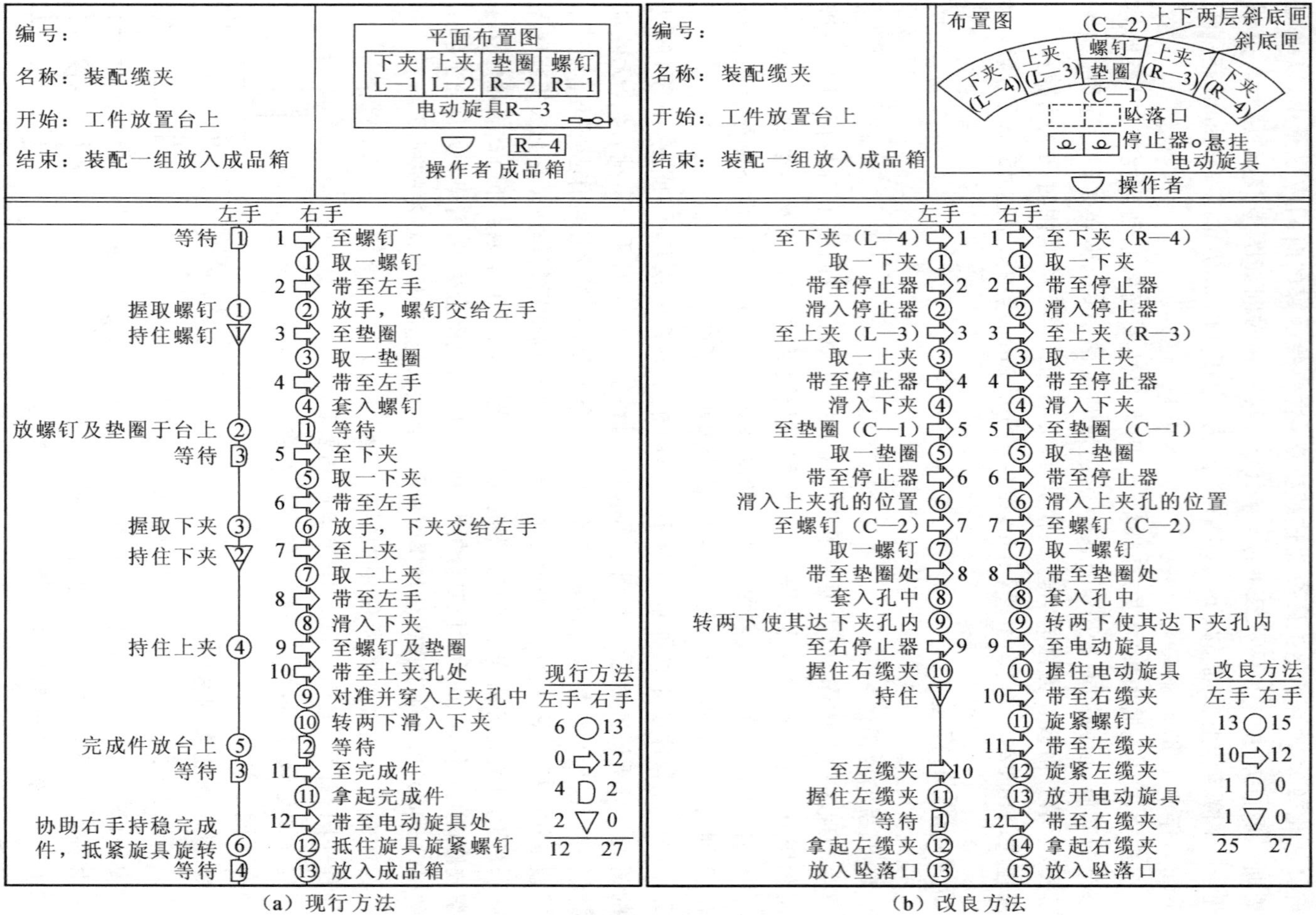

图4-27　缆夹装配的现行方法和改良方法比较

4.4 动作分析

动作分析是方法工程中的一种微观分析。它是以作业者在作业过程中,手、眼和身体其他部位的动作作为分析研究对象的。通过动作分析,找出并剔除不必要的动作要素,在此基础上制定出最佳作业方法和预定动作时间标准,以达到使作业简便、高效省力的目的。

美国人吉尔布雷斯(F. B. Gilbreth)是动作研究的创始者。他在动作研究方面的重要贡献之一,就是给组成一个"动作"的各个因素进行定义,从而使人们能够更有效地研究和处理个别的动作,不像以往那样只看到这些因素的集合体。吉尔布雷斯把这种分解后的微细动作称为"动素"(Threbligs)。同时,他还按照减少疲劳、缩短时间的要求,首先提出了动作的经济原则。这些贡献,使人们对人的工作的科学分析明显地前进了一步。

4.4.1 动作分析及其目的

动作分析的目的是发现作业人员的无效动作或浪费现象,简化作业方法,减少工作疲劳,降低劳动强度。

人们的作业活动可分为 17 个基本要素,即动素:人完成工作的动作可分解成的基本动作。其有关符号表示及含义如表 4-12、表 4-13 所示。

17 个动作要素可以分为三类。

第一类包括:伸手、握取、移物、定位、装配、使用、拆卸、放手等 8 个动作要素。这些都是完成作业所必需的动作要素。对这类动作改进的重点是取消不必要的动作,同时对工件的摆放、方向、距离、使用条件等进行研究并改进。

第二类包括:寻找、选择、预对、检查、思考等 5 个动作要素。这一类动作要素有延迟第一类动作要素的倾向。这类动作要素通常是必需的,但可通过改进工作场地的安排来减少或消除。

第三类包括:保持、故延、迟延和休息等 4 个动作要素。这些动作要素通常与工作无关或无益,它们是动作分析的重点。这些动作要素的减少或消除,将使动作分析带来明显的效果。通过使用简单的夹持器具,合理布置工作场地,调整动作的顺序,都可以消除或减少保持和延迟的动作要素。当然,正常和合理的休息是必需的,不能随意取消。

表 4-12　动作要素符号及说明(一)

分类	序号	名称	说明
第一类	1	伸手	空手接近或离开目的物
	2	握取	握住目的物
	3	移物	用手移动目的物
	4	定位	为了进行下一动作而对准位置
	5	装配	将两个以上目的物组合起来
	6	使用	使用工具进行作业
	7	拆卸	分解两个以上目的物
	8	放手	放下目的物
第二类	9	寻找	用眼和手寻找目的物
	10	选择	从许多目的物中挑选一件
	11	预对	为避免定位动作而放置目的物
	12	检查	将目的物与规定标准进行比较
	13	思考	决定下一步作业步骤的考虑
第三类	14	保持	保持和支持目的物
	15	故延	可以避免的延迟
	16	迟延	不可避免的延迟
	17	休息	为恢复疲劳的休息

表 4-13　动作要素符号及说明(二)

符号	名称	缩写	颜色	符号	名称	缩写	颜色
∪	伸手	TE	草绿	→	选择	St	浅灰
∩	握取	G	红	↻	思考	Pn	棕
⌣	移物	TL	绿	↺	定位	P	蓝
♯	装配	A	紫	8	预定位	PP	淡蓝
∪	使用	U	紫红	∩	保持	H	金赭
╫	拆卸	DA	淡红	↳	休息	R	橘黄
⌢	放手	RL	洋红	⌒	迟延	UD	黄
◯	检查	I	深褐	⌐	故延	AD	柠檬黄
⊙	寻找	Sh	黑	⊙	发现	F	

17个动作要素还可以分为：① 有效动素，即对作业有直接贡献者，如装配、拆卸等；② 无效动素，如寻找、选择、定位等辅助动素，休息、迟延等为消耗性动素。

17个基本要素可用同心圆表示相互关系，如图4-28所示。我国台湾的周道教授将17个动素用4个动素同心圆表示，从内到外依次为核心动素、常用动素、辅助性动素和消耗性动素。常用动素是改善对象，辅助性动素中作业越少越好，消耗性动素应尽可能取消。

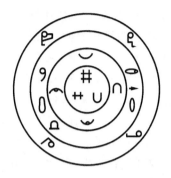

图4-28　17个基本要素的相互关系

4.4.2 动作分析的方法

常用的动作分析方法有三种，即目视分析、摄影分析和预定时间标准法。

(1) 目视分析　主要凭研究人员的观察，用动作要素符号进行记录和分析的一种研究方法。其做法和测时观测类似，要求将作业者的左、右手和目视动作正确无误地记录下来，然后对记录资料作详尽的分析。分析每一动作要素取消、合并或简化的可能性，同时用动作经济原则来加以衡量，最后提出切实可行的改进作业方法的意见。由于每一项动作活动的时间都很短，目视分析一般只适用于比较简单的作业活动。

目视测量的方法：直接观察作业人员的作业状态，并记录下来。主要有两手作业分析、基本动作分析两种。观测者紧紧跟随观测对象，整天观测或连续多天观测；或者采用非连续观测方法，每个工作日观测数次，整个过程所需时间较长。

(2) 摄影分析　采用摄像或录像的方法进行动作分析，它不仅可以记录人的全部作业活动（连最细微处都不会放过），而且事后可以根据分析的需要，反复再现。因此，动作摄影分析是一种非常有效的研究方法。录像观察的方法：将作业状态记录在胶片或录像带上，然后播放出来，进行分析。主要有高速摄影、普通摄影、低速摄影三种。通过录像设备，录下运作情况，然后进行分析。通过对每个时间段的产出计算，或者每个生产日的产量计算，也可求得运作效率。

动作摄影分析有如下两种具体方法。

① 瞬时动作分析。一般采取每分钟60～100格的拍摄速度，记录全部作业活动。这种拍摄速度比普通速度（每分钟960格）慢得多。它得到的是瞬时动作的轨迹。例如，一小时的作业，用每分钟60～100格的速度拍摄的影片，只需放映4分钟就可以了。这种分析方法，消耗器材较少，比较经济，但是不可能得到完整的动作记录，也不容易看清动作的细微处。这种方法一般适用于长周期的作业、周期不规

则的作业,以及人-机作业等场合。

② 细微动作分析。这种方法与上述方法正好相反,一般采取高速摄影,每分钟拍摄 3 840~7 680 格,甚至更多,然后用普通速度(每分钟 960 格)放映,得到慢动作镜头。这种方法一般适用于重复程度高的作业分析场合,可以对作业活动进行十分细微的和精确的研究。

(3) 预定时间标准法　预定时间标准法即 PTS(predetermine time standard)法。PTS法并非是直接求出作业时间,而是将作业分解成一些基本细小动作,利用记录仪器代替人手,自动记录下运作情况;然后从"标准动作时间表"中把各个相同动作的时间值找出,所有动作时间之平均值就构成标准作业时间,这种方法在后续内容中将详细介绍。

4.4.3　动作经济原则

动作经济原则为吉尔布雷斯首创,后经多位学者研究并改进,美国巴恩斯总结为 22 条。

1. 关于人体的运用的原则

(1) 双手应同时开始和结束工作。
(2) 除规定的休息时间外,双手不应同时空闲。
(3) 双臂的动作应对称,方向应相反,并应同时进行。
(4) 手的动作应尽可能以最低等级的动作来完成。
(5) 应尽可能利用物体的自重,如需用肌力时,则应将其减至最轻。
(6) 作连续的曲线运动比作方向突变的直线运动为好。
(7) 自由摆动的动作比受约束或受控制的动作更轻快。
(8) 对于重复操作,平稳性和节奏性很重要,节奏性能使动作流畅和协调。

2. 关于工作地点布置

(1) 工具物料应置于固定场所。
(2) 工具物料及装置应布置在工作者的前面近处。
(3) 物料的供应应尽可能利用其自重,坠至工作者手边。
(4) 可能利用"坠送"(指对加工完成的零件)方法。
(5) 工具物料按照最佳的作业顺序排列。
(6) 应采用适当的照明设备,使视觉舒适。
(7) 调整工作台及座椅的高度,应使工作者坐、立适宜。
(8) 调整工作椅的式样及高度,应使工作者保持良好姿势。

3. 关于工具设备

(1) 应尽量解除手的工作,而以夹具或足踏工具代替之。

(2) 可能时,应将两种可以联用的工具合并。
(3) 工具、物料应尽可能预放在固定工作位置。
(4) 手指工作时,应按各个手指的本能,合理分配负荷。
(5) 设计手柄时,应尽可能使其与手接触面增大。
(6) 机器上的杠杆、十字杆及手轮的位置,应能使工作者极少变动其姿势,且能利用机械的最大能力。

任何工作中的动作,凡符合以上22条原则的,皆为经济有效的动作;否则,就应该改进。同时,将这22条归纳为四方面的原则内容(见表4-14):两手同时使用,动作单元力求减少,动作距离力求缩短,舒适的工作。

表 4-14 动作分析基本原则

基本原则	改善重点	关于人体	关于操作场所	关于工具设备
两手同时使用	减少不可避免的迟延及保持等动素	① 两手同时开始并同时完成其工作。② 双臂的动作应对称,反向并同时为之		① 须长久持住的工作物,尽量使用夹具。② 简易并须用力的操作,使用足踏工具
动作单元力求减少	减少寻找、选择、思考、预对等动素;简化握取与装配等动素	① 删除不必要的动作。② 设法简化或合并必要的动作	① 材料及工具按顺序排列。② 材料及工具使其处于可工作的状态	① 装配用的材料零件应使用容器安装。② 工具设备的设计应力求减少动作次数,并利用机械的最大能力。③ 设法将两种以上的工具合并
动作距离力求缩短	减少手腕动作的距离;减少全身移动的动作	① 使用身体部位的最小范围。② 使用身体的最适当部位	材料、零件应放置于正常工作范围	利用物体的动力,使其自动堕至装配区域或制成品箱内
舒适的工作	减少动作的难度,避免改变工作姿势,减少须用力的动作	① 避免使用限制性的动作。② 采用曲线的圆滑动作,避免改变方向。③ 利用惯性,即重力及自然力	将工作地点调整至适当的高度	① 动作路径已成一定规则时,设法使用工具。② 使用重力工具

下面将以上原则总结为10条。
(1) 双手的动作应同时而且对称。

(2) 人体的动作应尽量用最低等级且能得到满意的结果(见表 4-15)。

表 4-15　人体的动作等级

级别	动作枢轴	人体动作部位
1	指节	手指
2	手腕	手指及手腕
3	肘	手指、手腕及小臂
4	肩	手指、手腕、小臂及大臂
5	身体	手指、手腕、小臂、大臂及身体

例：新式开关用力程度大大小于旧式开关，如图 4-29 所示。

(3) 应尽可能地利用物体的动量，连续的曲线运动比方向突变的直线运动为佳，弹道式的运动比受限制的运动轻快，动作应尽可能运用轻快的自然节奏使动作流利和自发。如挥动锤子，圆弧型挥动比上下型挥动省力得多，如图 4-30 所示。

（a）旧式开关

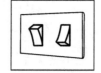
（b）新式开关

图 4-29　新旧开关对比图

（a）上下型挥动

（b）圆弧型挥动
（后面上、前面下）

图 4-30　两种挥动轨迹

(4) 工具、物料及装置应置于固定处或工作者附近，并依最佳的工作顺序排列。

人体第 3 级动作的范围，即以左右手自然下垂和以肘为中心、小臂为半径所能达到的空间范围，称为正常工作范围；人体第 4 级动作的范围，即以肩为中心、整个手臂为半径所能达到的空间范围，称为最大工作范围，如图4-31所示。

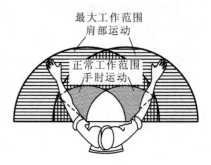

图 4-31　人体工作范围

显然，图 4-32(d)中的工作台布置是四种布置中最佳的。

(5) 零件、物料应尽量利用其自重堕至工作者附近。

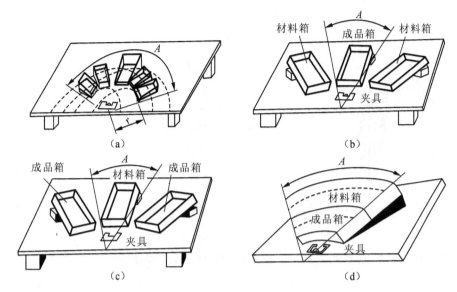

图 4-32 工作台布置

(6) 应配备适当的照明设备,工作台及座椅的高度应使工作者保持良好的姿势及坐、立适宜,分别如图 4-33、图 4-34 所示。

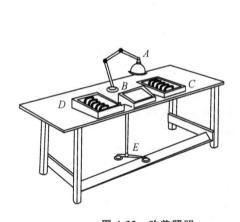

图 4-33 改善照明

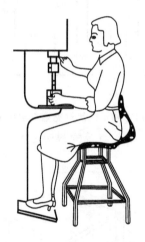

图 4-34 良好设计的座椅

(7) 应尽量解除手的工作,而以夹具或足踏工具代替,分别如图 4-35、图 4-36 所示。

(8) 如有可能,应将两种工具合并使用,如图 4-37 所示。

(9) 手指分别工作时,各指负荷应按照其本能予以分配;设计手柄时,应尽可能增大与手的接触面;机器上的杠杆、十字杆及手轮的位置,应能使工作者极少变动姿势,且能最大限度地利用机械力,分别如图 4-38、图 4-39 所示。

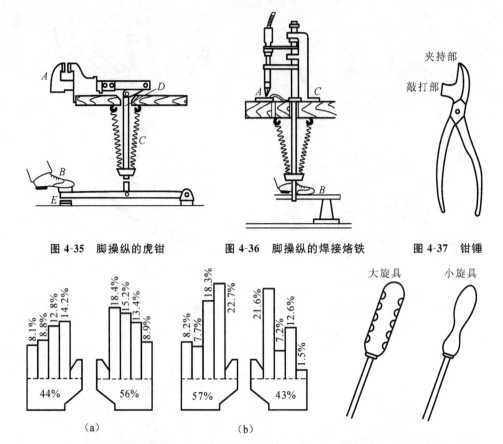

图 4-35　脚操纵的虎钳　　图 4-36　脚操纵的焊接烙铁　　图 4-37　钳锤

图 4-38　德伏拉克型打字机键盘的手指负担　　图 4-39　大旋具与小旋具

（10）工具及物料应尽可能预放在工作位置，如表 4-16 所示。

表 4-16　工具及物料的预置

示意图			
放置位置	平卧在工作台上	挂架上	用弹簧吊于工作位置上方
预放类别	未预放	半预放	完全预放
需时/(%)	146	123	100

4.4.4 改善动作

改善动作的技巧不外乎删除、合并、重排、简化四种,以下分别列出其改善重点。

1. 删除

(1) 删除所有冗余的作业、步骤或动作(包括身体、足、手臂或眼)。
(2) 删除工作中的不规律性,使动作成为自发性,并使各种物品置放于固定地点。
(3) 删除以手作为持物工具的工作。
(4) 删除不方便或不正常的动作。
(5) 删除必须使用肌力才维持的姿势。
(6) 删除必须使用肌力的工作,而以动力工具取代之。
(7) 删除必须克服动量的工作。
(8) 删除危险的工作。
(9) 删除所有不必要的闲置时间。

2. 合并

(1) 把必须突然改变方向的各个小动作合并成一个连续的曲线动作。
(2) 合并各种工具,使之成为多用途的工具。
(3) 合并可能合并的作业。
(4) 合并可能同时进行的动作。

3. 重排

(1) 使工作平均分配于两手,两手之同时动作最好呈对称性。
(2) 组合作业时,应把工作平均分配于各成员。
(3) 把工作安排成清晰的直线顺序。

4. 简化

(1) 使用最低级别的肌内工作。
(2) 减少视觉动作及必须注视的次数。
(3) 保持在正常动作范围内工作。
(4) 缩短动作距离。
(5) 使手柄、作业杆、足踏板、按钮均在手足可及之处。
(6) 在须要运用肌力时,应尽量利用工具或工作物的动量。
(7) 使用最简单的动素组合来完成工作。
(8) 减少每一动作的复杂性。

习题

1. 工作研究的含义是什么?

2. 工作研究包括哪些内容,有什么特点?
3. 试用草图描绘工艺程序图的基本形式。
4. 简述程序分析的"5W1H"技术和 ECRS 四大原则。
5. 简述生产流程分析的一般步骤。
6. 作业分析的意义及内涵是什么?
7. 试分析比较人机作业、联合作业、双手作业的异同点。
8. 动作分析的目的及一般研究方法是什么?
9. 简述动作经济原则的内容。
10. 动作改善的一般方法是什么?

思考题

如何利用工艺程序图和流程程序图进行程序分析?

案例 ▶▶▶

生产线布置设计与流程程序分析

某玩具生产企业的一个局部生产线的布置如图 4-40 所示。在进行生产线自动化改造前的生产流程图如图 4-41 所示。调查中发现生产线存在以下问题。

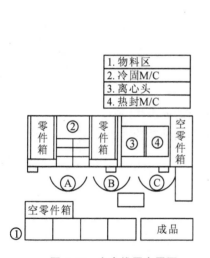

图 4-40 生产线原布置图

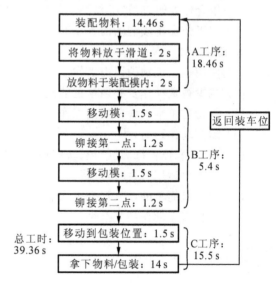

图 4-41 改进前流程图

(1) 生产线不能平衡,存在瓶颈。
(2) 中间环节过多,有一定数量的半成品存货。
(3) 生产线上每个工人操作一台机器,由于三人生产步调不一致,造成一些闲置。
(4) 生产过程中物料摆放不十分清楚,容易造成工人操作过程中出现寻找和停顿的情况发生。

根据对先进的生产系统的理解和认识,针对生产线中存在的问题,运用工业工程原理、理念和生产线平衡技术等,并借鉴准时生产、精益生产和生产瓶颈理论等,对装配生产线局部进行自动化的改造,以期达到改进生产线,提高生产率的目标。

具体实施时,绘制生产流程图4-41,通过分析主要的改进方法有以下几条。
(1) 合并流程。
(2) 工作装置改进。
(3) 生产线布置优化。

解决方案如下。
(1) 减少生产线上的一个操作工,其工作被左右的两人分担。以便平衡工作量,减少等待,提高效率。
(2) 减少一人后,生产线不平衡状况有了很大的改善,为进一步提高生产率,考虑增加操作自动化,而且还可以完全消除中间存货。

改造优化后的生产线重新布置图如图4-42所示,流程图如图4-43所示。

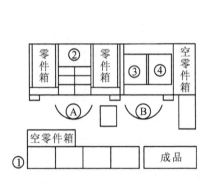

图4-42 生产线重新布置图

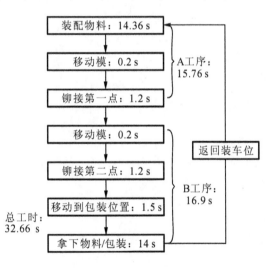

图4-43 改进后流程图

运用工业工程方法和生产管理方式等,对装配生产线局部进行自动化的改造后,手工劳动的部分被机器所取代,将必然导致质量的改进,报废率下降。

从表 4-17 可以看到,改造后工时数由 39.36 s 减少到 32.66 s,所需工人由 3 人减少为 2 人,生产效率由 78.9% 提高到 86.3%。可以预见,对于大量的重复玩具生产,改造后的生产线提高的效率将会更加明显。

表 4-17 改造前后对比

项 目	改 造 前	改 造 后	备 注
工时	39.36 s	32.66 s	减少时间 6.7 s,17%
工人数	3 人	2 人	减少 1 人
生产效率	78.9%	86.3%	效率提高 7.4%

案例讨论

如何运用方法工程平衡流水线及调整流水线的工序布置和流程优化?

第 5 章 作业测定

内容提要 ▶▶▶

作业测定是运用各种技术来确定合格工人按规定的作业标准完成某项工作所需的时间,目的在于找到标准的时间,并揭示由各种原因造成无效时间的性质和数量,采取措施消除无效时间。本章主要内容:时间研究、工作抽样、预定时间标准、标准资料法和学习曲线等。要求了解作业标准和作业测定的基本概念,掌握时间研究的工具、方法和步骤;了解工作抽样的工作原理、方法和步骤;了解标准资料法和学习曲线等。本章重点是掌握时间研究和 MOD 法。

5.1 作业测定概述

5.1.1 作业标准和标准作业

1. 作业标准

作业标准(operation standard)是针对作业步骤、内容、方法、注意事项及质量进行设定的。如果作业内容无法标准化,那作业时间就失去了意义。下面就作业标准的目的、基准、规格进行说明。

1) 作业标准的编制目的及效果

作业标准是为保证实现产品的规定质量,并在一定标准工时范围内完成任务的标准作业方法。它重点叙述确保产品质量的过程与方法,并以 IE 的全部手段确保作业的效率,最终成为全员参与的作业改善的评价与检查的基准,从而不断地提升作业的质量与效率,降低成本。为了实现上述目的,在现场作业管理中要对很多因素进行分析,以确保作业标准的实现。

在用作业标准对作业者进行作业规范与指导时,期望达到如下效果。

① 不论谁经过培训都可以实现同样的作业方法。
② 作业可以保证一定的作业质量及效率,并作为成本管理的基准。
③ 作业方法合理,有节奏,有助于提高熟练度。
④ 可以作为标准时间设定与更新的基准。

⑤ 保证并提高作业的安全性。
⑥ 成为生产计划的实施与结果评价的基准资料。
⑦ 成为作业改善的基准。

2)作业标准设定

① 确保生产用材料及零件准时到位,且数量准确。
② 保障材料及零件的质量稳定性。
③ 作业中使用的机械设备、工装可靠且有明确操作方法。
④ 编制作业条件及方法步骤。
⑤ 设定标准时间及质量基准。
⑥ 有措施和方法解决出现不良品等问题。
⑦ 明确品质检查的责任人与频率。

3)作业标准的编写

① 作业标准的编写不仅仅是对现有作业内容的简单描述,还要包括作业内容中的步骤及注意事项,以及判断作业效果的质量特性与基准。

② 作业标准的编写人要有良好的工业工程知识及写作水平,以保证作业顺序、作业重点及质量特性等内容定义清晰,逻辑连贯,言简意赅。

③ 当作业步骤过多时,以作业重点检查表的形式,压缩作业标准内容。因此作业步骤、作业重点与质量特性是作业标准必须提示的内容。

④ 当作业方法复杂,需要时间配合精确的人机联合作业时,应考虑采用人机联合作业分析的形式进行表述。

4)作业标准的内容

作业标准因企业、产品、用途、目的不同而不同,但共同的是它都要使作业者在经过适当的培训后,达到作业标准所要求的方法、质量和效率。为此,作业标准内需要涵盖以下内容。

① 产品简图(或照片)。
② 标准时间。
③ 作业顺序与步骤。
④ 安全注意事项。
⑤ 作业内容的重点及注意事项。
⑥ 专业检查的频率与责任人。
⑦ 需达到的质量基准。

2. 标准作业

1)标准作业及其三要素

标准作业(standard operation)是对周期性的人机作业中有关人的作业动作程序进行标准化,目的是消除复杂人机作业的动作浪费,固化增值动作的程序。

标准作业包括三要素：
① 标准作业的周期时间；
② 标准作业周期中手工作业顺序；
③ 标准在制品的数量（WIP）。

有了作业标准之后，严格执行有关的方法与程序，并根据三要素标准作业执行，同时为更好地实现标准作业所要达到的目的，作业者在严格执行作业标准的同时，有权利和义务提出改善效率及革新的建议，当然，建议或新方法必须有数据证明明显优于现行方法。不能凭感觉或判断任意更改标准，那样只会给生产造成混乱，严重时影响到生产计划的按期完成。

因此，标准作业在执行作业标准的同时，在效率、成本、交货期上进行科学改善与革新，特别是集中在作业者的动作上。

2）标准作业程序

标准作业程序（SOP）是用来确定作业顺序和周期时间的，SOP显示总的加工时间，包括人机作业时间及作业者行走的时间。在SOP基础上建立标准作业图表。

标准作业图表描述了整个产品的生产过程，它包括标准作业的三要素及其他信息，如重点加工位、质量控制点、安全检查点等。另外标准作业图表加深作业者对SOP的理解，是对SOP的具体化的描述，是现场主管用于培训员工的工程文件，它包含作业标准图的全部要素。"标准作业图表"包括"标准作业单"与"作业指导书"，图与表合二为一。

5.1.2 作业测定的概念

作业测定的定义："作业测定是运用各种技术来确定合格工人按规定的作业标准完成某项工作所需的时间。"

合格工人的定义："一个合格工人必须具备必要的身体素质，智力水平和教育程度，并具备必要的技能知识，使他所从事的工作在安全、质量和数量方面都能达到令人满意的水平。"

规定的作业标准："经过方法工程制定的标准工作方法，以及有关设备、材料、负荷、动作等的一切规定。"

（1）在适宜的作业条件下，用最合适的作业方法，以普通熟练工人的正常速度完成标准作业所需的劳动时间。

（2）适宜的作业条件和最合适的作业方法是指通过方法工程所确定的作业条件和作业方法。

（3）普通熟练工人和正常速度意味着标准时间适合大多数作业者。

（4）标准作业是标准时间的依据，是作业测定的结果。

5.1.3 工时消耗与标准时间的构成

1. 工时消耗的构成

工人在生产中的工时消耗可分为定额时间和非定额时间两大部分。定额时间是指在正常的生产技术组织条件下,工人为完成一定量的工作所必须消耗的时间。它由作业时间、布置工作场地时间、休息时间与生理需要时间,以及准备与结束时间等构成;而非定额时间则包括非生产时间(指工人在工作班内做了生产以外的或不必要的工作所损失的时间)和停工时间。工时消耗构成如图5-1所示。

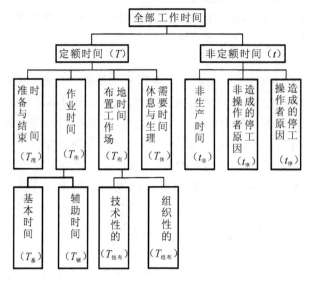

图 5-1 工时消耗构成

2. 标准时间与工时定额

标准时间的含义是:"在适宜的作业条件下,用最合适的作业方法,以普通熟练工人的正常速度完成标准作业所需的劳动时间。"其构成如图5-2所示。

观察时间	评比时间	私事	疲劳	程序	特别	政策
		宽放	宽放	宽放	宽放	宽放
正常时间						
标准时间						

图 5-2 标准时间的构成

这里"适宜的作业条件"、"最合适的作业方法"是指通过方法工程后,所确定的作业条件与作业方法;"普通熟练工人"与"正常速度"则意味着标准时间是适合大多数作业者的时间;"标准作业"又是标准时间的依据,是作业测定的结果。据此,可将标准时间的特性归纳为如下几点。

1) 客观性

对应于某一标准化了的作业(通过方法工程),标准时间是不以人们的意志而转移的客观存在的一个量值。

2) 可测性

只要将作业标准化了,就可以用科学的方法对作业进行测定(如秒表测时、工作抽样等),以确定标准时间的量值。

3) 适用性

因为标准时间是熟练工人以正常速度能完成某项作业的劳动标准时间,不强调以过分先进或十分敏捷的动作完成某项作业的时间,所以它应该是易于被大多数人所接受的。

工时定额的侧重点是"规定了一个额度",所以即使同一作业,由于用途不同,可能有不同量值的定额值。例如"现行定额""计划定额""目标定额"等,各种名称对应不同的值,但却都对应着同一种作业。

许多生产单位为了完成计划、安排生产等目的,往往没有对作业进行方法工程和作业测定时,也要预先规定一个定额作为时间标准,所以它不能称为标准时间。标准时间的侧重点在于找出规定条件下,按标准的作业方法进行工作时所消耗的时间,它对应于某一标准作业只有一个唯一的量值。工业工程基础的目的之一就是要用方法工程和作业测定去求得这一量值,只有这样,在制定各种工时定额时才有可靠的依据。因此标准时间与工时定额的联系在于以下两点。

① 标准时间是制定工作定额的依据。

② 工时定额是标准时间的结果。一般来讲"现行定额"往往就是标准时间,而"计划定额"与"目标定额"则与标准时间有一定的差异。当上级下达规定的工时定额指标时,有了标准时间,就可以知道自己单位的标准时间与上级下达定额的差异,做到心中有数。

3. 时间定额的构成和确定

由于生产类型的不同,时间定额的组成也有所不同。

在大量生产条件下,由于产量大,分摊到一件产品上的准备与结束时间很小,可忽略不计,故劳动定额的时间组成中没有准备与结束时间,只包括作业时间、工作地服务时间和休息自然需要时间。在成批生产条件下,时间定额中应包括准备与结束时间。

时间定额以单位产品计算,或者以一起加工的成批产品计算。前一种情况下的时间定额称为单件时间定额,后一种情况下的时间定额称为成批时间定额。

1) 单件时间定额

单件时间定额的组成部分有作业时间、工作场地服务时间和工人休息与自然需要时间等。

① 作业时间（$T_{作}$）。它是由基本时间（$T_{基}$）与辅助时间（$T_{辅}$）所组成。

② 工作场地服务时间（$T_{服}$）。它是由组织性与技术性两部分组成，通常用占作业时间的一定百分率来表示。

③ 工人休息与自然需要时间（$T_{休}$）。通常它是用占作业时间的一定百分率来表示的。因此，单件时间定额的计算公式为

$$T_{单} = T_{作} + T_{服} + T_{休} = (T_{基} + T_{辅})(1+a+b) \tag{5-1}$$

式中：a 为工作场地服务时间对作业时间的百分率；b 为休息与自然需要时间对作业时间的百分率；a 和 b 一般称为宽放率。

2) 成批生产的时间定额

成批生产条件下的每批时间定额为

$$T_{批} = T_{准} + T_{单} \times n \tag{5-2}$$

式中：$T_{批}$ 为零件成批的时间定额；$T_{准}$ 为准备结束时间；n 为该产品件数。

成批生产中的每一件产品的时间定额为

$$T_{单计} = T_{单} + \frac{T_{准}}{n} = T_{作} + T_{服} + T_{休} + \frac{T_{准}}{n}$$

$$= (T_{基} + T_{辅})(1+a+b) + \frac{T_{准}}{n} \tag{5-3}$$

在西方国家和日本的企业中，标准时间中还包括一项"现场宽放"或"不可避免的宽放时间"。它包括管理人员、技术人员、班组长因材料或其他有关问题找作业者商谈，短时间的机械故障的排除等。显然，这样分类是考虑了生产现场的实际情况，更为合理。

5.1.4 作业测定的主要方法

1. 时间研究

时间研究是利用秒表或电子计时器，在一定时间内，对作业的执行情况进行直接的连续观测，把工作时间及与标准概念（如正常速度概念）相比较的对执行情况的估价等数据，一起记录下来给予一个评比值，并加上遵照组织机构制定政策允许的非工作时间作为宽放值，最后确定出该作业的时间标准。

2. 工作抽样

工作抽样是在较长时间内，以随机方式，分散地观测作业者，利用分散抽样来研究工时利用率，具有省时、可靠、经济等优点，因此成为调查工作效率，合理制定工时定额的通用技术。

3. 预定时间标准法

预定时间标准法是利用预先为各种动作制定的时间标准来确定各种作业所需要的时间，而不是通过观测或测定。它是国际公认的制定时间标准的先进技术。

由于它能精确地说明动作并加上预定工时值,因而有可能较之用其他方法提供更大的一致性。而且该方法不需要对作业者的熟练、努力等程度进行评价,就能对其结果在客观上确定出标准时间,故在国外称为预定时间标准法(predetermined time standards,PTS)。

4. 标准数据系统

标准数据系统通过搜集整理各类作业时间的数据资料,形成拥有更大工作单元的作业时间数据库,这些工作单元是一些基本作业动作的组块,并与特定的机器或作业相联系。据此确定作业的标准时间的方法。用标准数据系统计算工作的标准时间比预定时间系统使用起来更方便。

5.1.5 工时定额制定和考核

1. 工时定额的概念

工时定额是指在一定的生产技术和组织条件下,为生产一定数量的产品或完成一定量的工作所规定的劳动消耗量的标准。

工时定额的基本表现形式有两种。

(1) 生产单位产品消耗的时间——时间定额。

(2) 单位时间内应当完成的合格产品的数量——产量定额。

两者互为倒数关系。另外,还有一种看管定额,这是一个人或一组工人同时看管几台机器设备。工业企业采用什么形式的劳动定额,要根据生产类型和生产组织的需要而定。产量定额主要适用于产品品种少的大量生产类型企业;看管定额一般为纺织企业所采用。

劳动定额是组织现代化大工业生产的客观要求。在现代工业企业里,工人一般只从事某一工序的工作,企业内部的这种分工是以协作为条件的,怎么使这种分工在空间和时间上紧密地协调起来,就必须以工序为对象,规定在一定的时间内应该提供一定数量的产品,或者规定生产一定产品所消耗的时间;否则,生产的节奏性就会遭到破坏,造成生产过程的混乱。

2. 工时定额制定方法

企业生产常用的制定工时定额的方法主要有以下几种。

1) 类推比较法

这种方法是以现有的产品定额资料作为依据,经过对比推算出另一种产品零件或工序的定额方法。作为依据的定额资料有:类似产品零件或工序的定额的方法;类似产品零件或工序的实耗工时资料;典型零件、工序的定额标准。用来对比的两种产品必须是相似或同类型、同系列的,且具有明显的可比性。

类推比较法的主要优点是制定定额的工作量不大,只要运用的依据恰当,对比分析细致,可保证劳动定额水平的平衡和提高。

2) 经验估工法

经验估工法是由定额人员、技术人员和工人结合以往生产实践经验,依据图样、工艺装备或产品实物进行分析,并考虑所使用的设备、工具、工艺装备、原材料及其他生产技术和组织管理条件,直接估算定额的一种方法。经验估工法又可分为综合估工、分析估工和类比估工三种方法。

(1) 综合估工 又称粗估工,是在估工时凭定额人员和老工人的实际经验对影响工时消耗的诸因素进行综合的粗略分析,并笼统地估算出整个工序的定额。

(2) 分析估工 又称细估工,是按定额时间分类,把工序分为若干个组成部分,然后分析影响各个定额的组成时间消耗的因素,并在此基础上确定各个组成部分的工时定额,最后汇总为工时定额。

(3) 类比估工 采用此方法时,一般采用粗估工法制定代表件的工序定额,其他类似零件的定额则以代表零件的工序定额为基础,进行比较估工来确定。

3) 技术测定法

技术测定法是制定劳动定额的常用方法。这种方法是在分析技术组织条件和工艺规程的基础上,对定额各部分时间的组成进行分析计算和测定来确定定额的方法。这是制定劳动定额的比较科学的一种方法。

技术测定法制定劳动定额的步骤如下。

① 将制定定额的工序初步分解为若干组成部分(如工步、作业、动作等)。

② 分析工序结构和作业方法的合理性及组成部分的时间消耗因素。

③ 计算确定各组成部分和整个工序时间的定额。

4) 统计分析法

统计分析法是根据过去同类产品或类似零件、工序的工时统计资料,在分析当前组织技术和生产条件的变化来制定定额的方法。这种方法简单易行、工作量小,以占有比较大量的经济资料为依据,比经验估工法更能反映实际情况。凡是生产条件比较正常、产品比较固定、品种比较少、原始记录和统计工作又比较健全的情况下,一般都可以用这种方法。

5.2 时间研究

5.2.1 时间研究的概念

1. 时间研究的定义

时间研究是一种作业测定技术,旨在决定一位合格、适当、训练有素的作业者,在标准状态下,对一特定的工作以正常速度作业所需要的时间。定义中有下列两个要素。

(1) 合格、适当、训练有素的作业者　即作业者必须是一个合格的工人,而且该项作业必须适合于他做;作业者对该项特定工作的作业方法必须受过完全的训练;作业者必须在正常速度下工作,不能过度紧张,也不能故意延误,工作时生理状态正常。

(2) 在标准状态下　即经过方法工程后制定的标准工作方法、标准设备、标准程序、标准动作、标准工具、标准的机器运转速度及标准的工作环境等。

2. 时间研究的目的

(1) 决定工作时间标准,并用以控制人工成本。
(2) 制定标准时间作为资金制度的依据。
(3) 决定工作日程及工作计划。
(4) 决定标准成本,并作为标准预算的依据。
(5) 决定机器的使用效率,并用以帮助解决生产线的平衡。

5.2.2　时间研究的工具

(1) 秒表(停表、马表)　时间研究用以计时的工具多为 1/100 的分秒表,表面有 100 个小格,长针每 min 转 1 周,1 小格即代表(1/100)min(见图 5-3)。短针表面分 30 格,每 30 min 转 1 周,1 格代表 1 min。

(2) 观察板　观察板主要用来安放秒表和时间研究表格(见图 5-4)。

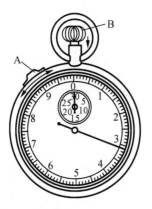

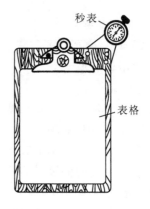

图 5-3　秒表　　　　　　　　　图 5-4　观察板

(3) 时间研究表格　如表 5-1 所示,时间研究表格用于记录一切有关的资料。
(4) 铅笔。
(5) 计算尺。
(6) 测量距离及速度的仪器等。

表 5-1 时间研究表格

部　　门：				方法研究编号：		研究编号： 张　　号： 完成时间： 开始时间： 经过时间： 操 作 人： 钟　　号： 研 究 人： 日　　期： 审 核 人：			
操　　作：									
工厂/机器：				号　　码：					
工具及样板：									
产品/零件：				号　　码：					
图　　号：				物　　料：					
品　　质：									
动作单元说明	R.	W.R.	S.T.	B.T.	动作单元说明	R.	W.R.	S.T.	B.T.

注：将工作位置布置/机器装置/零件等草图绘于反面或另附一纸。

5.2.3　时间研究的步骤

时间研究的步骤如下。

1. 收集资料，确定研究对象

2. 划分作业单元

1）单元概念

人工单元：时间研究主要是测定人工单元。

机器单元：机器作业单元。

不变单元：作业时间不随时间的变化单元。

可变单元：作业时间随时间的变化单元。

规则单元：加工每个工件都有规则性的出现的单元。

间歇单元：加工过程中偶尔出现的单元。

外来单元：偶然事件，且将来不需要列入标准时间。

2）划分作业单元的原则

① 每一单元应有明显辨认的起点和终点。

② 单元时间愈短愈好，但以使时间研究人员能精确测记为宜，一般以 0.04 min 为宜。

③ 人工作业单元应与机器单元分开。
④ 尽可能使每一人工单元内的作业动作为基本动作，以便于辨认。
⑤ 不变单元与可变单元应分开。
⑥ 规则单元、间歇单元和外来单元应分开。
⑦ 关于作业的时间标准仅用于其特定的作业，所以每一单元应有完整而详细的说明。

3. 测量时间

1）测时方法分类

① 归零法。
② 累积测时法。
③ 周程测时法。
④ 连续测时法。

2）剔除异常值——三倍标准差法（3σ）

假设对某一作业单元观测 n 次所得时间为：$x_1, x_2, x_3, \cdots, x_n$，则该作业单元的平均值为

$$X = \frac{x_1 + x_2 + x_3 + \cdots + x_n}{n} = \frac{\sum_{i=1}^{n} x_i}{n} \tag{5-4}$$

标准差为

$$\sigma = \sqrt{\frac{\sum_{i}^{n}(x_i - x)^2}{n}} \tag{5-5}$$

正常值为 $x+3\sigma$ 内的数值，超过者为异常值。根据正态分布的原理，在正常情况下，若计算同一分布的抽样数值，其 99.7% 的数据应在均值正负三倍标准差内。如图 5-5 所示。

3）决定观测次数

一般采用误差界限法，误差 ±5%，可靠度为 ±95%，其观测次数为

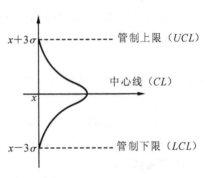

图 5-5　$x+3\sigma$ 正常值的正态分布

$$N = \left[\frac{40\sqrt{n\sum_{i=1}^{n} x_i^2 - \left(\sum_{i}^{n} x_i\right)^2}}{\sum_{i=1}^{n} x_i} \right]^2 \tag{5-6}$$

式中：x_i 为每一次秒表读数；n 为试行先观测的次数。

4) 确定观测时间

根据观测次数来测时,每一单元都有时间值,取所有时间值的算术平均数,即为该单元的作业时间。以随机起点等时间间隔法为例确定观测时间。

设在某厂的一个车间实施工作抽样,决定观测五日,每日观测 20 次。该车间是上午 8 时上班,下午 5 时下班,中间休息 1 小时(12 时至 1 时),可按以下方法决定每日观测时刻。

步骤 1:作两位数的乱数排列。

较简单的方法是,以黄色纸片代表个位,取 10 张,上面分别写 0,1,2,3,…,9;以 10 张红色纸片代表十位,上面分别写 0,1,2,3,…,9。每次从不同颜色的纸片中随机地各抽出一张,记下数字,将抽出的放回。

如此反复抽取,即得乱数排列。设共抽 15 次,其乱数排列如下:

21,94,62,35,06,64,96,40,85,77,88,63,52,27,75

步骤 2:将此数列中小于 50 的数保留,大于 50 的则减去 50,保留余额,得出

21,44,12,35,06,14,46,40,35,27,38,13,02,27,25

步骤 3:去掉上述数中大于 30 的数,得出

21,12,06,14,27,13,27,25

步骤 4:决定第一日的观测时刻。

首先决定第一日第一次的观测时刻,取乱数排列的最前面数字 21,因为 8 时上班,所以第一次的观测时刻为 8 时 21 分。

随后决定每次观测的时间间隔,以每日工作为 480 分,减去第一次的 21 分,再除以每日的观测次数,得出时间间隔,即

$$(480-21)/20 = 22.95 = 23(分)$$

第二次的观测时刻为:8 时 21 分+23 分=8 时 44 分。

如此类推。

步骤 5:决定第二日的观测时刻。

首先决定第二日第一次的观测时刻,乱数排列的第二位数字 12,于是第二日第一次的观测时刻为 8 时 12 分。

第二次的观测时刻为:8 时 12 分+23 分=8 时 35 分

如此类推,可得出 5 天的观测时刻。

4. 评定正常时间

单元操作时间为操作者个人的平均时间,由于操作者的原因可能比标准时间长,也可能比标准时间短。因为要靠人的判断,不一定客观。因此必须利用"评比"予以修正,使其成为不快不慢的"正常时间"。评比是指时间研究人员将所观测到的操作者速度与自己所认为的理想速度(正常速度)作比较。主要的评比尺度有 60 分法、100 分法和 75 分法。时间研究人员经过基本训练建立正常速度的评比标准,

按评比尺度给出评比值,籍此确定评比系数,再评定正常时间。具体评分细则如表 5-2 所示。

表 5-2 操作水平与评比值

评 比			操 作 水 平	相当行走速度
正常=60	正常=75	正常=100		km/h
40	50	67	甚慢;笨拙,摸索的动作;操作人似在半睡状态,对操作无兴趣	3.2
60	75	100	稳定,审慎,从容不迫,似非按件计酬,操作虽似乎缓慢,但经观察并无故意浪费行为(正规操作)	4.8
80	100	133	敏捷,动作干净利落、实际;很像平均合格的工人;确实可达到必要的质量标准及精度	6.4
100	125	167	甚快;操作人表现高度的自信与把握,动作敏捷、协调,远远超过一般训练有素的工人	8.0
120	150	200	非常快;需要特别努力及集中注意,但似乎不能保持长久;"美妙而精巧的操作",只有少数杰出工人可做到	9.6

$$正常时间 = 每个作业单元的观测时间 \times 评比系数$$

$$= 单元操作时间 \times \frac{研究人员的评比值}{正常评比值}$$

5. 确定宽放时间

宽放时间是指操作时所需的停顿和休息时间。

(1) 私事宽放 考虑作业者的生理需求。

① 轻松的工作或不良环境,2%~5%。

② 较重工作,大于 5%。

③ 重工作或天气炎热,7%。

(2) 疲劳宽放 作业者在一段时间的连续工作后,有疲劳感或劳动机能衰退的现象,这种工作疲劳引起的效率下降,必须给予"宽放"的时间。

(3) 程序宽放 作业中无法避免的延迟所需要的宽放。

(4) 特别宽放 主要有以下三种情况。

① 周期动作宽放时间:刃磨工具、清洁等。

② 干扰宽放时间:一人操作多台机器,相互干扰。

③ 临时宽放时间:可能发生和不能确定发生。

(5) 政策宽放 不是时间研究的内容,但要予以考虑作为管理等政策给予的宽放。

因此,宽放时间＝正常时间×宽放率(一般定为 15%～17%)。

6. 制定标准时间

制定标准时间时,是由秒表测得的观测时间,经评比修正为正常时间,然后考虑宽放时间的加入,最后得到标准时间。

$$\text{标准时间} = \text{正常时间} + \text{宽放时间} = \text{正常时间} \times (1 + \text{宽放率})$$
$$= \text{观测时间} \times \text{评比系数} \times (1 + \text{宽放率}) \tag{5-7}$$

5.3 工作抽样

5.3.1 工作抽样的原理

工作抽样又称瞬间观测法,它是通过对现场对象以随机的方式进行瞬时观察,调查各种对象活动事项的发生次数及发生率,从而进行作业测定的一种方法。

工作抽样是根据数理统计的理论,以概率法则作为基础的方法,因此必须考虑可靠度与精度的问题。

1. 可靠度与精度

此处的可靠度是指观测结果的可信程度,也就是抽样符合正态分布曲线(见图 5-6)。表 5-3 列出了几个常见的正态分布概率值,以供查询。

表 5-3 正态分布概率

范围/(±σ)	概率/(%)	范围/(±σ)	概率/(%)
±0.76σ	50.0	±2.58σ	99.0
±1σ	68.25	±3σ	99.73
±1.96σ	95.0	±4σ	99.99
±2σ	95.45	—	—

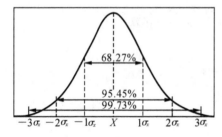

图 5-6 正态分布曲线

精度就是允许的误差,抽样的精度分为绝对精度 ε 和相对精度 θ。当可靠度定为 95% 时,绝对精度 $\varepsilon = 2\sigma$。

$$\sigma_p = \sqrt{\frac{\overline{p}(1-\overline{p})}{n}} \tag{5-8}$$

$$\varepsilon = 2\sigma_p = 2\sqrt{\frac{\overline{p}(1-\overline{p})}{n}} \tag{5-9}$$

相对精度即为绝对精度与观测事项发生率之比,即

$$\theta = \frac{\varepsilon}{\overline{p}} = 2\sqrt{\frac{(1-\overline{p})}{n\overline{p}}} \tag{5-10}$$

相对精度的标准可在±(5%～10%)范围内选择。一般都将可靠度定为95%，相对精度定为±5%。

2. 观测次数

观测次数是根据所规定的可靠度和精度要求而定,在可靠度取95%时,可计算出所需观测的次数。

用绝对精度表示:

$$n = \frac{4\overline{p}(1-\overline{p})}{\varepsilon^2} \tag{5-11}$$

用相对精度表示:

$$n = \frac{4(1-\overline{p})}{\theta^2 \times \overline{p}} \tag{5-12}$$

5.3.2 工作抽样的方法与步骤

工作抽样的方法与步骤如下。

1. 确立调查目的与范围

调查目的与范围不同,则项目分类、观测次数与方法均不相同。

2. 调查项目分类

根据所确定的目的与范围,就可以对调查对象的活动进行分类,分类的粗细应根据抽样的目的而定(见图5-7、图5-8)。如只是单纯调查机器设备的开动率,则观测项目可分为"工作"、"停工"、"闲置"。

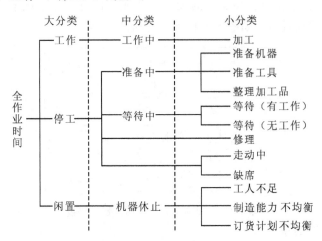

图 5-7　调查项目粗分类

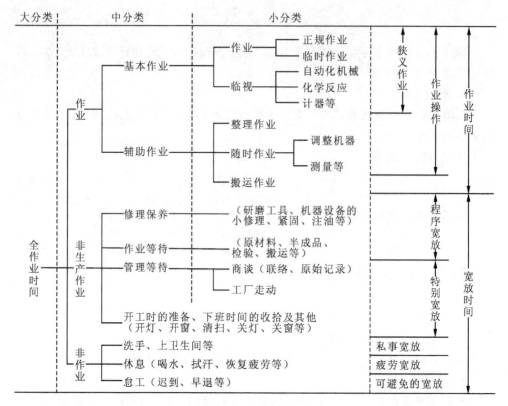

图 5-8 调查项目细分类

3. 决定观测方法

在观测前,首先要绘制被观测的设备及作业者的分布平面图和巡回观测的路线图,并注明观测的位置,如图 5-9 所示(×表示观测点)。

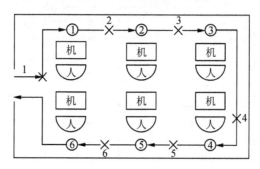

图 5-9 机器和工人配置图及巡回路线

4. 设计调查表格

调查表格分别如表 5-4、表 5-5 所示。

表 5-4 空闲时间分析

分类		作业	空闲	合	计	作业率/(%)
机器	1#	正正正正正正丁	正正正下	32	18 50	64
	2#	正正正正正正下	正正丁	38	12 50	76
	3#	正正正正正下	正正正正正一	24	26 50	48
作业者	1#	正正正正正丁	正正正正下	27	23 50	54
	2#	正正正正丁	正正正正正下	22	28 50	44
	3#	正正正正正下	正正正丁	33	17 50	66

表 5-5 空闲时间细分

分类		作业	修理	故障	停电	工作中	工作准备	搬运	等材料	等检查	商议	清扫	洗手	作业小计	作业率/(%)
机器	1#	正正正	—	—	正									15	75
	2#	正正	—	正正										10	50
	3#	—	正正正												0
作业者	1#	—	—	—	—	正正	正	正	正	—	正	—	—	20	67
	2#	—	—	—	—	正正正	正	正	—	—	—	—	正	20	67
	3#	—	—	—	—	正正	正	—	正	正	—	正	—	15	50

5. 向有关人员说明调查目的

6. 试观测

通过试观测决定观测次数。

7. 正式观测

(1) 决定每日的观测时刻 观测时刻的决定必须保证其随机性,这是工作抽样的理论依据,如观测时刻选择不当,将会产生观测偏差。决定观测时刻的方法有两种:

① 随机起点等时间间隔法;

② 分层抽样法。

与随机起点等时间间隔法不同的是,分层抽样法主要是按照各段时间实现"分层",分别规定观测次数和观测时间,然后再进行观测。

(2) 实地观测 观测人员按照既定的观测时间和预定的抽样调查项目,将观测活动准确地记录在调查表上,作为记录时间的依据。

8. 整理数据做出结论

(1) 剔除异常值 剔除异常值采用三倍标准差法。

(2) 做出结论,改进工作。

5.3.3 工作抽样的应用与实例

例 5-1 某饮料厂主要生产瓶装汽水、汽酒等饮料,采用流水线作业的生产组织形式,其生产流程如图 5-10 所示。

此流水线的大部分工序属于纯机动的,少部分工序是机手并动和手动作业。一个工序或工位只有 1 人看管,设备只要出产品就算是处于工作状态。

现用工作抽样对上空瓶、洗瓶、出瓶、灯检、灌糖、灌水与扎盖、成品检验、装箱等 8 个工位作为观测对象。

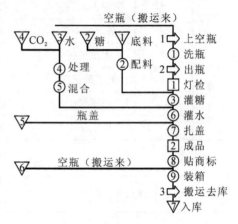

图 5-10 瓶装汽水的生产流程图

1) 观测次数确定

经分析研究,规定可靠度为 95%,绝对精度为 ±3%,相对精度为 ±5%。根据该厂过去的统计资料,工作比率为 80%,规定每班观测 20 次。

将有关数据代入

$$n = 4(1-P)/(S^2 P)$$

即

总观测次数 $n = 4 \times (1-0.8)/(0.05^2 \times 0.8) = 400(次)$

观测轮班数 $= 400/(8 \times 20) = 2.5(班)$,取 3 班。

2) 每日的观测时刻确定

为了简便,采用随机起点等时间间隔法,设乱数数列为

$$18, 13, 2, 9, 11, 19, 5$$

观测时间间隔 $= (480-18) \div 20 = 23(\min)$

该厂白班作业时间从 7 时开始,故第一天第一次观测时刻是 7 时 18 分,则第二次为 7 时 41 分,如此类推。

第二天第一次的观察时刻为 7 时 13 分,第二次为 7 时 36 分,其余类推。

第三天以后的观察时刻依此类推。

3) 观测及分析

按观测次数计应观测三个班,现有计划地观测六个班。观测对象为 8 个工位,每班观测 20 次,共 960 次。其结果及管理界限的计算和管理图、平均工作比率和精度计算,已在本节前述的工作抽样步骤中作为剔除异常值的举例。此观测的平均工作比率为 77.13%,绝对精度为 ±0.297%,在预先规定的 ±3% 内,观测有效。

工作抽样后,再应用抽样所得平均工作比率 77.13% 来制定流水线的产品定额。为此,应用秒表测时法去测试各工序的每分钟产量,结果发现各工序的能力不平衡。流水线的产量决定于薄弱工序的能力,通过平整流水线,使产量达 81.1 瓶/分钟。于是

$$汽水生产线的轮班产量定额 = 480 \times 77.13\% \times 81.1 = 30\,025(瓶)$$

经过适当放宽,将流水线产量定额规定为 30 000 瓶/班,班产量从原来的 22 000 瓶/班提高了 36.36%。

5.4 预定时间标准

5.4.1 预定时间标准法的概念及特点

预定时间标准法(predetermined time standards,PTS)是国际公认的制定时间标准的先进技术。它利用预先为各种动作制定的时间标准来确定进行各种作业所需要的时间,而不是通过直接观察或测定。由于它能精确地说明动作并加上预定工时值,因而有可能较之用其他方法提供更大的一致性。而且不需对作业者的熟练、努力等程度进行评价,就能对其结果在客观上确定出标准时间。

PTS 技术最显著的特点是它可利用预先为各种动作制定的时间标准来确定进行各种作业所需要的时间,而不是通过直接观察和测定。这就避免了现场测时或统计抽样中的随机性和不确定性,使得到的时间数据具有很好的一致性,且客观准确。问题的关键在于如何科学合理地确定人体活动的基本动作及其正常时间。实践表明,PTS 技术发展的过程就是不断解决这一问题的过程。

1. PTS 技术特点

(1) 在作业测定中,不需要对作业者的速度、努力程度等进行评价,就能预先客观地确定作业的标准时间。

(2) 可以详细记述作业方法,并得到各项基本动作的时间值,从而对作业进行合理地改进。

(3) 可以不使用秒表,在工作前就决定标准时间,并制定作业规程,保证了时间标准的一致性,减少了时间研究中常见的读数错误等引起不正确结果的可能性。

(4) 当作业方法变更时,必须修订作业的标准时间,但所依据的预定动作时间标准不变。

(5) 用 PTS 法平整流水线是最佳的方法。

因此,在对 PTS 的特点描述及分析中,能够看到它可以用来为新设生产线的新工作设定工作标准,不用经过时间研究就可以对不同的新方法进行比较,且这种方法不容易出现带有主观偏见的绩效评价。

2. 运用 PTS 法判定工作标准的步骤

(1) 将工作或工作单元分解成基本动作。

(2) 决定调节因素，以便选择合适的表格值，调节因素包括物重、距离、物体尺寸，以及动作的难度等。

(3) 合计动作的标准时间，得出工作的正常时间。

(4) 在正常时间上加上宽放时间，得出标准工作时间。

3. PTS 法的局限性

(1) 工作必须分解成基本动作　这使得这种方法对于许多进行多品种小批量生产、以工艺对象专业化为生产组织方式的企业来说是不实用的。因为在这样的企业中，工作种类繁多，而重复性较低。

(2) PTS 法的标准数据可能不能反映某些具有特殊特点的企业的情况　对于一个企业是正常的事情，在另一个企业也许是不正常的。作为样本被观测的作业者可能不能反映某些特殊企业中作业者的一般状况。

(3) 需要考虑调节的因素很多，几乎到了无法制作如表 5-2 所示表格的地步。例如，在某些情况下，移动物体所需的时间也许与物体的形状有关，但是前面表 5-2 并没有考虑这个因素。

(4) 这种方法是建立在这样一种假设的基础上的，即整个工作时间可用基本动作时间的求和得到，但这种方法忽略了某种可能性，即实际工作时间也许与各个动作的顺序有关。

(5) 由于这种方法表面上看起来使用方便，因此容易不分场合地错误使用。事实上，分解基本动作和确定调节因素是需要一定技能和经验的，并不是人人都会用。

5.4.2　常用的预定动作标准时间法

PTS 法有很多种，根据基本动作的分类与使用时间单位的不同而不同。

1. 模特法

模特法（MOD 法）或称模特排时法（MODAPTS），又称大量作业测定法。是 1966 年澳大利亚的海特博士（G. C. Heyde）创立的一种预定时间标准技术，它是所有 PTS 方法中比较完善和先进的一种方法。

实际上大量作业测定法广泛应用于生产现场管理中，该方法将作业动作分解为 21 种人体基本动作，它的时间单位为 MOD（1 MOD＝0.129 s），每一种动作均有对应的标准时间。

2. 方法与时间测定法

方法与时间测定法（method-time measurement，MTM）又称方法与时间衡量制度，是 1948 年由梅纳德（H. B. Maynard）所研究，此方法将人所操作的作业分成基本动作,以明确这些基本动作间的关系及其所需要的时间值。

方法与时间测定法把动作分解为"伸手、移动、抓取、定位、放手、施压、解开、转动"等动作要素,同样要预先制定"标准动作时间表",其时间单位为TMU,1 TMU=0.000 6 min=0.036 s。

3. 作业要素法

作业要素法(work factor,WF)是把作业动作分解为"移动、放下、定向、装配、使用、拆卸、精神准备"等动作要素,预先制成"标准动作时间表",其时间单位为RU,1 RU=0.006 s。

5.4.3 方法与时间测定法

下面介绍使用比较广泛的一种预定时间标准法——MTM法,MTM分析的主要目的有:

(1) 在开始生产之前,设计有效的工作方法;
(2) 现行的作业方法的改善;
(3) 标准时间的设定;
(4) 预估所需要的时间;
(5) 考虑作业人员的动作经济的工具、夹具的设计制作;
(6) 激励员工重视作业改善。

在MTM法中,有若干种基本动作标准数据,其中最精确的一种是MTM-1。在这种方法中,将基本动作分为8种,如表5-6所示。

表5-6 MTM-1的基本动作分类

序号	动作	序号	动作
1	伸手(reach)	5	移动(move)
2	施压(apply pressure)	6	抓取(grasp)
3	放置(定位、对准)(position)	7	解开(disengage)
4	放手(release)	8	转动(turn)

这些基本动作的标准时间是用微动作研究方法,对一个样本人员在各种工作中的动作加以详细观测,并考虑到不同工作的变异系数而制成的。

如表5-7所示是美国MTM标准研究协会制作的其中一个动作"移动"的标准时间。

这里所用的时间测量单位是TMU(time measurement unit),表中的标准时间考虑了移动重量、移动距离及移动情况三种因素,每个因素不同,所需的标准时间也不同。

表 5-7　MTM 的动作移动标准时间

移动距离 (单位:英寸)	时间/TMU A	时间/TMU B	时间/TMU C	重量允许值 重量	重量允许值 动态因子	重量允许值 静态常数/TMU	不同移动情况
≤$\frac{3}{4}$ 或小于	2.0	2.0	2.0	2.5	1.00	0	
1	2.5	2.9	3.4				
2	3.6	4.6	5.2	7.5	1.06	2.2	
3	4.9	5.7	6.7				
4	6.1	6.9	8.0	12.5	1.11	3.9	
5	7.3	8.0	9.2				
6	8.1	8.9	10.3	17.5	1.17	5.6	A. 移动物体至另一只手或从静态移动物体;
7	8.9	9.7	11.1				
8	9.7	10.6	11.8	22.5	1.22	7.4	B. 移动物体至一个大致位置或不固定的位置;
9	10.5	11.5	12.7				
10	11.3	12.2	13.5	27.5	1.28	9.1	
12	12.9	13.4	15.2				
14	14.4	14.6	16.9	32.5	1.33	10.8	C. 移动物体至一个精确位置
16	16.0	15.8	18.7				
18	17.5	17.0	20.4	37.5	1.39	12.5	
20	19.2	18.2	22.1				
22	20.8	19.4	23.8	42.5	1.44	14.3	
24	22.4	20.6	25.5				
26	24.0	21.8	27.3	47.5	1.50	16.0	
28	25.5	23.1	29.0				
30	27.1	24.3	30.7				

例如,有这样一个动作,需要用双手将一个18磅的物体移动20英寸,移到一个确切的位置上,在该动作发生前两手无动作。为了得到这个动作的标准时间,首先应该根据对移动情况的描述确定该动作属哪种情况。从表中的三种情况描述中可知属C,然后,根据移动距离为20英寸,20英寸的行和C列的交叉处,找到该动作所需时间为22.1TMU。而且,还需要进一步考虑根据重量对所查出的时间做一些调整。因为该动作中是用两手移动18磅的物体,每只手为9磅,在表中的重量允许值中,处于7.5与12.5之间,因此,动态因子为1.11,静态常数(TMU)为3.9。这样该动作的标准时间可按下式计算:

TMU 表格值×动态因子+静态常数=22.1×1.11+3.9=28 TMU

每一种基本动作都有这样的类似表格。这些标准数据,是经严格测定、反复试验后确定的,其科学性、严密性都很高,而且有专门的组织制定这样的数据。表 5-7 的数据来自美国 MTM 标准研究协会(MTM association for standard and research)制作的。

5.4.4 模特法

模特法是所有 PTS 方法中比较完善和先进的一种方法,较之其他 PTS 方法中对于预定时间标准研究有较大的突破。它在长期的人体工程学实验的基础上,对人体活动的基本动作作了高度的归纳,共归纳出 21 种基本动作。不像其他方法有几十种甚至上百种,使问题大为简化,而且便于作业。

1. 模特法的原理

(1) 所有人作业时的动作,均包括一些基本动作。模特法把生产实际中作业的动作归纳为 21 种。

(2) 不同的人做同一动作(在条件相同时)所需的时间值基本相等(见表 5-8、表 5-9)。

表 5-8 人体各部位动作一次最少平均时间

动作部分	动作情况		动作一次最少平均时间/s
手	抓取动作	直线的	0.07
		曲线的	0.22
	旋转动作	克服阻力	0.72
		不克服阻力	0.22
脚		直线的	0.36
		克服阻力的	0.72
腿		直线的	0.66
		脚向侧面	0.72~1.45
躯干		弯曲	0.72~1.62
		倾斜	1.26

注:此表的数值应理解为该动作所有被测对象的最快速度所需的时间,用数理统计原理计算确定的平均值,或对同一动作的最快速度所需时间多次测定的平均值。

(3) 身体不同部分动作时,其动作所用的时间值互成比例,因此可以根据其手指一次动作时间单位的量值,直接计算其他不同身体部位动作的时间值。

模特法在人体工程学实验的基础上,根据人的动作级次,选择以一个正常人的级次最低、速度最快、能量消耗量最少的一次手指动作的时间消耗值,作为它的时间单位,即 1 MOD=0.129 s。

表 5-9 人体各部位动作的最大频率

动作部位	最大频率/(次·min^{-1})
手指	204~406
手	360~430
小臂	190~392
臂	99~344
脚	300~378
腿	330~406

模特法 21 种动作都以手指一次（移动约 2.5 cm）的时间消耗值为基准进行试验、比较，来确定各动作的时间值。

大量的试验、研究表明，一个人（或不同的人）以最快速度进行作业，其动作所需时间，与这个人（或不同人）以正常速度进行作业，其动作所需时间之比 K 是一常数（或基本接近常数）。

不同的人（或同一个人）手的移动，无障碍时

$$K = \frac{最快速度所需时间}{正常速度所需时间} = 0.57$$

障碍物高度为 10～30 cm 时

$$K = \frac{最快速度所需时间}{正常速度所需时间} = 0.59$$

上身弯曲的往复动作，$K=0.51$；坐立往复动作，$K=0.57$。

假设：身体第 1 部位最快动作的时间值为 t_1，该部位正常动作的时间值为 T_1；身体第 2 部位最快动作的时间值为 t_2，该部位正常动作时间值为 T_2；身体第 3 部位最快动作时间值为 t_3，该部分正常动作时间值为 T_3……身体第 n 部位的最快动作时间为 t_n，该部位正常动作时间值为 T_n。

$$\frac{t_1}{T_1} = \frac{t_2}{T_2} = \frac{t_3}{T_3} = \cdots = \frac{t_n}{T_n} = K$$

因

$$\frac{t_1}{T_1} = \frac{t_2}{T_2}$$

故

$$\frac{t_2}{t_1} = \frac{T_2}{T_1} \quad 或 \quad \frac{t_3}{t_1} = \frac{T_3}{T_1} \quad 或 \quad \frac{t_n}{t_1} = \frac{T_n}{T_1}$$

由此可见，两个动作的最快速度所需时间之比，等于两个动作的正常速度所需时间之比。

正常速度仅是时间研究人员头脑中的一个概念，在实际中难以确定。

动作的最快速度所需时间是可以通过大量的实测，用数理统计方法来求得其代表值，即可求得 K 值，这样只要令 t_1 为手指动作一次的正常值，就可根据上式求得身体其他部位一次动作与手指一次动作的比值，从而决定其他部位动作的 MOD 数。

试验表明，其他部位动作一次的 MOD 数都大于 1MOD，通过四舍五入简化处理，得到其他动作一次所需的正常时间值均为手指动作一次 MOD 数的整倍数。

2. 模特法的分类和特点

模特法把动作分为 21 个，每个动作以代号、图解、符号、时间值表示。

模特法将人体的动作分为上肢基本动作、下肢及腰部动作、辅助动作和其他符号等四类。其中上肢基本动作有 11 种，下肢及腰部动作有 4 种，辅助动作有 6 种，

共计 21 种动作。另加上 4 种反射动作符号和其他动作符号 3 种,共计 28 种符号。分别如图 5-11 和图 5-12 所示。

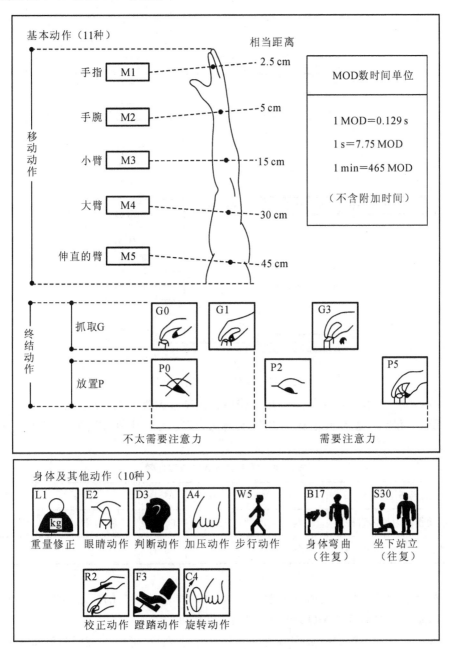

图 5-11 模特法基本示意图

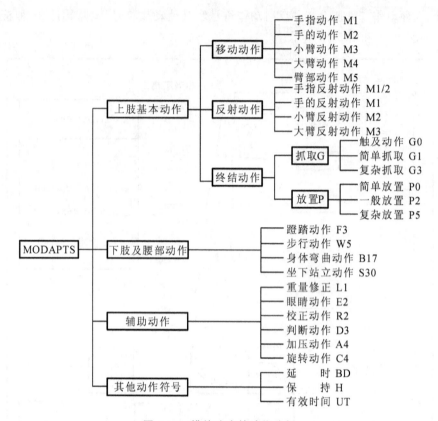

图 5-12 模特法中的动作分析

模特法将动作归纳为 21 种,用一张模特法基本图就可以全部表示出来。

除了模特法,还有其他标准时间预测法,模特法与其他方法的比较如表 5-10 所示。

表 5-10 模特法与其他方法比较

PTS 名称	MOD	MTM	WF	MSD	MTA	BMT
基本动作及附加因素种类	21 种	37 种	139 种	54 种	38 种加 29 个公式	291 种
不同的时间值数字个数	8 个	31 个	—	39 个	—	—

模特法把动作符号与时间值融为一体。如 G3 表示复杂的抓取动作,同时也表示了该动作的时间为 3 MOD=3×0.129 s=0.387 s。

如果是移动小臂去抓放在零件箱中的一个小螺钉(抓时要同时扒开周围的其他零件),在模特法中用 M3G3 表示,其中 M3 表示小臂的移动、G3 表示复杂的抓取,M3G3 时间值是 6MOD(其中 M3 为 3MOD,G3 为 3MOD)。

在模特法的 21 种动作中,不相同的时间值只有"0,1,2,3,4,5,17,30"8 个,而且都是整数。只要知道动作的符号,也就知道了时间。只要有了动作表达式,就能用心算很快计算出动作的时间值。因此,模特法易懂、易学、易记。

同时,在实际使用中,还可以根据企业的实际情况,决定 MOD 数的单位时间值的大小。如 1MOD=0.129 s(正常),1MOD=0.1 s(高效)。用模特法的时间值计算动作时间的精度(对 1 min 以上的作业)并不低于其他 PTS 法。因此,采用模特法来分析动作、评价工作方法、制定标准时间、平整流水线,都比其他 PTS 法容易,且见效快,非常实用。

3. 模特法动作分析

根据工业生产的实际统计,一般最常见的手工作业,其作业动作有 95% 以上是上肢为主的动作,并且上肢动作的基本特点是由成对出现的移动动作、反射动作和终结动作结合而成的。一个作业动作的完成就对应着移动—终结动作及一些其他少量的附加因素的组合。

1)基本动作——上肢动作

(1)移动动作 移动动作用符号 M 表示,是手指、手和臂活动的动作。因所使用的身体部位不同,所要达到的目的不同,因而使用的身体部位的移动距离不同,所以时间值也不同。在模特法中,根据使用的身体部位的不同,时间值分为五等。

① 手指的动作 M1 用手指的第三个关节前的部分进行的动作,时间值为 1MOD,移动距离为 2.5 cm。

② 手的动作 M2 用腕关节以前的部分进行一次动作,时间值为 2MOD,动作距离为 5 cm。依靠手腕的动作不仅能作横向动作,也可作上下、左右、斜向和圆弧状的动作。根据 M2 的动作方式,伴随手的动作,小臂多少也要动作,但主动作是手的动作,小臂的动作是辅助动作(这里的小臂动作不另计时间值)。

③ 小臂的动作 M3 将肘关节作为支点,肘以前的小臂(包括手、手指)的动作。每动作一次定为 M3,时间值为 3MOD,移动距离为 15 cm。由于手和小臂动作的方向关系,肘关节多少要前后移动。肘关节的前后移动看做是主动作 M3 的辅助动作,不另计时间值。粗加工、组装部件等在作业机上作业时,移动零件的位置和作业位置的动作,一般认为是 M3。

④ 大臂的动作 M4 伴随肘的移动,小臂和大臂作为一个整体,在自然状态下伸出的动作。其时间值为 4MOD,移动距离一般为 30 cm。当把手臂充分伸展时,伴有身体前倾的辅助动作,从时间值上来看,仍是 M4。

⑤ 大臂尽量伸直的动作 M5 在胳膊自然伸直的基础上,再尽量伸直的动作。另外,将整个胳膊从自己的身体正面向相反的侧面伸出的动作也用 M5 表示。其时间值为 5MOD,移动距离一般为 45 cm。从生理的角度看,连续做 M5 的动作是不

可取的,应尽量减少 M5 的动作。

(2) 反射动作　反射动作是将工具和专用工具等牢牢地握在手里,进行反复作业的动作。反射动作不是每一次都特别需要注意力或保持特别意识的动作。反射动作是上述各种动作的连续反复动作,没有终结动作与其成对出现,所以又称特殊移动动作。反射动作因其是反复作业,所以其时间值比通常移动动作小。

各动作的单程动作时间:手指的往复动作 M1,每一个单程动作时间为 1/2 MOD;手的往复动作 M2,每一个单程动作时间为 1MOD;小臂的往复动作 M3,每一个单程动作为 2MOD;大臂的往复动作 M4,每一个单程动作时间为 3MOD。

M5 的动作一般不发生发射动作,即使有也必须进行改进,所以,反射动作的时间值最大为 3MOD。

(3) 终结动作　终结动作是指移动动作进行到最后时所要达到目的的动作。如触及或抓住物体,把拿着的物体移到目的地,放入、装配、配合等动作,目的不同,其难易程度不同,因而决定了不同的动作种类。

终结动作的种类有:触及、抓取,用 G 来表示;放置,用 P 来表示。

触及、抓取动作目的物在手或手指支配下的控制动作,可分为:触及动作 G0、简单抓取动作 G1、复杂抓取动作 G3。

放置动作主要表现在放入、嵌入、装配、贴上、配合、装载、隔开等形式,根据其所进行的放置动作的难易程度分为:无意识的放置 P0、大致位置上的放置 P2、准确放置 P5。

另外,还有不太需要注意力的动作和需要注意力的动作。在模特法的符号标记中,用"(注)"表示动作为需要注意力的动作。

① 触及动作 G0　用手指或手去接触目的物的动作。这个动作没有要抓住目的物的意图,只是触及而已。它是瞬间发生的动作,所以没有动作时间,因此时间值为 0MOD。

② 简单抓取动作 G1　用手指、手简单地抓取的动作。用手或手指抓一次物体的动作,非常自然,而没有一点踌躇现象,在被抓物体的附近也没有障碍物。时间值为 1MOD。

③ 复杂抓取动作 G3(需要注意力)　用 G0 和 G1 的动作不能完成的复杂抓取的动作。其时间值为 3MOD。这个动作的特点是需要注意力。一般情况下,用两指抓取的时候会发生踌躇现象,且当手指或手接触到物体后,只是手或手指简单地闭合时是不能抓住的。

④ 简单放置动作 P0　这个动作是把拿着的东西送到目的地后,直接放下的动作。放置的场所没有特殊的规定,一般不需要注意看,没有时间值,即时间值为 0MOD。

其动作举例:将拿着的螺丝刀放到桌子的旁边;将挪近的空气传动装置放回原

来的位置;将传送带送来的零件放在自己面前;将用完了的辅助支架放到传送带上;将要检查的零件抓起,堆放在面前,手离开物体等。

该类动作虽然没有时间值,但写动作分析式时应写上以表示有该类动作发生。如表 5-11 所示。

表 5-11 打字动作程序图

序 号	动作内容	分析式	次 数	时间值
1	伸手接触键	M3G0	1	3MOD
2	按键并放开	M1P0	1	1MOD
3	接触下一个键	M2G0	1	2MOD
4	按键并放开	M1P0	1	1MOD

⑤ 一般放置动作 P2(需要注意力) 往目的地放东西的动作,并需要用眼睛盯着进行一次修正的动作。其时间值为 2MOD。一般 P2 动作适合于能够大体上确定物体位置或指定位置,虽有配合公差但配合不严的场合。

⑥ 复杂放置动作 P5(需要注意力) 将物体正确地放在所规定的位置或进行配合的动作。它是比 P2 更复杂的动作。P5 需要伴有两次以上的修正动作,自始至终需要用眼睛观察,动作中产生犹豫,时间值为 5MOD。P5 动作一般适合于需要将物体放置在准确位置上,需要 XY 坐标的,或配合紧密的,或要多方面的人来配合的场合。

(4) 移动动作与终结动作的结合 无论什么动作,移动动作之后,必定伴随着终结动作。例如,伸手拿螺丝刀的动作,其移动动作为 M3,终结动作为 G1,其动作符号的标记为 M3G1,时间值为

$$3MOD + 1MOD = 4MOD$$

拧螺母的动作、动作分析式及时间值如表 5-12 所示。使用螺丝刀的动作分析式及时间值如表 5-13 所示。

表 5-12 拧螺母的动作分析

序 号	左手动作	右手动作	分析式	次 数	时间值
1	拿着螺栓 H	抓螺母	M3G1	1	4MOD
2	H	把螺母对准螺栓	M3P5	1	8MOD
3	H	旋转螺母	M1G0 M1P0	1	2MOD
4	H	继续拧入	M1G0 M1P0	10	20MOD

表 5-13 使用螺丝刀的动作分析

序号	左手动作	右手动作	分析式	次数	时间值
1	BD	抓螺丝刀	M3G1	1	4MOD
2	BD	抓螺丝刀拿到机壳上	M3P0	1	3MOD
3	BD	把刀头放到螺钉头槽内	M2P5	1	7MOD
4	BD	旋转3次螺钉	M1G0 M1P0	3×10	60MOD
5	BD	把螺丝刀放回原处	M3P0	1	3MOD

(5) 同时动作　用不同的身体部位,同时进行一样或不一样的两个以上的动作称为同时动作。一般以两手的同时动作为佳(排除一个手闲着的情况)。这样,可以提高工作效率。但有时很难做到,如两手都做需要注意力的终结动作时,不可能同时进行。

2) 基本动作——下肢和腰的动作

(1) 蹬踏动作 F3　F3是将脚跟踏在板上,作足蹬动作。其时间值为3MOD。

蹬脚踏板时,从脚踝关节到脚尖的一次动作为F3,再抬起返回的动作又为F3。必要时,连续蹬脚踏板的动作时间,要使用计时器计算有效时间。

若脚离开地面,再蹬脚踏板开关的动作,应判定为下述的W5。

(2) 步行动作 W5　W5是指通过步行使身体水平移动的动作。回转身体也要挪动脚步,也判定为步行动作。步行时,每一步用W5表示,时间值为5MOD。步行到最后一步,手和臂随之移动的动作为M2,这是因为最后的一步动作中,手离目的物已非常近了。

站立的作业者,沿着桌子抓物体时,可能随伸手的动作而一只脚要向前移动一步(或者退回),这是为了保持身体的平衡而加的辅助动作。这种动作应判定为手的移动动作,而不用判定W5。

搬运重物时,有时步行到目的地的步数与搬运重物返回的步数不同,这是因为重物的影响,使得返回的步幅大小不同,其时间值要用下述的重量修正因素L1加以修正。

(3) 身体弯曲动作 B17　B17是从站立状态到弯曲身体,蹲下,单膝触地,然后再返回原来的状态的整个过程。其时间值为17MOD。

曲身、弯腰是以腰部为支点,向前弯伏,使手的位置在膝下面的动作;蹲下实质上是弯曲膝盖,使手在膝下面动作。因此,B17动作之后,手(或臂)的移动动作用M2表示。这是因为随着上半身的活动,手很自然地移动到离目的地很近的缘故。

该类动作举例:从站立状态弯腰捡地上物品,再返回原状态的动作等。

(4) 坐下站立动作 S30　S30 是指坐在椅子上站起来,再坐下的一个周期动作。站起来时两手将椅子向后面推和坐下时把椅子向前拉的动作时间也包括在里面。其时间值为 30MOD。

3) 辅助动作

(1) 重量修正 L1　搬运重物体时,物体自重影响动作的速度,进而影响时间值。因此,应按下列原则考虑:有效质量小于 2 kg 的,不考虑;有效质量为 2~6 kg 的,质量因素为 L1,时间值为 1MOD;有效质量为 6~10 kg 的,质量因素为 L1×2,时间值为 2MOD;以后每增加 4 kg,时间值增加 1MOD。

有效质量的计算原则:单手负重,有效质量等于实际质量;双手负重,有效质量等于实际质量的 1/2;滑动运送物体时,有效质量为实际质量的 1/3;滚动运送物体时,有效质量为实际质量的 1/10。两人用手搬运同一物体时,不分单手和双手,其有效质量皆以实际质量的 1/2 计。

重量修正在搬运过程中只在放置动作时附加一次,而不是在抓取、移动、放置过程中都考虑,且不受搬运距离长短的影响。

对于搬运非常重的物体,在劳动环境中是不希望的。搬运重物时改善作业方法的着眼点,应考虑用搬运工具。

(2) 眼睛动作 E2　眼睛的动作分为眼睛的移动(向一个新的位置移动视线)和调整眼睛的焦距两种,都是独立动作。每种动作用 E2 表示,时间值为 2MOD。

眼睛是人的重要感觉器官,对于人们的动作起着导向作用。手在移动时,一般要瞬时看一下物体的位置,以控制手的速度和方向。这种眼睛的动作,一般是在动作之前或动作中进行的,而不是特别有意识地使用眼睛的动作,动作分析时,不给时间值。只有眼睛独立动作时,才给眼睛动作以时间值,如读文件、找图的记号、认真检查,或者为了进行下一个动作,向其他位置转移视线或调整焦距。

一般作业中,独立地使用眼睛的频率不多。在生产线装配工序和包装工序中,进行包含某种检查因素的作业,一般都是同其他的动作同时进行的,所以要很好地进行观察分析,不能乱用 E2。

人们的眼睛不可能在广阔的范围内看清物体,一般把可以看得非常清楚的范围称为正常视野。在正常视野内,不给眼睛动作时间值。但是,在正常视野内,对于调整焦距的动作,在必要时给以 E2,因为在眼睛动作中,移动视线时不能同时调整眼睛的焦点。从正常视野内向其他点移动视线的时候,用 E2 进行的动作约在 30°和 20 cm 的范围内。

(3) 校正动作 R2　校正动作是指校正抓取零件和工具的动作,或将其回转或改变方向而进行的,是独立动作。这种复杂的手指和手的连续动作,用 R2 表示。在一只手的手指和手掌中进行的动作时间值为 2MOD。

注意只限于用 R2 进行的动作,才给予时间值。其动作举例:抓螺丝刀,很容易地转为握住；抓垫圈，握在手中；把有极性的零件（如二极管、电解电容等）拿住，并校正好方向；把握在手中的几个螺丝，一个一个地送到手指；把铅笔拿起，校正成写字的方式。

在作业过程中，作业熟练者为了缩短动作时间，在进行前一个动作时，已经使用身体其他部位着手下一个动作的准备，这一个校正准备动作，不给予时间值。如用 M4 的动作抓零件或工具，运到手前。在其移动过程中，校正成最容易进行下一个动作的状态（改变其位置或方向）。这种状况，只记移动和抓的时间值，不记校正时间值。

（4）判断动作 D3　判断动作是指动作与动作之间出现的瞬时判定，是独立动作。这个判断动作及其反应的动作，用 D3 表示，时间值为 3MOD。D3 适用于其他一切动作间歇的场合。

在流水线生产中，跟其他动作同时进行的判断动作不给 D3 时间值。眼睛从看说明书移向看仪表指针，判断指针是否在规定的范围内，此动作应分析为 E2D3。

（5）加压动作 A4　加压动作是指在作业动作中，需要推、拉以克服阻力的动作，用 A4 表示，时间值为 4MOD。A4 一般是在推、转等动作终了后才发生。用力时，发生手和胳膊或脚踏使全身肌肉紧张的现象。A4 是一独立动作，当加压在 2 kg 以上，且其他动作停止时，才给予 A4 时间值。

（6）旋转动作 C4　旋转动作是指为使目的物作圆周运动，而回转手或手臂的动作，即以手或肘关节为轴心，旋转一周的动作，如搅拌液体、旋转机器手柄等。用 C4 表示，时间值为 4MOD。

旋转 1/2 周以上的才为旋转动作，旋转不到 1/2 周的应作为移动动作。

带有 2 kg 以上负荷的旋转动作，由于其负荷大小不同，时间值也不相同，应按其有效时间计算。

4）其他动作符号

（1）延时 BD　不做任何动作而闲着，例如，右手取物品，左手闲着，则左手记录符号 BD。

（2）保持 H　手握持物体不动的状态。例如，左手握持螺栓，右手拧螺母则左手记录符号为 H。在动作分析中应尽量避免或减少 BD 和 H 的出现。

（3）有效时间 UT　在作业过程中人的动作之外机器或工具自动工作的时间。其时间用计时器测定，而不取决于人的动作速度。该类情况有用电扳手拧螺母、用手电钻打孔等。

4. 模特法动作改进

根据应用模特排时法的实践经验，对改善各种动作的方法如下。

1) 替代、合并移动动作
(1) 应用滑槽、传送带、弹簧、压缩空气等替代移动动作。
(2) 用手或脚的移动动作替代身体其他部分的移动动作。
(3) 应用抓器、工夹具等自动化、机械化装置替代人体的移动动作。
(4) 将移动动作尽量组合成为结合动作。
(5) 尽量使移动动作和其他动作同时动作。
(6) 尽可能改进急速变换方向的移动动作。

2) 减少移动动作的次数
(1) 一次运输的物品数量越多越好。
(2) 采用运载量多的运输工具和容器。
(3) 两手同时搬运物品。
(4) 用一个复合零件替代几个零件的功能,减少移动动作次数。

3) 用时间值小的移动动作替代时间值大的移动动作
(1) 应用滑槽、输送带、弹簧、压缩空气等,简化移动动作,降低时间值。
(2) 设计时尽量采用短距离的移动动作。
(3) 改进作业台、工作椅的高度。
(4) 将上下移动动作改为水平、前后移动动作。
(5) 将前后移动动作改为水平移动动作。
(6) 用简单的身体动作替代复杂的身体动作。
(7) 设计成有节奏的动作作业。

4) 替代、合并抓的动作
(1) 使用磁铁、真空技术等抓取物品。
(2) 抓的动作与其他动作结合,变成同时动作。
(3) 即使是同时动作,还应改进成为更简单的同时动作。
(4) 设计成能抓取两种物品以上的工具。

5) 简化抓的动作
(1) 工件涂以不同颜色,便于分辨抓取物。
(2) 物品做成容易抓取的形状。
(3) 使用导轨或限位器。
(4) 使用送料(工件)器,如装上、落下送进装置,滑动、滚动运送装置等。

6) 简化放置动作
(1) 使用制动装置。
(2) 使用导轨。
(3) 固定物品堆放场所。
(4) 同移动动作结合成为结合动作。

(5) 工具用弹簧自动拉回放置处。
(6) 一只手做放置动作时,另一只手给予辅助。
(7) 采用合理配合公差。
(8) 两个零件的配合部分尽量做成圆形的。

5.5 标准资料法

5.5.1 标准资料和标准资料法的概念

标准资料就是将事先通过作业测定(如时间研究、工作抽样、PTS 等)所获得的大量数据(测定值或经验值)进行分析整理,编制而成的某种结构的作业要素(基本作业单元)正常时间值的数据库。

标准资料本身是通过作业测定技术整理而得到的,包括秒表时间研究、预定动作时间系统和工作抽样等技术。标准资料一经建立,在制定新作业的标准时间时,就不必进行直接的时间研究了。只需将它分解为各个要素,从资料库中找出相同要素的正常时间,然后通过计算机加上适当的宽放量,即可得到该项新作业的标准时间。利用标准资料来综合制定各种作业的标准时间的方法就称为标准资料法。

标准资料法与其他作业测定法相比较,具有以下几个特点。

(1) 标准资料是以其他作业方法为基础而预先确定的时间数据,因此,它和预定时间标准相似。但是两者涉及的作业阶次不同。标准资料所累积的是作业要素的时间数据,而预定时间标准所累积的是最基本动作(动素)的时间数据。

(2) 标准资料利用现成的时间资料,对同类作业要素不需要重新测定,只要查出相应数据加以合成即可,能较快地制定出一项新作业的标准时间,并且成本较低。

(3) 标准资料是对众多的观测资料分析整理而成,衡量标准比较统一,数据库资料有较高的一致性。

(4) 建立标准资料所依据的资料数量多、范围广,可排除数据的偶然误差,而且标准时间的建立,通常由训练有素的时间研究人员在积累了大量数据的基础上完成,因此,可信度高。

(5) 运用标准资料法,合成时间不需再评比,可减少主观判断的误差。

(6) 标准资料是利用其他作业测定方法制定的,因此,标准资料并不能从根本上取代其他测定方法。

标准资料法的基本用途就是用来制定和修改作业和标准时间的。由于标准资料本身的内容及综合程度的差别,还会有具体用途上的差别。标准资料也为企业设计和调整生产线、生产组织和劳动组织提供了基础的标准数据资料。

5.5.2 标准资料的种类

按我国目前的实际应用情况,标准资料可以按如下标准进行分类。

(1) 按制定和实施范围分类 可分为国家标准、行业标准、地方标准和企业标准。

(2) 按标准资料的内容分类 可分为:

① 作业时间标准资料;

② 辅助时间标准资料;

③ 宽放时间标准资料。

(3) 按标准资料综合程度分类 它是按不同作业阶次编制标准资料。综合程度大的标准资料,查找、使用方便,制定标准时间快捷,其缺点是通用性小;反之,综合程度小的标准资料,查找、使用困难,制定标准时间费时费力,但此类标准的使用通用性好。

(4) 按设备分类 又可进一步按以下四种因素分类。

① 按设备作用分:如车削、铣削、钻孔、焊接等。

② 按设备类型分:如车床、铣床、钻床、磨床等。

③ 按设备规格分:如车床 D610/C616/C630 等。

④ 按设备制造厂分:如沈阳机床集团、北京第一机床厂等。

(5) 按标准资料确定方法分类 可分为综合标准资料与分类标准资料。

5.5.3 标准资料的表现形式

用标准资料方法确定各作业标准时间时,首先应明确作业中哪些是不变因素,哪些是变动因素。标准资料的常见表现形式有以下几种。

(1) 解析式(经验公式) 它是指以特定的函数关系反映影响因素与工时消耗变化关系的标准资料。公式是表达变动因素与时间值关系的最简单的方法。

(2) 图线(包括直线、曲线) 它是指以函数图反映影响因素同工时消耗变化规律的图表。

(3) 表格式 它是指以表格的形式直接反映影响因素和工时消耗的标准资料。

上述表达形式中,表格式便于检索,是最常用的形式,图线往往是作为其他两种形式的过渡资料。

标准资料最基本的单元是动作,由若干动作的标准资料相加,可以综合成要素级的标准资料,而若干要素的标准资料相加,又可以综合成任务级的标准资料。这样,由低一级的标准资料综合成高一级的标准资料,就构成了标准资料的等级。标准资料从低到高可分为:动作、要素、任务、中间产品、成品及服务等。

5.5.4 标准资料的应用范围和条件

标准资料法作为一种作业测定方法,原则上可适用于任何作业,用于制定作业标准时间,由于它是预先确定的时间数据,在工作开始之前,就可以利用现成的数据制定一项工作的标准时间,不需直接观察和测定,所以尤其适用于编制新产品作业计划、评价新产品,或对生产和装配线均衡进行调整。同时,对于制定新产品的劳动定额,确定生产能力,制定各种成本,进行预算控制,推行奖励工资制,高效设备的采购决策,衡量管理的有效性,建立有效的工厂布置等方面也有比较重要的作用。

由于标准资料是合成各种作业时间的基础资料,因此运用标准资料也受一定条件的制约。首先,标准资料只能用于和采集数据的作业类型与条件相似的作业;其次,根据标准资料的特点,其应用目的是减少作业测定工作量,提高效率,所以,是否采用标准资料法应与其他方法进行比较,在成本上进行权衡,因为制定标准资料工作量很大,要花费大量人力物力和时间;第三,标准资料法是在其他测定方法基础上建立的,只能在一定条件和范围内节省测定工作时间,但不能完全取代其他测定方法。

通常,标准资料提供的是作业要素的正常时间,采用标准资料制定一项作业的标准时间时,需将以标准资料得到的正常时间加上宽放时间才能得到标准时间。所以,应用时首先将作业适当的分解成为作业要素,然后,在标准资料中查出同类作业要素的时间数据,最后将各要素时间进行合成,并加上宽放时间。

5.5.5 标准资料的编制

建立标准资料实际上是一个对所研究的作业测定对象进行时间研究和分析综合其结果的过程,即确定作业要素,用上述三种基本方法进行时间研究或搜集以往时间研究的测定值或经验值,将大量数据加以分析整理,编制成公式、图、表等形式的资料,最好以数据库的形式展现。标准资料编制的基本方法如下。

1. 选择和确定建立标准资料的对象和范围

企业标准资料的编制是一项系统工程,要建立标准资料的体系表,应就准备建立的标准资料数据库进行全面系统的规划,以确保建立的标准资料系统完整,满足实际使用要求。通常情况下,企业生产类型趋向于大批量专业化生产时,标准资料综合程度(即它的阶次)应该低些,即趋向于动作和作业的标准资料;而生产类型趋向多品种小批量生产时,标准资料综合程度应该大些,即趋向于工步、工序乃至典型零件的标准资料。另外,应把限制范围控制在企业内一个或几个部门或一定的生产过程内。

2. 作业分析

作业分析就是将作业分解为作业要素。标准资料对象的阶次不同,作业分析的内容及分析的详尽程度也不同,因而作业分析没有统一标准。但有一个基本准则就是要找出尽可能多的公共要素。

3. 确定建立标准资料所用的作业测定方法

秒表时间研究、工作抽样、预定时间标准法都可为编制标准资料收集原始数据,在条件受到限制时也可借助于积累的统计资料作为原始数据。具体应用中应该使用何种方法,要根据作业的性质和测定方法的特点及应用成本来选择。

4. 确定影响因素

确定影响因素可以从以下角度进行分类:① 按影响工时消耗因素产生原因分类;② 按影响因素的性质分类;③ 按影响因素与加工对象的关系分类。

5. 收集数据(略)

6. 分析整理,编制标准资料

由训练有素的工作研究人员对收集和测定的作业要素时间数据进行分析、整理,按照使用要求进行分类、编码,用表格、图线或公式的形式制成标准资料。

5.6 学习曲线

在制造业中,同一产品生产重复次数增加,单位产品生产工时必然呈下降趋势,而且这种趋势呈现一定规律性。1936年,美国康奈尔大学副校长 T. P. Wright 博士研究由于生产重复程度的提高,工时下降的规律,并最先提出学习曲线,用来描述产品制造工时随累计产量增加呈下降变化关系的一种理论和方法。

5.6.1 波士顿经验曲线

波士顿经验曲线又称经验曲线、改善曲线。经验曲线是一种表示生产单位时间与连续生产单位之间的关系曲线。学习曲线及与其密切相关的经验曲线表示了经验与效率之间的关系。当个体或组织在一项任务中学习得到更多的经验,他们会变得更有效率。

1960年,波士顿咨询公司(Boston Consulting Group)的布鲁斯·亨得森(Bruce D. Henderson)首先提出了经验曲线效应(experience curve effect)。亨得森发现生产成本和总累计产量之间一致相关性。简单来说,就是如果一项生产任务被多次反复执行,它的生产成本将会随之降低。每一次当产量倍增的时候,其成本（包括管理、营销、制造费用等）将以一个恒定的、可测的比率下降。

此后，研究人员对各个行业的经验曲线效应进行了研究，发现下降的比率在10％～30％之间。波士顿经验曲线如图 5-13 所示。

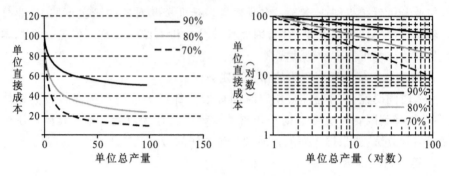

图 5-13　波士顿经验曲线

曲线是一个人们较为熟知的概念。一家企业生产某种产品的数量越多，生产者就能更多地了解了如何生产该产品，从生产中获得的经验也就越来越多。那么，在以后的生产中，企业可以有目的地并且较为准确地减少该产品的生产成本。每当企业的累积产量增大一倍时，其生产成本就可以降低一定的百分比（该百分比的具体大小因行业不同而有所差别）。

图 5-14 表明在生产某产品的过程中，90％的经验曲线是如何对生产成本产生影响的。

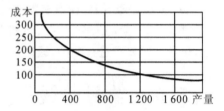

图 5-14　90％的经验曲线对生产成本产生的影响

5.6.2　学习曲线效应

学习曲线效应的含义是：越是经常地执行一项任务，每次所需的时间就越少。这个关系最初于 1925 年在美国怀特-彼得森空军基地量化，使得航空效率加倍而所需劳动时间下降了 10％～15％。随后在其他行业的经验研究得出了不同值：从百分之几到百分之三十。但在大多数情况下这是一个常量值，它不随行为规模的变化而变化。

学习曲线将学习效果数量化绘制于坐标纸上，横轴代表学习次数（或产量），纵轴代表学习的效果（单位产品所耗时间），这样绘制出的一条曲线，就是学习曲线。

学习曲线有广义和狭义之分。狭义的学习曲线又称人员学习曲线，它是指直接作业人员个人的学习曲线。广义的学习曲线也称生产进步函数，是指工业某一行业或某一产品在其产品寿命周期的学习曲线,是融合技术进步、管理水平提高等许多人努力的学习曲线。下面进行学习曲线的对数分析。

单台产品人工工时和累积产量的关系用函数关系表示为

$$y = a(c)^n \tag{5-13}$$

式中:y 为第 x 台次的工时;a 为第 1 台的工时;c 为生产产品的学习率;n 为倍增次数。

而 $2^n = x$,x 为累积生产台数。

对式(5-13)两边取对数,得

$$n\lg 2 = \lg x \tag{5-14}$$

又设

$$m = \lg c / \lg 2 \tag{5-15}$$

对式(5-15)两边取对数,有

$$\lg y = \lg a + n\lg c \tag{5-16}$$

将式(5-14)与式(5-15)代入式(5-16),得

$$\lg y = \lg a + m\lg x$$

$$y = ax^m \tag{5-17}$$

公式(5-17)便是学习曲线函数式,式中,m 为学习系数。由于 $m = \lg c / \lg 2$,因而学习率一定,则学习系数是一个定值,如表 5-14 所示。

表 5-14 学习率与学习系数对照表

学习率/(%)	学习系数 m	学习率/(%)	学习系数 m
50	−1.0	58	−0.786
53	−0.916	60	−0.737
55	−0.862	63	−0.667
65	−0.599	78	−0.358
68	−0.556	80	−0.322
70	−0.514	83	−0.269
73	−0.454	85	−0.234
75	−0.415	90	−0.152

利用函数公式(5-17),在已知第 1 台产品工时和产品学习率的情况下,可以推算任意台产品的直接人工工时。例如,欲知生产到第 64 台产品时的直接人工工时,已知第 1 台工时为 100 000 h,学习率为 80%,代入函数公式得到累计产量工时为

$$y_{64} = 100\ 000 \times 64^{-0.322}\ \text{h} = 26\ 214\ \text{h}$$

通过公式计算得出 80% 学习曲线累计产量和人工工时,见表 5-15。

表 5-15 80％学习曲线累计产量和人工工时

累计产量	单台直接人工工时/h	累计人工工时/h	累计平均直接人工工时/h
1	100 000	100 000	100 000
2	80 000	180 000	90 000
4	64 000	314 210	78 553
8	51 200	534 591	66 824
16	40 960	892 014	55 751
32	32 768	1 467 862	45 871
64	26 214	2 362 453	37 382
128	20 972	3 874 395	30 269
256	16 777	6 247 318	24 404

5.6.3 学习曲线的应用

1. 学习曲线的估算

学习曲线应用中,确定学习率是至关重要的。学习率大(接近 100％),说明随着累积产量增加,工时下降缓慢；学习率小,则说明随着累积产量增加,工时下降迅速,或者说工人熟练程度提高较快。那么,影响学习率的主要因素是什么？主要取决于产品的结构及其制造工艺。产品结构及其制造工艺决定了手工作业在加工作业中所占的比重。手工作业比重大,随着生产重复程度的增加,工人技术熟练程度容易提高,学习率就小。机器加工时间比重大,即使生产重复程度的增加,产品生产工时下降缓慢,因而学习率就大。此外,学习率的大小受企业组织管理因素的影响。随着组织管理的改善,对新产品工时的消耗降低。因此,组织管理因素也是影响学习率的一个重要方面。

学习率的估算可采取多种方法。如果系统尚未开工生产,或者生产后未注意积累原始资料,则可以采取类推比较方法。就是根据同行业中相似产品的学习率,再结合本企业具体条件来决定学习率。如果系统已进行若干时间生产,并积累了原始数据,则可利用统计学中的回归分析求解学习系数 m。因为用对数方法可将函数方程 $y=ax^m$ 转换为直线方程 $\lg y=\lg a+m\lg x$,从而利用原始数据求出 a 及 m 的估算值。如同其他统计分析方法一样,估算值的准确性取决于搜集数据的多少及正确性。

2. 学习曲线的应用

学习曲线在工业工程中运用很广,可用于系统的稳定性及预测产品工时,既可作为新产品报价的依据,也可以用作考核生产工人技术熟练程度提高的依据。这里举例说明在预测工时中的应用。

例 5-2 某企业已生产 A 产品 150 台,第 150 台的工时为 100 h,同时已知学习率为 80％。今年计划再生产 100 台,试预测这 100 台产品的平均工时为多少？

解 从表 5-14 中查得 80％学习率的学习系数 m 为 -0.322,因此得第 1 台产

品工时为

$$a = \frac{100}{150^{-0.322}} \text{ h} = 501.8 \text{ h}$$

因为

$$y_{\text{平均}} = \frac{1}{100} \int_{150}^{250} ax^m \, dx$$

所以

$$y_{\text{平均}} = \frac{502}{100} \times \frac{1}{m+1}(250^{0.678} - 150^{0.678})$$

$$= \frac{502}{100} \times \frac{1}{0.678}(250^{0.678} - 150^{0.678}) \text{ h} = 91.59 \text{ h}$$

习题

1. 作业测定的定义及其主要方法是什么？
2. 时间研究的方法及步骤有哪些？简述之。
3. 何谓工作抽样？试简述其方法和步骤。
4. 常用的预定动作标准时间法有哪些？
5. 什么是标准资料法？
6. 简述波士顿经验曲线的概念及特点。
7. 简述工时定额的概念及其制定方法。
8. 学习曲线效应是什么？
9. 简述标准资料编制的最基本原理和方法。
10. 模特法的原理是什么？

思考题

作业标准、标准作业与标准时间的关系。

案例 ▶▶▶

方法工程与作业测定的综合运用

上海大众汽车有限公司在学习应用德国大众先进工业工程技术,特别是在程序分析、动作分析、人机分析、时间研究、物料搬运、工作和劳动组织等方面技术与方法后,几年来企业生产率水平发展很快,企业经济效益得到了明显的提高。全员劳动生产率由1986年月人均水平为1.212 3元,提高到1991年月人均水平为10.499 0元,翻了8.7倍。其中一线劳动生产率由1985年20人生产一辆轿车,到

1992年生产同样一辆轿车只需6人;生产工时由1985年整车工时为47.9小时,到1992年整车工时为31.46小时,生产工时下降了39.8%,一线劳动生产率接近德国大众公司下属埃姆顿(EMDEN)工厂(6.3人/车)的劳动生产率的水平,这些效率和效益的变化得到了国内同行的关注与认可。

方法工程与作业测定目的

方法工程与作业测定技术实用性很强,它通过对现行的以工作系统为研究对象的工程活动,应用人类工程学和行为科学等的原理,对现有的各项工艺、作业、工作方法等进行系统分析,用方法研究技术进行工作程序,操作程序的分析、研究,改进工作流程或工作方法,消除、减少多余的非生产性的动作(如寻找、选择、停留等),制定合理的工序结构,确定标准的工作方法。同时,根据人体活动特点,所涉及的工作场地布置、工位、器具、劳动组织进行综合研究分析,使人员、材料、设备等生产要素形成一个理想、优化的组合,使工人在省时、省力、安全、可靠、便利的条件下工作。在保证工作效率的前提下,考虑到人的生理需要。降低人工费用和产品成本,少投资或不增加投资来提高劳动生产率,提高企业经济效益。

在相同的生产条件下,完成同一项作业,而且所用的操作工具和零件材料也都相同,由于操作人员的工作方法不同,所消耗的操作时间明显不同,他们之间的工作效率也相差很大。通过对工人的操作进行大量分析研究发现,工人的工作效率与工作方法有着密切关系。因此,开展方法工程与作业测定研究不是随意地加快工人的操作速度、增加工人的劳动强度,而是寻求一种体力消耗量少、强度低、效率高的工作方法。

一般认为所有的工作都存在着方法、时间和效率的问题。方法和时间是一对形影不离的双生子,要提高工作效率,首先就必须进行工作方法研究。不同的方法将产生不同的时间,所以说方法决定时间。目前我们许多企业在研究和改进工作方法方面还是远远不够的。为了促进工作效率的提高,应该学习借鉴预定时间系统(PTS),如 MTM、WF、MOD、UAS、MEK 等分析系统,借助这些分析方法对动作进行分析、研究,减少消除非生产性的动作,总结和改进工作方法,以达到提高工作效率的目的。例如:单手按插两个直径为 10 mm 的销子,变成双手同时插入,工时降低16%。它不仅能进行动作研究,而且还可利用它们,根据人体生理运动的特点,确定合理的工作位置。也就是,不仅要满足工艺上的要求,还要考虑人的生理需要。

喇叭装配方法与作业测定

工业工程研究人员的活动主要是以现场作业为中心,是对人、材料、设备进行系统地研究,所以对生产现状,如生产过程、工艺流程、物料搬运、零件储存、工作方法等情况有充分的了解。他们善于发现问题、分析问题、暴露工作系统中各项活动的缺点,并相提出改善方案。在开展工作研究这项工作时就发现了不少问题,现以桑塔纳喇叭预装工位为例说明如下。

现状:桑塔纳喇叭预装工位用电喇叭由上海交通实业电器有限公司提供,零件完工后经过二次包装运送至储存仓库（约一个月库存），按计划由储存仓库送至CKD仓库，然后用铲车送至喇叭预装工作位，然后，操作人员经二次开箱把零件放到一个简易工作台上，放置过程中出现多次的弯腰动作，工作台上的紧固件等工件混合放置（见图5-15）。

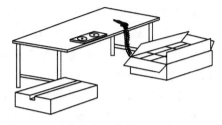

图 5-15　工作台与工件放置位置示意图

通过调查分析，发现存在以下问题。

（1）工作台上的零件，混合放置，增加了操作工人许多多余的非生产性的动作，如寻找。

（2）经二次开箱后，喇叭从纸盒内取出，开箱后纸箱、纸盒的清理，造成了较多的辅助工时。

（3）喇叭包装的纸箱、纸盒无法回收利用，包装费用较大，造成零件成本较高。

（4）弯腰从纸盒内取出喇叭放到工作台上，弯腰次数频繁，增加劳动强度，且消耗工时增多。

（5）储存仓库内的零件库存量大，不仅增加了周转资金，而且占据了较大的库位。

（6）从如图 5-16 所示的程序流程中可知，零件从供货厂到预装工作位，整个工

序号	工作描述	符号 储存 ▽	符号 搬运 ⇨	符号 操作 ○	符号 检验 □	符号 延迟 D	距离 /m	时间 /h	定员 /人
1	喇叭由供货厂送至储存仓库		●				3 000		
2	喇叭存放在储存仓库	●						600	
3	运至CKD仓库		●				6 000		
4	喇叭存放在CKD仓库	●						24	
5	喇叭送至预装工位		●				150		
6	喇叭装配			●				0.02	
Σ		2	3	1					

(a) 改进前

序号	工作描述	符号 储存 ▽	符号 搬运 ⇨	符号 操作 ○	符号 检验 □	符号 延迟 D	距离 /m	时间 /h	定员 /人
1	喇叭由供货厂送至预装工位		●				3 315		
2	喇叭装配			●				0.02	
Σ			1	1					

(b) 改进后

图 5-16　程序流程

作流程中,运输(搬运)、储存、停留占了很大的比例等。

由于存在上述这些问题,增加了不必要的搬运和移动,造成了时间的浪费,投入了较多生产费用,造成了生产成本的上升,而且还增加了工人的劳动强度。因此,首先从物料搬运系统开始结合程序分析,采用系统分析方法进行分析。我们发现该零件真正在工作位上的装配时间只不过 0.03% 左右,其他时间都处在仓库的储存和搬运状态,如果只对操作工人的动作分析,其效果还不大,要提高效率和效益,就得从整个工作系统着手来研究。

改进方案:搬运在整个工作过程中仅起到上、下道工序的连接作用,对零件不起增值作用,而且搬运对成本占有一定的比重,所以应尽量减少搬运对必需的搬运尽量缩短其搬运距离及搬运次数。根据物流系统的原则,在物料搬运过程中采用合并或删除的办法,尽量减少物料、搬运环节,消除重复装卸,以少搬运或不搬运为原则。合理地确定物料的流向、路径、时间、储存把整个生产过程有机地联系起来,消除不必要的搬运和移动,减少储存和储存时间等等待现象。此外改进零件包装形式,用塑料周转箱替代原来的纸盒、纸箱的包装,并要求供货单位按时按需地送货到指定工作位。我们还根据人因工程学的原理,设计了一个新的工作位(见图 5-17)替代原来的工作台。

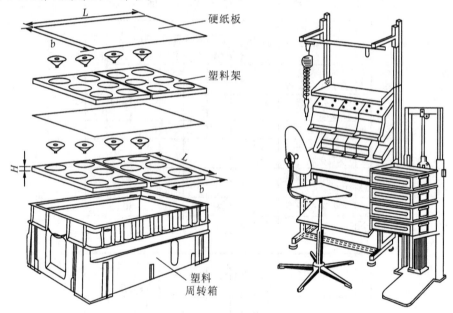

图 5-17 新旧工作台设计

喇叭预装合理化建议提出后,为了保证该建议的实施,我们先后征求了本公司有关职能部门、生产采购、仓库、规划、车间等部门的意见,一致认为该方案可行,特别是生产车间,他们认为:"虽然生产工时减少了,生产量增加了,然而劳动强度减轻了,工人还是愿意接受的"。

由于改变了原来的零件包装形式,为了促使该方案实施顺利进行,我们又走访了供货厂——上海实业交通电器有限公司,说明了情况,很快得到了该公司有关部门领导的支持、帮助。据现场调查,该生产部门反映,采用新的方法,可以消除包装工序,能节省劳动力四个人,并且减少了生产过程中重复出现的搬运,存放等工作,减少了辅助时间,使这些无效生产时间转换成有效的生产时间,提高了工作效率,厂方表示满意。

应用效果评估

我们通过现状分析、比较,对提出的合理化建议进行评估,即对该方案的经济效果进行测算,它主要表现在以下几个方面。

(1) 运用大众时间标准分析制定喇叭装配的新标准时间为 0.35 min,原来的标准时间为 1.232 min,工时降低 71.6%,全年可节省工时 1 102.5 h,可增加喇叭装配产量 189 000 只/年,全年可节省劳动力资金 6 317 元。

(2) 采用了新的零件包装形式——塑料周转箱,按年 6.5 万生产计划计算,包装费用节约 9.36 万元,扣除塑料周转箱的投资费用 0.36 万元,降低了生产成本 9 万元。

(3) 由于设计了新的工位器具,工作位布置符合人体活动特点,使工人操作坐立适宜,同时减少了许多不必要的非生产性的动作(如弯腰拿取喇叭、选择紧固件等),缩短了动作距离,降低了工人的疲劳程度。

(4) 物流系统良好,物品堆放整齐,场地整洁,无废纸盒子,工作环境有了改善,对生产、组织质量、安全都具有良好的效果。

(5) 从改进后的程序分析图可知,减少了搬运环节,减少了笨重无效的劳动,降低了劳动强度。

(6) 缩短了库存周期,减少了仓库库位面积 40 m^2,也减少了周转资金,改进前库存周期为一个月时间,改进后为 4 天左右,压缩了 20 天左右,按目前 250 台/日计算,流动资金占用量减少 24.4 万元。

综上所述,综合应用方法工程与作业测定所产生的效率和效益是很大的,对提高企业的水平和素质,推动企业的发展起到很大的作用,总结几年的实践,有以下几点体会。

(1) 开展工业工程技术能促进工作系统标准化,减少工作方法不适合、规划不完善、生产管理不善所引起的无效的时间,从而提高整体素质。

(2) 运用工业工程技术,能给企业带来更多、更好、更切实可行的合理化建议。

(3) 方法工程与作业测定借助方法、时间研究去寻求最经济、最有效的工作方法,它也是工业工程最基本、重要的基础工作,它的理论和方法同样适合其他的企业。

(4) 大批量生产过程中,每个动作都要成千上万次地重复出现,既使节省几个动作,几秒钟时间,都会带来很大的经济意义。同时也使机床设备,工具,能源等都相应地减少磨损或消耗。因此,工时的节省会引起企业人力、物力、财力的一系列的节约。从这个意义上讲,工时的节约是最大的节约。

(5) 传统的劳动定额管理方法用多发奖金来增产,修改产品定额降低工时,发展到一定程度,超过了工人的承受能力,而方法工程与作业测定采用的方法是改进工作方法,改进工作位置布置,改善工夹具等,降低疲劳程度,减少工时,从而提高劳动生产率,是行之有效的方法。

 案例讨论

(1) 上海大众汽车有限公司在学习及应用国外先进工业工程技术方面的经验对我国企业有何启示?

(2) 该案例中是如何综合运用方法工程与作业测定技术的?

第 6 章 工业工程的方法与应用

内容提要 ▶▶▶

工业工程的推广应用关键在于形成一套基本的方法、应用模式和完善的组织形式。本章要求从宏观上了解工业工程的方法论,从微观上掌握工业工程中常用的一些基本方法,包括工程与系统分析方法、系统设计方法、图表法及综合评价分析方法;重点掌握工业工程的组织形式,工业工程的导入和推进体系、程序、方法及其实施。

6.1 工业工程的方法论

工业工程是一门系统性和实践性很强的应用型学科。为有效解决企业发展和生产系统中存在的问题,首先应确立正确的工业工程方法论,明确工业工程在实践中应遵从的基本思想与原则,着重掌握工业工程的基本方法及技术体系。

工业工程作为一种新型的技术综合体,包括各类专门的方法与技术,如主要研究与解决人机关系系统问题的工效学和人因工程、主要研究与解决作业系统问题的工作研究方法、主要研究与解决产品系统问题的工业系统设计技术、主要研究与解决物流系统问题的设施规划与物流系统分析技术、主要研究与解决制造技术系统问题的现代制造系统技术等。各类专门的技术方法有其特定的具体分析与解决方法,但要真正形成工业工程的综合效能,并使各种专门具有工业工程属性的方法与技术形成内在的逻辑一致性,必须要确立工业工程的方法论。

工业工程方法论是运用工业工程的各种原理和方法在解决工业生产和社会经济系统问题时所应遵循的工作程序、逻辑步骤、基本方法及方法体系,它贯穿于各种专门的工业工程方法和技术的主线中。而系统工程理论正是符合工业工程需要,并指导各类具体工业工程方法与技术应用的方法论。

系统工程是开发、改造和管理大规模复杂系统所需思想、程序和方法的总称,其基本工作过程包括系统诊断与分析、系统规划与设计、系统实施与运行、系统评价和改善等阶段,并按照问题说明、目标探索、方案综合、分析权衡、评价抉择等逻辑步骤来展开,这也是研究与解决企业生产与工业及社会经济系统中的人机系统、作业系统、产品系统、物流系统、现代制造系统等具体系统问题的基本逻辑和方法。

另外,系统工程中的许多基本方法,如创造性技术、结构分析方法、优化分析与设计方法、系统仿真技术、系统评价技术及计算机辅助系统分析与设计技术等,在工业工程中具有通用性,其意义和地位与方法论等同,也属于工业工程方法论的内容。参照系统工程中的霍尔(A.D.Hall)三维结构,可将工业工程方法论的形式体系归结为如图6-1所示结构。

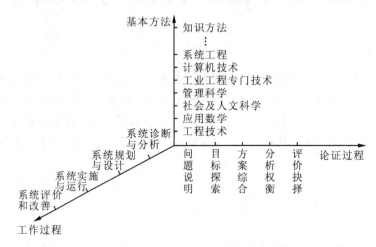

图6-1 工业工程方法论的体系结构图

工业工程专门技术与系统工程方法的结合,直至在一定范围内和一定程度上的统一,正是现代工业工程的标志之一。在我国工业工程的研究、开发与应用中,要充分认识其方法论的意义和系统工程在整个工业工程方法与技术体系中的支配地位,并着力实现问题导向、综合分析、结构优化、系统推进等系统工程的核心思想和基本要求。

6.2 工业工程的基本方法

在工业工程的实践中,已形成许多具有通用性、能较好体现系统工程思想及其工作过程的基本方法,如工程与系统分析法、系统设计法、系统图表法及综合评价分析法等。

6.2.1 工程与系统分析法

工程分析中使用较多的是系统分析方法。系统分析是第二次世界大战后,由美国兰德(RAND)公司最早开发的研究大型工程项目等大规模复杂系统问题的一种方法。20世纪70年代以来,系统分析的应用已广泛扩大到社会、经济、生态等领域。目前,系统分析被认为是应用建模、优化、仿真、评价等技术对系统的各个方面进行定量和定性分析,为选择最优或满意的系统方案提供决策根据的分析研究过程。

工程中往往将一些先进的技术,如计算机集成制造(CIM)、成组技术(GT)、并行工程(CE)、企业重组(BPR)、精益生产(LP)等集合起来,形成一个系统,并引入工程分析方法,描述和处理工程管理系统,形成工程与系统分析方法,如图 6-2 所示。

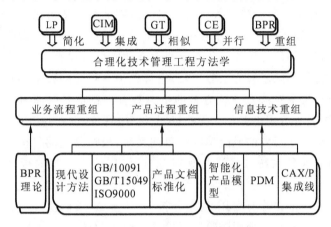

图 6-2　工程与系统分析方法构架

在进行系统分析时,系统分析人员对与问题有关的要素进行探索和展开,对系统的目的与功能、环境、费用与效果等进行充分的调查研究,并分析处理有关的资料和数据,据此对若干备选的系统方案建立必要的模型,进行优化计算或仿真实验,把计算、实验、分析的结果同预定的任务或目标进行比较和评价,最后把少数较好的可行方案整理成完整的综合资料,作为决策者选择最优或满意的系统方案的主要依据。问题、目的与目标、方案、模型、评价和决策者是系统分析的基本要素;问题导向,以整体为目标,多方案模型分析和选优,定量分析与定性分析相结合,以及需多次反复进行等,是系统分析的特点和原则。

对于社会因素和技术因素错综复杂、投入资金大和建设周期长的大系统,只有经过系统分析才能获得最优方案,这样可以避免因决策失误而造成严重的经济损失。在工业工程的实践中,系统分析是一种最基本和通用的思想方法,并体现在各种具体的方法与技术路线当中。

系统优化是为了达到最优化目的所提出的各种求解方法,如解析法、直接法及其数值计算法、网络优化方法等,并在运筹学中有比较集中的体现。从数学意义上说,优化方法是一种求极值的方法,即在一组约束为等式或不等式的条件下,使系统的目标函数达到极值,即最大值或最小值。从经济意义上说,是在一定的人力、物力和财力资源条件下,使经济产出(如产值、利润等)达到最大,或者在完成规定的生产或经济任务下,使投入的人力、物力和财力等资源为最少。优化方法是系分析中量化分析的基本方法,此外还在工业工程中被广泛应用于最优设计、最优计划、最优管理和最优控制等许多方面。

系统仿真是利用模型复现实际系统中发生的本质过程,并通过对系统模型的实验来研究已有的或待开发的系统,又称系统模拟。这里所指的模型包括物理的和数学的、静态的和动态的、连续的和离散的各种模型。所指的系统既包括各类工程系统,也包括社会、经济、管理等系统。当所研究的系统造价昂贵、实验的危险性大、需要很长的时间才能了解系统参数变化所引起的后果或不便做优化计算时,仿真是一种特别有效的研究手段。仿真过程包括建立仿真模型和进行仿真实验两个主要步骤,与数值计算、求解方法等比较,它首先是一种实验技术,并需要计算机系统的支持。仿真技术对满意系统方案的生成具有日益重要的作用,随着对象系统的复杂化,它被广泛运用于工业工程的规划、设计、评价、创新等活动中。

系统评价是对新开发的或改建的项目或系统,根据预定的目标,从技术、经济、社会等多方面对各种系统方案进行评审和选择,以确定满意的行动方案的过程。评价对象、评价目的、评价时间、评价地点等是系统评价应考虑的基本问题。比较有代表性的系统评价方法有费用-效益分析法、评分法、关联矩阵法、数据包络分析法、模糊综合评定法、层次分析法等。评价是工业工程的基本功能之一。工业工程活动中充满着对方案的选择,随处都需要运用系统评价的思想与方法。

6.2.2 系统设计法

系统设计就是在系统分析的基础上,按照系统思想和优化要求,综合运用各有关学科的知识、技术和经验,通过总体研究和详细设计等环节,落实到具体工作或项目上,以创造出满足设计目的的人造系统。在系统开发过程或整个系统生命周期中,系统分析着重回答"干什么"的问题,而系统设计则主要解决"怎么干"的问题。系统设计一般分为工作系统(如生产系统、组织系统等)设计、信息系统(如管理信息系统、决策支持系统)设计及工程系统设计等。

在进行系统设计时,一般要考虑的基本问题(又称系统设计的要素)有:① 系统的功能,主要指设计系统的目的和对所设计系统各方面结果的期望及要求;② 系统的输入与输出,即要明确进入这个系统需要进行处理和转换的内容及输出结果的形式、性质、数量等;③ 系统的程序和层次,要求明确系统内部从输入到输出所经历的必要的转换环节及系统的反馈控制方式;④ 系统的环境,在系统环境的问题上,要充分考虑到环境因素未来的变化;⑤ 系统的媒介,这里主要指在整个转换及输入/输出过程中所利用的手段,如生产系统中的设备、工具,以及信息系统中的计算机等;⑥ 系统中人的因素,在设计中应着眼于发挥人的主观能动性和人机的最佳配合。

系统设计通常采用归纳法或演绎法这两种方法。应用归纳法进行系统设计的程序是：首先尽可能地收集现有的和过去的同类系统的设计资料；在对这些系统的设计、制造和运行状况进行分析研究的基础上，根据所设计的系统的功能要求进行多次选择，然后对少数几个同类系统进行相应修正，最后得出一个理想的系统。演绎法是一种公理化方法，即先从普遍的规则和原理出发，根据设计人员的知识和经验，从具有一定功能的元素集合中选择能符合系统功能要求的多种元素，然后将这些元素按照一定的形式进行组合，从而创造出具有所需功能的新系统。在系统设计的实践中，这两种方法往往是并用的。比如，可先用演绎法对系统整体予以描述，然后对其中的子系统等要素采用归纳法进行详细设计。

按照系统工程原理和工业工程的要求，可归纳出对不同工程系统、工作系统和信息系统进行设计的程序及其主要内容。它们在形式上虽然有所不同，但均具有内在的逻辑一致性。

根据上述系统设计思想，从工业工程的角度能够对企业进行工业工程系统（又称工业与系统工程）的设计，主要包括人员活动系统、管理控制系统和公共（用）服务系统等。

1. 人员活动系统

人员活动系统（human activing system）又称组织的物理系统或技术系统，涉及在物理工作地发生的各种活动，它由以下组元（元素）组成：

（1）产品（货物与服务）；
（2）过程设计；
（3）制造（生产）系统的设计；
（4）物流设施规划与布局设计；
（5）工作流程设计；
（6）工作地设计；
（7）维护与辅助工作程序设计；
（8）安全程序设计等。

2. 管理控制系统

工业工程师的任务之一是定义和设计一个组织系统中的管理控制系统（management control system），它由以下组元组成：

（1）可重组组织和管理系统的设计；
（2）组织和工作设计；
（3）资源配置与定位，库存控制；
（4）企业目标、战略与流程设计和再造（PDR）、员工参与（EI），以及质量保证与质量改进（QI）的系统匹配集成设计；
（5）业绩评价、运作管理与运行费用控制；

(6) 横向对比与决策支持系统的设计;
(7) MRP/ERP、JIT 或 TOC 系统的设计;
(8) 人力资源规划、培训与开发;
(9) 约束/瓶颈管理理论及其应用等。

尽管上述元素主要采用制造的术语,但其框架体系适用于任何系统。

3. 公用服务系统(corporate service system)

公用服务系统为上述两个系统服务,其组元有:
(1) 目标战略与规划、建模、分析和决策支持;
(2) 市场研究与营销(marketing);
(3) 供应保障(logistics)与供应链管理(SCM);
(4) 客户关系管理;
(5) 企业内、外部合作与企业网络设计;
(6) 企业业绩测试、评价与改进;
(7) 政策法规与沟通的支持数据库;
(8) 金融与投资监测、分析与决策支持;
(9) 流程设计与再造、员工参与和质量改进集成的决策支持等。

6.2.3 图表法

图表是直观形象地表述问题、吸引注意力和快速启迪思维的有效工具。图表的外观反映事物或问题的概貌和特征,而其内在则体现设计者观察问题的洞察力、理解力和艺术表达力,常见的有活动图表和问题分析图表。图表法的形式有针对某种特定要求制定的检核表,如新产品设计用检核表、物流改善用检核表、降低成本用检核表等,这种方法称为检核表法。

1. 活动规划图表

活动规划图表是系统分析活动中用来规划各项工作的图表,包括流程图、层次分析图、工作分配表和工作进度表。

(1) 流程图　包括系统流程图和程序流程图,分别用来规划系统工作阶段(如工艺流程图)和思维程序(如程序框图)。流程图一般用标准符号来绘制。

(2) 层次分析图　用来对工程系统进行层次分析和规划各项活动的投入项目、过程项目和产出项目。

(3) 工作分配表　用来把计划中的工作项目分配给适当人选。工作分配的意义:一是要明确责任,二是要平衡工作负荷。

(4) 工作进度表　用来给各项工作项目分配时间和确定时间先后顺序,如甘特图和计划评审网络图等。

2. 问题分析图表

问题分析图表是用来分析和表达各种问题中的构成因素（或要素）及其因果关系，主要有点阵图、矩阵图、关系树图、三角阵图、成组因素交叉关系矩阵和成组因素综合关系图等。

图表法（系统图表）是工业工程及其系统分析中常用的一种结构模型化方法，在规划活动过程、分析复杂问题方面具有直观、简洁和富于启发性等特点。在问题分析图表和活动规划图表两类系统图表中，问题分析图表以关联树图及其矩阵表为代表，还有特征因素图、成组因素综合关系图及其交叉关系矩阵、解释结构模型等；活动规划图表以各种流程图为代表，另有规划、工作、活动一览表、工作分配表、工作进度表等。

流程图是用来规划工作阶段或思维程序的系统图表，是对实际系统运作过程或分析与解决问题方法论的直观表述，在工业工程中具有广泛的应用。应用于工业工程的流程图通常有两类：一类主要用于基础工业工程和生产系统的规划与设计，如程序流程图、工艺流程图等（前已论述）；另一类主要用于信息系统的开发与设计，如数据流程图、系统流程图、程序流程图等。各种流程图基本上都已有标准的符号和绘图规则。

6.2.4 综合评价分析法

工业工程是一门对系统进行规划设计和组织管理的综合技术，其工作过程是一个集体努力和综合创造的过程。创造性思维与创造性技术是认识系统问题，探寻行动方案，分析、设计、改善大规模复杂系统问题的基础。如果把工业工程理解为设计，那么它不同于常规设计，而更适用于研究发展新项目与系统；如果把它理解为管理，它需要不断探索改进管理系统与工作程序以提高效率。因此，工业工程需要的是高度的创造性和综合性。

随着发明学、创造工程、系统工程和管理科学的发展，一些具体的创造性技术和方法被广泛地应用于工业工程的领域中。在这一节中，我们将主要介绍访谈法、观察法、问卷调查法、会议法、问题导入法、情景分析法、列举法、要因分析法和流程地图法等。这些方法都是在诊断、评价和分析工业工程问题时常用的方法和工具，同时，它们的用途不止于此，还可以普遍地应用于工业工程和管理的许多方面。

1. 访谈法

如果同样的信息可以通过直接和简单的方法获得，那么就可避免采用间接的和耗费时间的方法收集信息。在许多事例中，最好的方法是直接访问。

在企业中工作的各级人员掌握着大量的信息，并且几乎每一个人都可以提出一些必要的和可行的革新建议。访谈就是一种能很好地了解问题的常用方法。

大多数信息和数据是通过访谈得到的。访谈计划应该能够反映关键问题和关键数据。同时,除了收集数据之外,访谈应该有目标,如同访谈者建立良好的关系,提供信息取得所依据的某一观点或意见的支持,为解决问题作出决策等。

在计划中为数据分析留有的时间要像数据收集中的一样充足。在整理或总结访谈记录时应把数据同假设联系起来。访谈时需要集中注意力,因此尽量不要在短时间内安排太多的访谈。一个很好的原则是:为访谈所分配的时间应是同被访者面对面交谈时间的两倍。数据收集的安排尽量要有逻辑性,关键问题先问,这样就可以避免收集一些不必要的数据。

2. 观察法

观察法也是一种常用的直接获得信息的方法,通过观察现象来发现现象背后存在的问题。

通过观察可以得到的信息包括:工厂、仓库和办公室的布局,作业活动、原材料和人员的流动,工作方法、工作节奏和纪律,工作环境(如噪声、光线、温度、通风、秩序和整洁情况等),高级和中级管理人员、监督人员、专业人员和工人的态度和行为,人与人之间、组与组之间的关系等。

鉴于大多数人在被调查时会感到不自在,因此在开始观察之前,必须特别注意使他们轻松自在。首先,调查人员应当告诉被调查对象想要干什么。决不应在没有提醒的情况下就开始对工人或其他员工进行观察。调查人员应该说明调查的目的,让他们清楚并非为难某一个人,调查人员的唯一目的在于取得关于某项活动是怎样进行的可靠信息。和这些被观察对象交换看法,允许他们有机会指出所有影响该项活动或工作关系的因素,并鼓励他们提出改进的建议,这样就能够取得他们的合作。他们应尽可能在被观察的情况下像平常一样活动,不要故意比平常做得好些或差些、快些或慢些。如果出现了任何不正常的情况,观察应停止,并在情况恢复正常之后再重新进行。

当观察的任务主要是处理工业工程中涉及的人员问题及个人之间与集体之间的关系时,还必须深入了解客户(员工)的态度和行为。尽管如此,调查人员应当观察到人们的倾向、爱好和成见,使他们能够在必要时清楚这些内容是怎样影响调查者所关心的问题,并且能够取得他们的合作。这种观察贯穿于整个过程的始终。观察从初次见面获得第一个印象时就已开始。有些情况可以在以后的接触中加以核实。需要注意的是,在那些不直接涉及个人品质的访问中,当场记录各种印象容易分散调查人员和被调查对象的注意力,为此,调查人员应当在心里记录并在事后及时追记和分类。

3. 结构性问卷调查法

研究系统时,其运行机制往往是造成研究对象系统问题的根本原因。同时,由于在系统中,不同变量之间的相互影响和互动,因果关系链条的相互交错,使系统的运行显得异常复杂。我们很难一下从错综复杂的关系中,迅速地抓住问题的本质。

为了全面地了解系统,我们通常会采用结构性问卷调查法的诊断方法。所谓结构性问卷调查法,是采用一种结构性问卷形式,通过不同角度和层面,用问题对系统进行层层剖析,即对系统进行水平方向的"横切"和垂直方向的"纵切",最终将系统的运行机制和问题完全地显现出来,如图 6-3 所示。

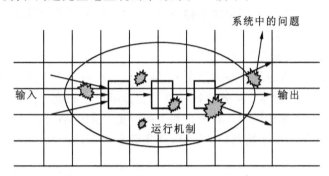

图 6-3 结构性问卷诊断系统

结构性问卷调查法是全面、深入了解系统运行机制的一种很有用的诊断方法。一份好的设计问卷,可以用来了解一个几乎一无所知的系统。

结构性问卷可以通过以下步骤来设计。

1) 明确调查的范围

首先是对需要了解问题的范围作出清晰的界定,以避免受到不必要的干扰,便于集中精力,取得良好的调查结果。

如果已经明确了调查的范围,但依然感到问题繁多,难以下手,可以从更小一级的系统开始调查。比如当我们感到企业的生产能力不足,就可以将调查范围确定在对生产系统的调查,如果生产系统还表现出其他很多问题,为了使调查不受干扰,我们可以将调查范围进一步缩小到生产系统的供应和销售等子系统上。将其他的问题放在下一步调查或另行调查。

2) 对系统进行"横切"和"纵切"

首先可将系统分为输入、输出和运行机制三块。

通常从输出开始问第一个问题。例如,"招聘系统的输出是什么?",回答是"为公司引进优秀的人才,及时输送到各个需要人才的部门"。这个问题没有表明系统的输出有什么问题。没关系,我们要继续用问题对输出进行分切。"在过去的三个月中,一共招聘了多少人?"(数量),"招聘工作一般需要多长时间完成(从收到招聘信息开始计算)?"(时间),"目前,新进人员中,留下来的有多少人?能够胜任工作的有多少人?","各部门的人员需求还有多少尚未满足?"(质量),"新聘用的人员如何上岗?"(与下一系统的接口)。当然,你还可以设计更多的问题。为了使问题得到准确全面的暴露,应当要求给出相关的资料或举出若干例子对问题进行佐证。

但要注意一点,要针对输出提出具体问题,暂时不要问"如何招聘"、"如何甄选"之类的复杂问题,在没有彻底了解输出之前,这些问题很容易被搪塞过去。

在了解了系统的输出之后,就可以开始分析系统的输入并发现输入中存在的问题,同样可以通过输入信息的数量、质量、时间和来源等方面着手进行。

下一步是了解系统的运行机制。在了解系统的输出和输入后,就可以使用外延法或内延法,利用系统的因果关系链,对系统的运行机制进行研究。

4. 会议法

在此以鱼缸会议法为例加以说明。

工作研究时,都要分析存在的问题,比较常见的现象是系统中各部门喜欢将错误归结于自身之外的因素。如销售部门责怪制造部门:"我们一直达不到销售目标的原因,是产品品质无法同别人竞争。"制造部门责怪工程部门,工程部门回头责怪销售部门:"如果他们不干扰我们的设计,让我们自主设计产品,我们已经是业界的领导者。"

由于传统的职能分工,我们仅仅专注于自己的业务,看不见自己行为的影响怎样延伸到业务范围之外。当有些行为的影响回过头来伤害到自己,我们还误认为这些新问题是由外部引起的。

鱼缸会议为各部门看清自己或自己部门的行为对系统及其他部门的影响提供了一种较好的方法。以对部门的诊断为例,将相关的部门集中起来,尽可能地罗列出被诊断部门存在的问题,由被诊断的部门对问题进行记录。与一般的讨论会不同的是:被诊断的部门自始至终不能发言,只能记录其他部门的意见。由于这时候,被诊断的部门好像鱼缸中供人观赏的金鱼,因此,这种会议被称为鱼缸会议。

之所以不让被诊断的部门发言,是为了防止在辩解中强化对问题的习惯性防卫心理,让其他部门可以无拘无束地谈出自己的意见,使被诊断的部门可以充分地了解其他部门对自己的看法,看清自己的行为是如何对其他部门造成影响的。

会议结束后,被诊断的部门还可以通过三色笔法和鱼骨图法(后面详细描述),对问题进行进一步的分析,并提出相应的解决方案,使问题最终得到改善。

5. 问题导问法

前已述及"5W1H"法是对某项工作或某件事情从目的(Why)、对象(What)、时间(When)、场所(Where)、人员(Who)、手段(How)等六个方面提出问题,看其是否合理,并找出改进之处的方法。

"5W1H"在工业工程实践中被广泛采用,该方法是对各种场合及对象普遍适用的提问法。这里,我们提供一套具体应用的问题导问法,即"五问法"可以帮助你迅速准确地抓住问题的本质。其基本方法是对于要研究的工作或事情反应出的问题追根究底,了解问题的根源——即多问几个为什么。有问题了,要问为什么它会发生,不断地追问"为什么",直到你发现和掌握了问题的系统原因。一般凡事"连问五次为什么",系统原因大多能够被分析出来。采用这个方法可以通过分析得到系统更深层次的原因,并获得深入系统的解决方案。

例 6-1　假设你看到一位工人,正将铁屑洒在机器之间的通道地面上,你会想发生了什么事情?

问:"为何你将铁屑洒在地面上?"
答:"因为地面有点滑,不安全。"
问:"为什么会滑,不安全?"
答:"因为那儿有油渍。"
问:"为什么会有油渍?"
答:"因为机器在滴油。"
问:"为什么会滴油?"
答:"因为油是从联结器泄漏出来的。"
问:"为什么会泄漏?"
答:"因为联结器内的橡胶油封已经磨损了。"

上例中,人们倾向于看到一个问题(地面上的油渍),就立下结论,将铁屑洒在上面,以为就此解决了一个问题。事实上,通过 5 问,判断解决问题的方法之一应是采用金属油封来取代橡胶油封。

"问五次"并非铁则,不过再问一次"为什么",就可以避免简单的解决方法和表面上的原因,进而深入地了解系统成因。而造成联结器漏油的采购政策,无疑也会造成其他问题。因此,如果能够解决系统存在问题的根本原因,许多问题就会迎刃而解。

6. 情景分析法

情景分析法是在现代社会技术迅速发展,不确定性因素日益增长,技术系统和企业之外的社会、政治等外部不确定因素越来越强烈地影响着未来的技术进步和企业发展的背景下产生的。所谓情景分析,一般是在专家集体推测的基础上,对可能的未来情景的描述。对未来情景,既要考虑正常的、非突变的情景,又要考虑各种受干扰的、极端的情景。情景分析法就是通过一系列有目的、有步骤的探索与分析,设想未来情景及各种影响因素的变化,从而更好地制订出灵活且富有弹性的规划、计划或对策。这种方法灵活而富有创造性,是一种综合的、具有多功能的辅助分析方法。情景分析法的基本步骤为:建立信息库→确定主题目标→分析并构造影响区域→确定描述影响区域的关键变量→探寻各种可能的未来发展趋势→选择并解释环境情景→引入"突发事件"检验其对未来情景的影响→详细阐明主题情景。在情景分析过程中,还常常用到前已述及的各种方法。与其他方法相比,该方法具有灵活性、系统性,以及定性与定量研究相结合等特点,在工业工程实践中具有较好的应用前景。

7. 鱼骨图法

"鱼骨图"又称"要因分析图"。所谓"鱼骨图"就是将造成某项工作结果的众多原因罗列出来,以图表的方式来表达结果与原因之关系,因其图形像鱼骨,因而称为"鱼骨图",如图 6-4 所示。鱼骨图早期主要用于解决质量或生产方面的问题,但通过和"三色笔法"的结合,也可以广泛地用于分析工业工程领域的问题。三色笔法的介绍详见后面。

鱼骨图可以用在工程改善的某个阶段,特别是在分析问题的初期,此方法在工程及管理上应用甚广,效果相当好,是一种简单又实用的工具。

例 6-2 某一工程存在质量问题,其原因分析过程如图 6-4 所示。

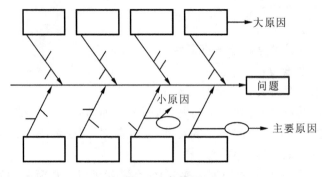

图 6-4 鱼骨图

根据图上所列原因,再逐项分析,找出关键因素(原因),然后采取对策,问题就可以得到解决。

鱼骨图的编制程序如下:

(1) 先确定要分析的问题,再由左向右画出带有箭头的一条线,箭头指向问题;

(2) 找出造成问题大的原因(可以通过三色笔法来找出原因);

(3) 找出造成大原因之小原因;

(4) 逐步过滤,圈出主要原因;

(5) 对主要原因进行再分析;

(6) 依据提出的原因拟定改善方案,逐项拟定改进措施,直至取得成果。

任何工程和管理问题的产生均有其原因,这些原因又有主要原因和非主要原因,对症下药,才能解决问题。

鱼骨图法提供了一种便捷的工具,尤其在建立问题意识的初期。而后续的对策往往需要配备一些较有经验的人来进行,则更具效果。

需要注意的是,鱼骨图的用法不止于此,在分析、确定问题的假设阶段时,鱼骨图与三色笔法的结合,同样很有必要。

8. 列举法

列举法主要是通过会议等集体启发的形式,将所研究问题的特性、缺点或希望的状态罗列出来,然后提出相应的改进措施,从而形成具有独创性的系统方案。按列举的内容,列举法主要有缺点列举法和希望点列举法等。按照系统工程的基本工作过程和系统分析原理,将缺点及希望点列举(或问题分析及目标探寻),并联系在一起结合使用,会取得更好的效果。

下面介绍的三色笔法就是一种列举法。该法通常与鱼缸会议和鱼骨图法一起使用,用来对收集到的问题进行进一步处理,使我们分清系统问题的主次。由于在对问题进行处理的过程中,会使用三种不同颜色的笔,因此,这种方法被称为"三色笔法"。

三色笔法的实施步骤如下。

用一种颜色的笔,将所有的问题罗列出来。用另一种颜色的笔,对问题进行分类。用第三种颜色的笔,画出鱼骨图,标出关键性的问题。对关键性的问题制订计划,使问题得以改善。

例如,对产品质量问题进行分析时,用三色笔法可表述为:

① 原材料 $\begin{cases} 保管不善, \\ 质量不稳定; \end{cases}$

② 设备 $\begin{cases} 精度不高, \\ 老化,故障率高; \end{cases}$

③ 环境——车间灰尘太大;

④ 人员 $\begin{cases} 作业人员技术不熟练, \\ 劳动强度大,工人易疲劳。 \end{cases}$

9. 流程地图法

研究系统运行机制的另外一个有效的方法是流程地图——牛皮纸法。

该方法可描述为完成一项工作要经历的流程或产品经历整个组织的过程,它能让系统真正运转起来,并说明需要改进的地方。流程存在着两个问题:一是流程往往是由专家,而不是真正从事这项工作的人来设计的;二是流程往往最后说明工作应当怎样完成,而不是现实中的情况如何,也就是流程反映的是公司生产过程手册的内容,而不是日常工作中的状态。

克服这些问题的方法之一是利用流程地图(牛皮纸)方法。该方法是将我们对流程的设计绘制在一张牛皮纸上,一旦完成了第一张草图,你就会发现工作或业务变得简单而有逻辑,这是一种允许人员大量参与的解决复杂系统问题的方法,因此,牛皮纸法一直被视为具有"低技术,高接触度"的特点。

牛皮纸法的表现形式是牛皮纸图,其主要形成步骤如下。

(1) 调查访谈 通过与牛皮纸法研究过程中主要部分有联系的人面谈,了解流程中的主要活动、信息流、关系网、数量和指标等。

(2) 绘制草图　一般情况下,将有关信息在 A4 的纸上画下来。在一面墙上贴一张大牛皮纸,通常约 4～6 m 长、1～2 m 高。然后用"即时贴"自粘便条纸、普通白纸和流程中的文件在牛皮纸上画出流程的草图,如图 6-5 所示。

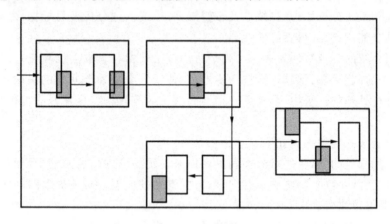

图 6-5　牛皮纸图

(3) 流程描述　邀请面谈过的人来评论牛皮纸上的业务流程,检查流程描述是否正确,从而开始对待改进业务流程中的一些部位有初步认识。然后将这些认识和意见写在不同颜色的自粘便条纸上,突出表示出来。

(4) 流程改善　邀请在流程中工作或受到流程影响的人沿着墙看一遍这张牛皮纸,一个人一个人地看或 6～8 人一组看,让他们提出改进建议和意见。再把这些意见用自粘便条纸添加上去。到此时为止,已经有几个人看过了这张牛皮纸,通常已经能够得到至少 50 条意见。

(5) 流程定型　当收集到所有改进意见时,就可以用这张牛皮纸作为建立新业务流程的依据。

尽管看起来很简单,牛皮纸法却是让流程中各个层次上和各个群体中的人都参与分析和重新设计其工作方式的一种效率很高的方法。这种方法通常可以把很复杂的过程变得很实在、很直观,使人们能够站在一种新的角度看待这些流程,还能促使他们产生"必须做些什么才能改善这些流程"的感受。

对于很多人来说,牛皮纸使他们第一次直观地看到整个流程。由于工作原因或职能、地理位置因素的限制,他们以前只能了解流程中与他们直接相关的那一部分。因此,将来自流程中各个环节上的人都聚集在牛皮纸前,就可以帮助他们对别人的工作或业务多一点了解,让他们知道该怎样做才能使其他人的工作更简单和更有效率。

6.3 工业工程的组织

6.3.1 概述

科学的方法需要通过有效的组织来实施。企业中的工业工程活动,因其行业特征、产品类型、经营方式、规模,主管人员的能力,技术人员的数量和素质及生产管理水平等各方面的不同而不同,工业工程的组织与业务也呈现不同的形式。

在第二次世界大战之前,传统的工业工程内容主要是时间研究、动作研究、工作简化、质量控制、工资激励、业绩评审、工厂布置、物料搬运、生产计划等。在某些企业中可能只有上述工业工程内容中的一两项,而另一些企业的工业工程内容可能比较齐全。在组织体制上,大多数的企业把工业工程的工作分散放置在几个有关的部门中,例如,放在工程开发部门、生产制造部门或企业管理部门,而很少设立独立的工业工程部门。

在第二次世界大战后,特别是从20世纪60年代以来,工业工程的职能和内容有了很大的变化和扩充,把工业工程人员集中起来设置独立工业工程部门的企业越来越多。国外专家20多年前对欧美近4 000家大、中型企业的调查就已表明,有98%的企业设置了独立的工业工程部门,但名称上不一定都叫工业工程部,有的称为生产率与系统服务部、制造咨询部、联合服务部、生产率咨询部、管理系统部等,但核心工作都是工业工程。这种独立的工业工程部门在企业组织中的位置和工业工程内部的结构也各自有所不同,但绝大多数由企业最高管理层直接领导,承担工业工程部门职能范围内的指导、监督和日常工业工程的各项专业工作。

在有条件的企业中,建立专门的工业工程部门是工业工程这项综合性工作的组织保证,它可以为工业工程工作建立正常、有效的工作程序和制度,能对工业工程项目的生命周期进行全过程和全面的跟踪与协调,并进行统筹规划,能为工业工程工作积累应有的经验和资料,保证使其成为企业持续发展中的一项战略性工作。

6.3.2 企业组织结构中的工业工程部门

企业组织结构及其工业工程部门的设置与企业的规模、行业特征、管理方式及水平等密切相关,且可能会因企业而异。根据国外的已有经验,结合中国部分合资企业及国有大、中型企业的初步实践,国内所采用的最常见的企业组织结构形式如图6-6所示。

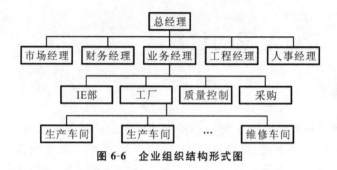

图 6-6 企业组织结构形式图

6.3.3 工业工程的组织形式

为实现工业工程的职能,充分发挥工业工程部门的作用,工业工程部门的内部组织结构被划分成名目甚多的专业小组或专业室(如时间和动作研究、制造工程、系统与运筹研究、设施设计、质量与可靠性工程等),以便各自开展一些基础性的研究工作和基础性资料与数据的积累。但日常的工业工程任务大多涉及复杂的综合问题,需要多专业的工业工程人员协作,因而工业工程部门设有协调室,负责协调各专业室的工作安排,形成矩阵式的内部工作方式。

在许多情况下,某项工业工程工作是围绕着某个项目任务的下达而开展的。因此,工业工程工作也要根据工程项目的性质和规模来确定其适当的组织形式。

1. 企业设有独立工业工程部门的组织形式

集中式组织结构:IE 人员集中归属 IE 部门管理,被指派到各部门工作。

图 6-7 给出一个企业设有独立工业工程部门并按工业工程项目组织实施的组

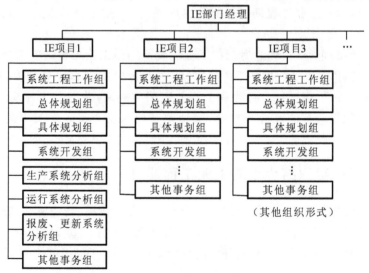

图 6-7 工业工程工作的系统化组织形式

织形式。图 6-7 中的 IE 项目 1 工作有一个比较完整的组织形式,这是因为这个工业工程项目的工程规模较大,任务内容较全面。IE 项目 2 的开发任务只要求到"系统开发"阶段为止,因此它的组织形式也相应地比较简单。其他工业工程项目的工作当然还可以有其他适当的组织形式。图 6-8 所示为一种比较完善的独立设立工业工程部门的形式。

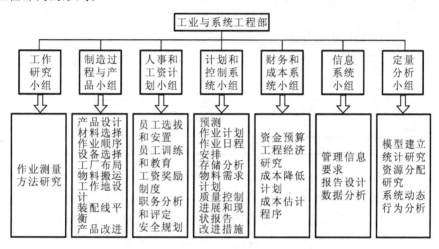

图 6-8 独立设立工业工程部门的组织结构

2. 矩阵式工作组织形式

首先,不论工业工程项目的性质和规模如何,原则上都应设立一个系统工程工作组,负责整个工业工程项目系统分析的技术指导和总体规划(指该工程项目系统分析工作的总体规划)。其次,一般项目也都会设立一个总体规划组,负责对整个工业工程项目要求建立的某种工程系统进行总体规划和设计。工业工程工作的另一个重要原则是,要与本单位或本企业的其他有关部门(如人事部门、生产部门、财务部门、工程与开发部门、市场经营部门等)构成密切的矩阵式工作组织关系,如图 6-9 所示。没有这些部门的人力、财力、物力、设备、信息和时间上的支持与配合,各个工业工程项目的工作就将陷入困境。因此,一方面,要由全单位或全企业制定一套完善的制度来规定各部门有义务支持和配合工业工程部门的工作,从组织上保证这种密切的矩阵式的工作组织关系;另一方面,则要依靠工业工程部门的主管人员和全体工业工程人员努力与其他有关部门保持良好的、和谐的关系,以自己的工作态度和绩效取得他们的理解与支持。有些工业工程项目的工作也可以聘请某些相关部门的有关人员直接参加,作为分析小组的正式成员,或者作为专家顾问,这样做可提高合作的密切程度,对工作是十分有利的。有时还可借此解决工业工程人员不足的问题。遇到事关全局的重大工业工程项目,应在企业高层成立项目领导小组及相应的办公室。

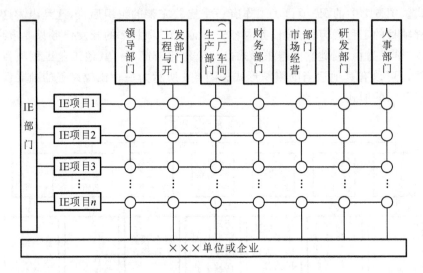

图 6-9　工业工程部门与其他部门间的矩阵式工作组织关系

工业工程部门为了做好日常或各种工业工程项目的工作,通常还应建立一个技术水平高、工作经验丰富、责任心强的专家顾问班子。这些专家顾问来自本单位和外单位各种专业领域和工作岗位,在需要时请其前来参加有关的咨询讨论或评审会议,提供技术咨询和建议,有的还可直接参与部分工业工程工作,以弥补本部门力量的不足和提高工业工程部门的工作质量。

矩阵式组织结构特点:IE 人员集中为 IE 部门的成员,但根据需要,不同的 IE 人员被指派到工厂或车间、部门工作,具有很大的灵活性。

6.4　工业工程的应用模式

1. 工业工程应用模式的设计

工业工程在世界各国的发展与应用模式不尽相同。从整体上分析,发达国家应用工业工程理论形成了两种典型模式。

1) 技术-设计型模式

以美国为代表的西方工业工程与管理理念,体现为技术-设计型的模式,如图 6-10 所示。该模式以技术为先导,从开始就注重从技术上对涉及的设备、物料、产品、人员等要素组成的集成系统进行系统而全面的设计。一方面,它具有比较客观、与主观因素关系较小的特点;另一方面,它又比较宏观,甚至有些庞大,从而保障了系统有一个较好的基础或自成一体。该模式所建立的系统,同样要进行计划和控制,保障高效率而低成本地运行,以实现组织的目标。

图 6-10　工业工程的技术-设计型模式

2）技术-改善型模式

以日本为代表的工业工程与管理理念,体现为技术-改善型的模式,如图 6-11 所示。该模式以技术为指导,在已有设计的包括设备、物料、产品、人员等要素组成的集成系统基础上,不断地进行系统而全面的改善。在不断改善的过程中,改革和创新是关键技术,生产的准时化和精益化是高效率、低成本运行系统的保证。而通过调动人的积极性,充分发挥各级各类人员在改善过程中的作用是该模式成功的关键。

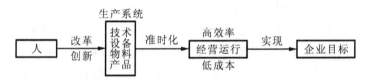

图 6-11　工业工程的技术-改善型模式

2. 工业工程的运行模式

工业工程在世界各国的发展与应用模式不尽相同,这主要是因为引起企业的问题是多元的。我们可将企业的主要问题归纳为设计和运行两方面。

首先,应用工业工程进行系统设计容易产生两类问题。一方面,比较明显的问题是系统功能设计问题。由于设计上的缺陷,系统功能不能满足企业的需求。例如,系统反应较慢,达不到要求;提供的信息不明确,不便于理解和使用;系统不能提高组织的运转效率,也不能改进产品和管理的质量;系统各部分接口设计不良也是常见的问题;有的系统设计得过于复杂,容易误作业;还有的系统层次太多,排列不合理,作业顺序烦琐,造成运行不良。另一方面,系统是组织的一个密不可分的一个组成部分,它与组织中的其他要素,如结构、任务、目标、人员、文化等都有着内在紧密的联系,应该完全相容。当组织中的某个系统发生变化时,必然会影响到组织的结构、任务、人员、文化等发生相应的变化。系统的建立过程就是一个组织再设计的过程。如果新的系统不能与组织中的其他要素相容,这个系统也被视作是失败的。

其次,系统运行得不好也是一个问题。尽管系统功能的设计可能是正确的、完美的,但如果系统运行中经常产生问题,则会导致问题难以及时获得处理,甚至最终被这些运行问题拖垮。因此,工业工程运行模式的设计必须要解决好这些问题。

根据实际工业工程设计和运行经验,我国工业工程的运行模式采用如图 6-12 所示的形式,即从分析型理论与方法、规划设计型理论与方法、生产过程管理与控制型理论与方法、评价型理论与方法等四个方面进行规划设计。

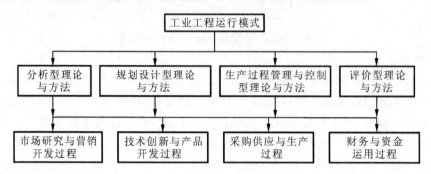

图 6-12 工业工程的运行模式

从企业层面,该运行模式提供从企业规划、企业设计、企业应用诊断到企业改造、企业重组等各个阶段的全过程解决方案,提供从资本视角、物理视角、功能视角、信息视角、业务视角到组织视角等各个方面的全方位解决方案。在多变的经济环境、市场环境及技术环境条件下,企业系统必须经常调整自身的目标、功能(包括结构形态)、输入和输出,使系统最优或次优(满意或合理)。图 6-13 表示了在企业中工业工程功能是如何实现的。

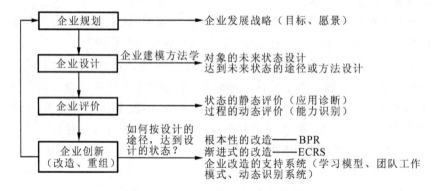

图 6-13 企业中的工业工程功能的实现

6.5 工业工程的应用

6.5.1 工业工程的导入方法

工业工程的导入必须按与企业自身基础特征相适应的程序方法进行,特别是在企业基层推进时更是如此。如果准备不够充分,只是成立一个部门或只有一个责任人,多数情况下会失败,或者遇到很大的抵抗而无法顺利推进。这种现象不只是体现在工业工程活动的推进上,一切新方法、管理技术的推广都需要慎重。这不是技术的可靠性问题,而是人的惰性对成功导入的进度和结果影响很大,所以不可以只做表面文章。要想实现企业的精益化生产,落实现场工业工程是最重要的一环,必须切实做好每一步导入工作。图 6-14 所示为工业工程的导入方法。通过对创造氛围、人才培养、组织建设、改善活动的推进及不断的教育培训等方面进行导入,建立方法,形成体系。

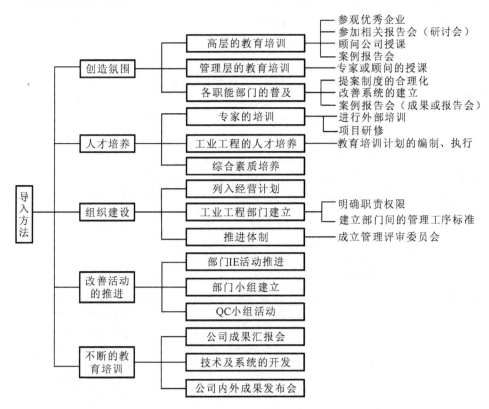

图 6-14 工业工程的导入方法

工业工程活动的开展是工业工程导入的必要条件。开展工业工程活动的基本要求是企业要明确生产方针、目标等相关事项,这是工业工程活动的前提。当企业的方针、目标等相关管理项目清晰明了时,工业工程活动就能够取得比较大的成绩;否则,将难以展开。同时还应对管理者提供指导及相应的方法培训,明确目标、方法及期望。企业还要尽最大努力发挥员工的自主能动性,让员工有工作成就感和体验到人生价值,并对此进行适当的指导、支持、奖赏和鼓励。

6.5.2 工业工程的活动形式

工业工程活动基本上是对信息的收集、分析、处理和利用过程,数据的有效性和丰富性决定工业工程活动的成败。一人或少数几个人的活动所能收集的数据是有限的,数据的收集与分析需要很多劳力与实践,特别是现在企业内的活动越来越细化,各部门间的团队合作、统一目的及目标是非常必要的。

随着问题涉及范围的深入,被牵连进来的关键部门(如研发、生产和采购等)会越来越多,因此活动方式会有所差异,但主要的项目形式有三种:① 与其他部门合作推进的跨部门项目;② 依赖或委托其他部门推进的项目;③ 部门内部推进的项目。

推进工业工程活动时更多地是以项目的形式进行。表 6-1 所示为对工业工程活动形式及内容特征的分类。

表 6-1 工业工程活动形式及内容特征的分类

形式	跨部门合作项目	委托其他部门项目	部门内部项目
基本特点	相关部门的负责人,以项目小组的形式,团队推进	课题在部门内无法、也无从解决,将相关工作明确后,委托给其他职能部门	日常工作中收集数据及针对现场发现的问题,内部解决
活动范围	由企业方针而确立的题目或问题,关系到几个部门	部门内的工作计划中无法解决的问题	只与本部门相关
活动负责	主要责任部门	部门内	部门内
推进方法	有关部门责任分担;项目会议统筹进度及各部门技术协调	其他部门提出解决方案;其中部分工作由内部完成;接受指导	部门内小组推进;QC 小组内部解决
案例	工厂整体布局的改善;工装夹具改良,自动化	标准时间的设定;夹具、设备的引进;设备改良;作业标准的设定和修订	作业动作的改善;作业配置的改善;生产线平衡的改善;简单的工装改良;作业环境的改善;搬运的改善

6.5.3 工业工程的推进体系和程序

在工业工程的推进中,首先要明确目的,然后要注重体系和方法。图 6-15 所示为工业工程的推进体系。

现场工业工程最重要的课题就是提高学习效率的改善活动。任何专业问题,都有其解决问题的基本程序与方法,图 6-16 所示为工业工程活动程序的推进方法。

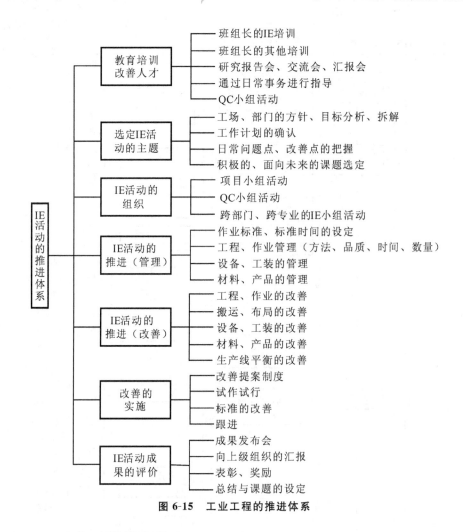

图 6-15 工业工程的推进体系

6.5.4 工业工程的实施

1. 工业工程实施中的问题

目前,企业对工业工程了解不多、应用不广、水平不高。具体表现为:① 企业尚未从系统的角度认识工业工程的价值;② 缺乏社会化应用环境(工业工程宣传、咨询服务、培训、认证等);③ 企业普遍短视;④ 不想做实实在在的具体工作、基础工作。

工业工程解决的主要问题是各类产品生产过程及服务过程中的增值链问题。例如,机械工程在完成对产品及制造工艺的研究和设计后,就要进入投产阶段,在产品进入这一生产阶段后,就需要运用工业工程的知识来面对生产的组织与运行问题,如何缩短生产线,如何优化作业空间,如何进行零部件和制成品的全球配送,如何保障生产或服务的质量,等等。为了交给顾客一个满意的产品,人们不仅

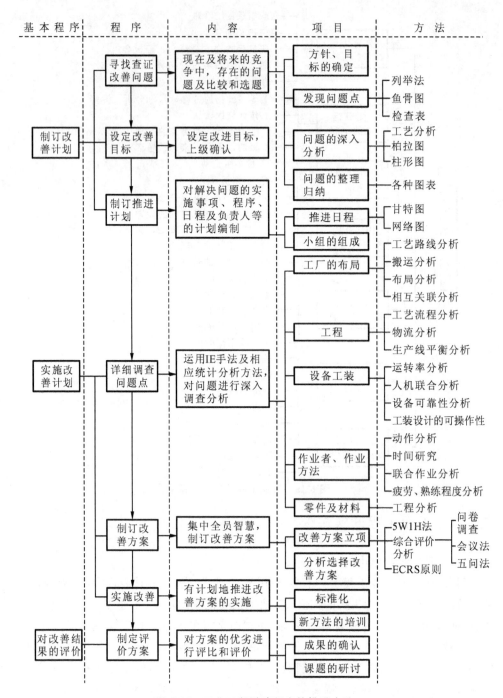

图 6-16 工业工程活动程序的推进方法

要有效运用时间、人员、机器、资本等资源实现所设计的产品,而且要解决生产中的质量和成本问题,以及最终确保产品的交货期、质量和利润。所有这些工业化生产所面临的问题,正是工业工程所要解决的问题。

解决这些问题主要是通过有效管理和实施工业工程进行的,但实施时存在阻力或抵制。实际上,因传统观念已深植于企业内部,要想根除这种观念相当困难。当进行改革时阻碍会以多种方式表现出来,工业工程实施中常遇到的10种抵制观念如下:

(1) 那种东西没有什么用;
(2) 道理确实如此,但是我们的情况不同;
(3) 方案是不错,实际效果就难说;
(4) 再降低成本已不可能;
(5) 我们也一直是这样做的;
(6) 不愿做别人劝告的事情;
(7) 成本下降的话,品质也会跟随下降;
(8) 现状也不错,为什么要改变;
(9) 那种东西是不灵的,10年前我们就已搞过了;
(10) 我们对此最了解。

以上10条在应用工业工程进行改善革新时并非一定都会遇到,但在企业实施工业工程的过程中有一定的代表性,如美国GE公司在现场推行工业工程时就出现了其中一些抵制。企业在实施工业工程项目时应高度重视这些问题。

2. 企业实施和推广工业工程的方法

1) 要有实施和推广工业工程的总体思路

(1) 全面规划　如果不先搞总体规划或总体规划考虑不周,就会造成虽然某项工作搞得很好,但它与相关工作不协调,不能形成一个整体或系统,企业整体效率和效益也很难提高。

(2) 突出重点、明确目标、分步实施　根据企业特点抓住工业工程与管理工作中几个最关键、最薄弱的环节先推行,有重点、分阶段地进行,每个阶段都有具体的内容和目标。

(3) 效益驱动　在推行工业工程的过程中必须考虑阶段性成果,争取步步取得实效。如果没有阶段性成果,长期见不到实效,就会降低推广应用的积极性。

2) 在工业工程实施和推进过程中要培养基本的工业工程意识

(1) 正确掌握现状,通过工业工程手法对现状数据进行分析。
(2) 不放过任何细小的浪费,提高效率。
(3) 要形成将不良率减到零的推进意识。
(4) 企业、部门全员参与是工业工程活动成功的关键。

(5) 将效率、成本、工作率、生产线平衡、故障率等问题以数据说明和显示。

(6) 遵守解决问题的程序,努力使问题得到解决并取得较大成效。

3) 先明确责任,再行使权力,并形成执行力

这里主要是指在工作中要先取得相应的权力,明确工业工程在企业中要有合法的地位。企业中执行不力是个通病,也是最为严重的一种症状,特别是在中层管理者当中,最容易出现这种现象。而对于主张改革和创新的工业工程师来说,在企业实行改革中,也最怕出现这种情况。工业工程师若在企业中没取得相应的权力,就不容易实施围绕工业工程的改革计划。

4) 先从改善开始,然后才是改革

在实施改革过程中,必须一块一块地做,将问题和矛盾一个一个地来解决,这样才能最终有效地推进企业改革,否则将寸步难行。

5) 先试验,后推广

通常,一项工作在没有先例的情况下,是很难做好的,也很容易导致改革的失败。但可以对企业中某个部门、某个系统率先进行改变或改革,看成效如何再行决策。如果效果好,就以此为基础,大范围地推广开来;如果不足,就总结经验,重新再来。这样做对于企业来说是一种比较可靠和可行的方法,因为即使万一失败了,所造成的损失也将会比较小。

6) 灵活应用工业工程的理念和方法

例如,在生产中追求零库存、准时性等原则是很好的理念。但如果工业工程师只是片面地追求零库存、准时生产,那将很难达到目的,而且还可能事倍功半,收效不大。不去追求达不到的零库存,将注意力转到关注减少浪费中来,反而会使企业更容易做好工作,收到效果,这种方法对当今国内的中小企业尤为适合。事实上,在20世纪90年代初期,一些日本企业利用IT技术达到了零库存的理想状态,但是只维持了很短一段时间就放弃了,因为他们很快就意识到,维护这种零库存状态所花费的成本相当高。现在一些成功应用工业工程理念的企业,大多都在追求一种准零库存,而非绝对的零库存,就是这个道理。

习题

1. 试述 IE 方法体系的基本结构和内容。
2. IE 的基本方法有哪些?
3. 简述 IE 的评估方法及流程。
4. 企业 IE 部门的组织形式有哪些?
5. 简述工业工程的导入方法。
6. 简述企业中 IE 的推进程序和方法。

7. IE 实施时面临的主要问题有哪些?

企业如何推广应用工业工程?

钢铁企业运用工业工程的方法与应用

钢铁企业是应用工业工程较早并且比较成功的行业,下面以实例予以说明。

1. 鞍山钢铁集团公司

从 1989 年开始鞍山钢铁集团公司(以下简称鞍钢)应用基础工业工程中的工序分析、作业分析、动作分析、时间测定等多种分析方法,设计了将文、图、表融为一体的作业标准模式,通过几年的试运行,取得了明显的效果。

工业工程中的方法研究和作业测定等基本方法,为修订岗位作业标准、提高效率提供了手段。从生产系统实际出发,灵活运用这些方法,就能修订出适合岗位需要、符合生产实际的作业标准。鞍钢曾先后在 20 个单位试点,并把认真学习和深刻认识工业工程的含义、核心、特点及思想等放在工作的首位。

鞍钢修订企业标准的工作程序如图 6-17 所示,这符合工业工程方法论的要求。

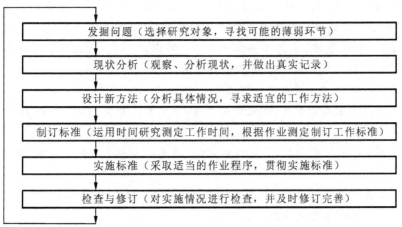

图 6-17 鞍钢修订企业标准的工作程序

鞍钢按照基础工业工程的思想与方法,根据企业生产系统的实际状况,大量运用了工序分析(如生产工序分析、流程工序分析、生产-用户工序分析等)、路径分析、操作或作业分析、动作分析、时间分析、事故和故障分析、技巧分析、作业程序分析等具体分析方法,还研制出手工操作、单人单机作业、多人单机作业、结构作业、嵌套式作业、群体作业、动作要素和维护检修等作业程序图。鞍钢按照科学的程序,采用适宜的方法,经过企业上下的共同努力,形成了将文、图、表融为一体的鞍钢生产岗位作业标准设计的基本内容和工作文本,并由主题内容与适用范围、引用标准和文件、名词术语、岗位职责、人员素质要求、作业前准备、作业程序与操作方法、事故处理与故障报告、相互关系和信息传递、检查与考核等10部分构成。截止1993年,鞍钢已修订了100多个作业标准,经专家鉴定的14个标准已颁布实施。该企业标准起草与审批的程序为:现状分析→收集资料→编制标准说明→起草标准→召开研讨会→工厂专家鉴定→工厂三级审查→公司专家鉴定→公司三级审查→公司发布实施。

近年来,鞍钢运用基础工业工程技术重新修订了岗位作业标准等,共取得成果134项,获得企业经济效益2 000多万元。通过分析,理顺工序次序3处,改善作业环境和调整不合理设备布局5处。建立了合理的操作程序34个,优化操作动作128个,缩短操作路线近万米。提高产品质量10%~20%,提高工时利用率10%~25%,减少故障时间60%。通过优化劳动组织,提高劳动生产率20%左右。

2. 邯郸钢铁公司(以下简称邯钢)

20世纪80年代,国务院要求企业学邯钢,真学邯钢真见效。以"模拟市场核算,成本否决机制"为特征的邯钢经验有着丰富深刻的内涵,最根本的是落实"三改一加强"(改革、改组、改造、加强企业管理)。而在"三改一加强"中用科学的工业工程方法解决企业深层次问题,则是邯钢走向企业管理现代化、提高经济效益不可分割的重要环节,这正印证了朱镕基同志所指出的"管理科学,兴国之道"。

企业推行工业工程,既具有重要的现实意义,又具有长远的基础作用。1998年,邯钢向当时河北省冶金工业局提交了一个报告《应用工业工程挖掘企业深层次经济效益》。经过复核,应用工业工程方法,邯钢在1994—1997年间创经济效益6 000多万元;1995—1998年累计经济效益达18亿元。

邯钢的具体做法可概括为以下几条:

(1) 应用工业工程原理,强化炉头温度,提高焦炭质量,1994年和1995年创经济效益659万元;

(2) 运用工业工程原理,优化人机组合,提高轧线合格率和成材率,增加经济效益总额133万元;

(3) 运用工业工程原理,把企业干部分为六类,制定45个定额标准,按定员定额套算,1997年仅工资就节约408万元;

(4) 运用工业工程原理,实现连铸板坯16MN热送热装,全年获经济效益106万元;

(5) 运用工业工程原理,减少裂纹废品,提高铸坯合格率,创经济效益105万元;

(6) 运用工业工程原理,规范职工行为,创经济效益79万元。

从上面六个例子可以看出,邯钢应用工业工程是多方面的。通过进一步对邯钢1996年前的87项获部省级二等奖以上的成果应用工业工程方法的归类分析,显示邯钢应用工业工程方法的比例如下:

(1) 网络技术(PERT)21.8%;

(2) 价值工程(VE)13.8%;

(3) 成本控制 11.5%;

(4) 信息及计算机 11.5%;

(5) 系统工程(SE)11.5%;

(6) 提高劳动生产率和测定 9.2%;

(7) 人力资源和工效学 8.1%;

(8) 质量控制(QC)5.7%;

(9) 生产计划 3.5%;

(10) 市场营销 1.2%;

(11) 其他 2.2%。

综上所述,工业工程的各种方法在企业多方面得到应用,并取得良好的成效。

近年来,随着经济全球化和市场的迅速发展,用户对钢铁产品的品种、数量、质量、成本、交货期和服务提出更高的要求。钢铁企业如何应用工业工程来不断发展壮大,这是一个重大课题。钢铁企业在应用工业工程时,不妨相互借鉴。以下是钢铁企业一些带有共性的、具有工业工程与管理特征的好的做法,值得学习与推广。

(1) 做好企业计划工作,如编制生产制造大纲等。这是工业工程的基础,标准流程、标准工时将依据它产生。

(2) 建立和完善企业生产制造基础系统和基础管理。如分析钢铁企业生产的基础设备状况,抓好关键设备工位图表的编制。

(3) 以动作研究、科学管理为前提,制定作业标准、标准方法及标准工时。

(4) 加强质量保证体系,严格贯彻有关规定,提高产品质量。

(5) 执行绩效考核,改善激励机制;严格费用管理,完善交付产品的成本核算。

(6) 协调企业的供应链机制,进一步完善成本和财务管理。

(7) 全面实现企业信息化工作(如ERP系统),利用计算机和网络对生产计划、制造大纲、人员、质量等进行管理。

上述工作完成后,即可完成对钢铁企业生产的进度、质量、成本、效率等的动态管理。

 案例讨论

钢铁企业应用工业工程有何特色?

第 7 章
企业生产中的工业工程

内容提要 ▶▶▶

企业生产中,现场工业工程与管理密不可分,企业管理中自觉不自觉应用了工业工程的理念。本章要求从管理视角了解企业生产中的工业工程。主要内容包括精益生产、5S管理、全面生产维护、目视管理、定置管理、车间(班组)管理。重点掌握其内容、目标、方法、评价和实施等。

企业生产中广泛采用的准时生产方式、精益生产模式,以及生产管理中的5S管理、全面生产维护、目视管理、定置管理、车间管理和班组管理等都是企业、车间、班组或现场进行管理及提高生产效率的活动,更是企业应用工业工程的具体体现。一旦有了工业工程的理念、思想和意识,并加强系统科学管理,就能够推动企业的发展。

7.1 精益生产与工业工程

7.1.1 准时生产方式

1. 概述

准时生产方式 JIT(just in time),又称丰田生产方式,是一种拉式生产方式,起源于20世纪50年代,由日本丰田汽车公司的大野耐一从美国的超市得到启发而首先推出,于20世纪90年代传入我国,它是一种传统大量生产方式的革新。

20世纪20年代由亨利·福特(Henry Ford)创造了一种机械化装备与传送线结合的高效生产方式,后人称为大量生产方式,又称大量流水生产线、机械自动化流水线。20世纪30年代以后迅速推广到主要发达国家和当时的苏联,成为20世纪主导的生产模式。由于其充分利用规模经济/规模效应的优势,因而极大地降低单件产品的生产成本,提高了产量,促进了各国的工业化进程,形成了世界性的大宗贸易,而且普及了工业品,提高了人民的生活水平等,为人类文明与社会进步作出了空前的贡献。

随着经济的发展和社会的进步,大量生产方式得到了充分发展,但其固有的不足也显现出来。一方面大量生产方式只是适应短缺经济时代,这种以生产厂家主导市场(又称卖方市场)的单一或少量品种的大量生产,缺乏适应顾客需求变化的产品及其生产柔性,因此,它无法适应现代与未来市场的变化与发展;另一方面,与之伴随的"三高"(高物耗、高能耗和高污染)弊病使发展中国家或地区再也无法利用传统的大量生产模式实现工业化,同时在今天的市场环境中,大量生产方式已显现出技术陈旧、投资高、建造生产线时间与试运行时间长的缺陷。由于缺乏产品与制造系统的柔性,其越来越难适应现代与未来顾客需求的变化,且投资回报率下滑使资金越来越少地流向这类生产企业,从而使大量生产方式处境愈加困难。而且由于分工过细,知识与技能含量低,使大量从生产线下岗的员工无法摆脱失业的威胁。采取军事化、半军事化的传统生产组织管理方式束缚了员工的参与积极性与创造性,以人为"机器"或"工具"的管理理念严重地脱离"以人为中心"的现代管理要求。这些都要求对大量生产方式进行变革。

1950年丰田英二决定重建由于战争遭受破坏的丰田公司(丰田公司于1937年成立,第二次世界大战后几乎变成一片废墟)。经过考察美国福特公司大量流水生产的模式后,丰田英二认为大量生产方式固然好,但不能照般。他分析:日本的国内市场小,应该搞"多品种、小批量"的生产,按当时日本的国情搞终身雇佣制,要对美国传统的大量生产方式进行变革。20世纪70年代丰田公司又推行准时生产制,把大量生产方式发挥到淋漓尽致的境界,使其竞争力大增,对美国制造业造成巨大的冲击。

丰田公司经过实践总结出的JIT生产方式有以下几个特征。

(1) 准时生产 在必要的时间(不迟也不早)生产必要数量(不多也不少)的规定产品,其生产指令就是看板(Kanban)。

(2) 实行拉式生产方式 信息流从最终工序逆流而上到第一道工序,进行看板管理。拉式生产管理的主要特征是:信息流的运动方向正好与物料流方向相反,生产计划的产量与实际生产的产量相同,且少库存或零库存。

(3) 优化生产流程,消除一切不产生附加价值的活动,如检测活动。

(4) 进行计算机辅助公示管理。

(5) 利用制造资源规划 MRP Ⅱ 软件系统。

(6) 进行在制品(WIP)管理,如进行多种混流生产,培养多面手,采取小组工作方式和并行工程方式,要求供应商准时供应,极大地压缩库存等。

2. JIT 生产的主要方式

JIT追求一种无库存生产系统,它采用了包括"看板"在内的一系列具体方法,使库存达到最小的生产方式。JIT生产方式的基本手段可以概括为下述四个方面。

(1) 适时适量的生产,即"just in time"一词本来所要表达的含义——"在需要的时候,按需要的量生产所需的产品"。

(2) 弹性配置作业人数达到"少人化" 这是指根据生产量的变动,弹性地增减各生产线的作业人数,以及尽量用较少的人力完成较多的生产。这种"少人化"技术一反生产系统中历来的"定员制",是一种全新的人员配置方法。

(3) JIT 在生产组织中融入两种机制：第一，使设备或生产线能够自动检测不良产品，一旦发现异常或不良产品时设备可以自动停止，为此在设备上开发、安装了各种自动停止装置和加工状态检测装置；第二，生产第一线的设备作业工人发现产品或设备的问题有权自动停止生产。

(4) 利用看板传递生产和运送的指令　在 JIT 生产方式中，生产的月度计划是集中制订的，同时传达到各个工厂及协作企业，而与此相对应的日生产指令仅下达到最后一道工序或总装配线。对其他工序的生产指令均通过看板来实现，即后工序"在需要的时候"用看板向前工序去领取"所需的量"，同时就等于向前工序发出了生产指令。日生产量的不均衡及日生产计划的修改都通过看板来进行调整。

3. JIT 生产方式的不足

实践与研究证明 JIT 生产方式也存在不足，主要有以下几点。

(1) 要求有重复循环的产品生产环境，生产柔性不够大。

(2) 有易损性。

(3) 要生成附加库存。

(4) 所有生产过程活动同样重要，缺乏改进过程的重心。

(5) 实施 JIT 生产方式的过程漫长而复杂。

7.1.2　精益生产方式

1. 概述

20 世纪 70 年代日本推出了以准时生产方式为核心的丰田生产方式，20 世纪 80 年代中期又被欧美企业纷纷采用。1991 年美国的国际汽车计划(IMVP)在研究总结 JIT 的基础上提出精益生产(lean production, LP)，受到麻省理工学院的专家的赞誉。随着微利时代的来临，精益生产模式成为企业竞争的有力武器。精益生产通过消除企业所有环节上的不增值活动，来达到降低成本、缩短生产周期和改善质量的目的。

2. 精益生产的基本思想

精益生产是以高素质员工队伍为基础，依赖于全面质量管理(TQM)、准时制(JIT)和全面生产维护(TPM)支持的生产方式。精益生产的基本思想如下。

(1) 消除一切形式的浪费　精益生产管理中列出了几种浪费(损耗)形式：废品与次品，超额生产或提前生产，由于待料、设备故障和计划差错造成的等待，多余的搬运，库存积压，过剩的产品功能等。

(2) 一切不产生附加价值的活动都是无效的劳动，即浪费。

(3) 连续改进，不断完善，不断提高，精益求精。

(4) 实施零缺陷、零库存、零故障、零调整。

(5) 把调动人的积极性、创造性放在管理工作的首位。

(6) 人是生产诸要素中首位的因素。

7.1.3 精益生产的目标

企业是以盈利为目的的社会经济组织。因此,最大限度地获取利润成为企业的基本目标。企业根据市场需求的变化,采用灵活的生产组织形式,及时、快速地调整生产,依靠严密细致的管理,通过"彻底排除浪费",防止过量生产来实现企业的目标。为此,精益生产必须能实现以下三个目标:零库存、高柔性和零缺陷。

1. 零库存

一个充满库存的生产系统,会掩盖系统中存在的各种问题。例如,设备故障造成停机,工作质量低造成废品或返修,横向扯皮造成工期延误,计划不周造成生产脱节等,都可以通过动用各种库存掩盖起来。表面上看,生产仍在平衡进行,实际上整个生产系统可能已存在很多问题,更可怕的是,如果对生产系统存在的各种问题熟视无睹,麻木不仁,长此以往,紧迫感和进取心荡然无存。因此,日本人称库存是"万恶之源",是生产系统设计不合理、生产过程不协调、生产作业不良的证明,并提出"向零库存进军"的口号。所以,"零库存"就成为精益生产追求的目标之一。

2. 高柔性

高柔性是指企业的生产组织形式灵活多变,能适应市场需求多样化的要求,能及时组织多品种生产,以提高企业的竞争能力。面临市场多变的问题,精益生产方式必须以高柔性为目标,实现高柔性与高生产率的统一。为此,精益生产必须在组织、劳动力和设备三方面表现出较高的柔性。

(1) 组织柔性　在精益生产方式中,决策权力是分散下放的,而不是集中在指挥链上,它不采用以职能部门为基础的静态组织结构,而是采用以项目小组为基础的动态组织结构。

(2) 劳动力柔性　市场需求波动时,要求劳动力也进行相应调整。精益生产方式的劳动力是具有多方面技能的多能工人,在需求发生变化时,可通过适当调整作业人员的作业来适应短期的变化。

(3) 设备柔性　与刚性自动化的工序分散、固定节拍和流水生产的特征相反,精益生产采用适度的柔性自动化技术(数控机床与多功能的普通机床并存),以工序相对集中,没有固定节拍及物料的非顺序输送的生产组织方式,使其在中小批量生产的条件下,接近大批量生产方式下由于刚性自动化所达到的高效率和低成本,同时具有刚性自动化所没有的灵活性。

3. 零缺陷

传统的生产方式很少提出零缺陷的目标,一般企业只提出可允许的不合格百分比和可接受的质量水平。它们的基本假设是:不合格品达到一定数量是不可避免的。而精益生产的目标是消除各种引起不合格品的原因,在加工过程中每一工序都要求达到最好水平,追求"零缺陷"或"无缺陷"。

高质量来自零缺陷的产品,"错了再改"得花费更多的金钱、时间与精力,强调"第一次就做对"非常重要。每一个人若在工作中养成了这种习惯,凡事先做好准备及预防工作,认真对待,防患于未然,在很多情况下就不会有质量问题了。因此,追求产品质量要有预防缺陷的观念,凡事第一次就要做好,建立"无缺陷"质量控制体系。过去一般企业总是对花在预防缺陷上的费用能省则省,结果却造成很多浪费,如材料、工时、检验费用、返修费用等。应该认识到,事后的检验是消极的、被动的,而且往往太迟。各种错误造成需要重新制造零件的成本常常是预防费用的几十倍。因此,应多在预防缺陷上下工夫。

7.1.4 精益生产方法

1. 生产计划和过程的准时化

(1) 以最终用户的需求为生产起点。

(2) 强调物流平衡,追求零库存,要求上一道工序加工完的零件应立即进入下一道工序。

(3) 采用看板的形式来组织生产线,即由看板传递工序间的需求信息(看板的形式不限,关键在于能够传递信息)。

(4) 生产中的节拍可由人工干预、控制,保证生产中的物流平衡(对于每一道工序来说,即为保证对后工序供应的准时化)。

(5) 由于采用拉式生产,生产中的计划与调度实质上是由各个生产单元自己完成,在形式上只做最终产品的生产计划,因此过程中各个生产单元自主协调是必要的。

2. 质量控制与管理的全面化和全员化

(1) 强调质量是生产出来而非检验出来的,由过程质量管理来保证最终质量。

(2) 生产过程中对每一道工序都进行质量的检验与控制,重在培养每位员工的质量意识,保证及时发现质量问题。

(3) 若在生产过程中发现质量问题,可根据情况立即停止生产,直至解决问题,从而保证不出现对不合格品的无效加工。

(4) 对于出现的质量问题,一般是组织相关的技术与生产人员成为一个小组,一起协作,尽快解决。

3. 生产组织的项目化和团队化

(1) 每位员工在工作中不仅仅是执行上级的命令,更重要的是积极地参与,起到决策与辅助决策的作用。

(2) 组织团队的原则并不完全按行政组织来划分,而主要根据业务的关系来划分。

(3) 团队成员强调一专多能,要求能够比较熟悉团队内其他工作人员的工作,保证工作能协调、顺利地进行。

(4) 团队人员工作业绩的评定受团队内部评价的影响。

(5) 团队工作的基本氛围是信任,以一种长期的监督控制为主,避免对每一步工作的核查,从而提高工作效率。

(6) 团队的组织是变动的,针对不同的任务,建立不同的团队,同一个人可能属于不同的团队。

4. 产品设计开发过程的并行工程

(1) 在产品的设计开发期间,将概念设计、结构设计、工艺设计、最终需求等结合起来,保证以最快的速度按要求的质量完成任务。

(2) 各项工作由对应的项目小组完成,进程中小组成员各自安排自身的工作,但可以定期或随时反馈信息,并对出现的问题协调解决。

(3) 依据适当的信息系统工具,反馈和协调整个项目的进程,利用现代 CIM 技术,在产品的设计开发期间,辅助项目进程的并行工作。

7.1.5 精益生产的结构体系

精益生产的结构体系如图 7-1 所示。

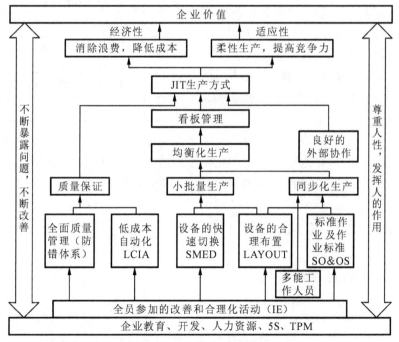

图 7-1 精益生产的结构体系

7.1.6 现场工业工程

生产系统是企业生产的根基,企业在生产过程中暴露的种种问题都能够从现场生产中发现,而且可以通过现场工业工程和管理加以解决和改进。现场是企业为顾客生产产品或提供服务的地方,是整个企业生产的中心。把企业的人员、机器、物料、环境、信息、制度等各生产要素和质量、成本、交货期、效率、安全、员工士气等六个重要的管理目标要素结合起来将构成一个动态系统,这个动态系统就是现场工业工程研究的对象。

现场工业工程是运用科学的方法和管理手段,对现场中的生产要素和管理目标要素进行设计和整合,以达到全方位的配置优化,创造一个整洁有序、环境优美的场所,使现场中最具活力的人心情舒畅,作业得心应手,最终达到提高生产效率、提高产品质量、降低成本、增加经济效益的目的。

表面上看企业生产系统要实现革新似乎比较困难,特别是在生产现场,改变并消除旧有观念,比引进设备和作业改革更需要时间。从管理层到生产现场员工,从业务部到仓储,全员的思想革新是非常重要的。要想把现场工作做好,表 7-1 中所列的现场工业工程的 10 种基本精神必须要坚持。

表 7-1 现场工业工程的 10 种基本精神

序号	基 本 精 神
1	抛弃固有的制作方法及观念
2	积极寻找方法而不是寻找做不到的理由
3	严禁为现状问题进行辩解或找借口,实事求是地否定现状
4	不求完美,50 分即可,马上行动
5	错了请马上改正
6	改革不许大量投资
7	不遇问题,不出智慧
8	遇到问题请问五次为什么(Why),找出真正原因
9	10 个人的智慧大于 1 个人的知识
10	改善永无止境

事实上,企业在工程和管理的实践中产生大量的带有工业工程理论、思想、精神和意识的活动,联系起来就是企业在生产中的工业工程活动和在企业管理中运用工业工程的活动。在后面章节中将陆续介绍 5S 和 TPM 等方法。

7.2 5S 管理

7.2.1 5S 的起源和目的

5S 管理起源于日本。1955 年,日本的 5S 的宣传口号为"安全始于整理,终于整顿"。当时只推行了前两个 S,其目的仅为了确保作业空间和安全。后因生产和质量控制的需要而又逐步提出了 3S,也就是清扫、清洁、素养,从而使应用空间及适用范围得到进一步拓展。到了1986年,日本5S的著作逐渐问世,从而对整个现场管理模式起到了冲击的作用,并由此掀起了5S的热潮。

5S管理就是对整理(SEIRI)、整顿(SEITON)、清扫(SEISO)、清洁(SETKETSU)、素养(SHITSUKE)五个方面的管理,因日语的罗马拼音均以"S"开头而简称5S管理。在生产现场通过5S管理对人员、机器、材料、方法等生产要素进行有效管理,成为日本企业独特的一种管理办法。

第二次世界大战后日本企业将5S运动作为管理工作的基础,推行各种质量管理手法,因而产品质量得以迅速提升,奠定了经济大国的地位。而在丰田公司的倡导下,5S对于塑造企业的形象、降低成本、准时交货、安全生产、高度的标准化、创造令人心旷神怡的工作场所、现场改善等方面发挥了巨大作用,逐渐被各国所认同。目前,5S已经成为现场管理和工厂管理的一股新潮流。

5S管理的目的如图7-2所示。5S管理通过规范现场来营造一目了然的工作环境,培养员工良好的工作习惯,其最终目的是提升人的品质,养成良好的工作习惯。

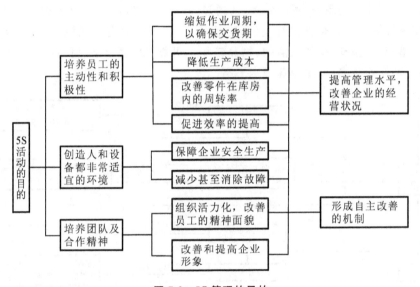

图7-2　5S管理的目的

7.2.2　5S含义及相互关系

5S的含义及其相互关系分析如下。

1) 1S——整理

定义:区分要与不要的物品,除了要用的物品以外,不放置其他物品。

目的:将"空间"腾出来活用。

2) 2S——整顿

定义:要用的物品依规定的定位和方法摆放整齐,明确数量,明确标示。

目的:不浪费"时间"找物品。

3) 3S——清扫

定义:清除职场内的污垢,并防止污染的发生。

目的:消除污垢,保持现场干干净净、明明亮亮。

4) 4S——清洁

定义:将上述3S实施的做法制度化,规范化,维持其成果。

目的:通过制度化来维持成果。

5) 5S——素养

定义:培养文明礼貌习惯,按规定行事,养成良好的工作习惯。

目的:提升"人的品质",将员工培养成对任何工作都讲究认真的人。

5S关系如图7-3所示,通过分析归纳如下:整理是整顿的基础,整顿又是整理的巩固,清扫显现整理、整顿的效果,而通过清洁和素养,可使企业形成一个所谓整体的改善气氛。只有整理没有整顿,物品真难找得到;只有整顿没有整理,无法取舍乱糟糟;只有整理、整顿没清扫,物品使用不可靠;5S之效果怎保证,清洁出来献一招;标准作业练素养,企业管理水平高。

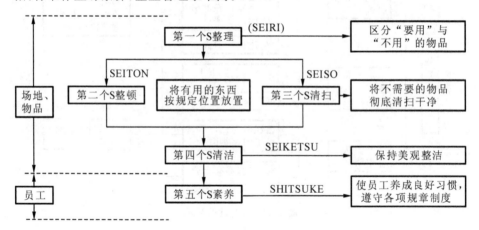

图 7-3 5S 关系图

7.2.3 5S 的实施

1. 整理实施

将必需物品与非必需品区分开,在岗位上只放置必需物品,其目的是腾出空间、防止误用。清理"不要"的物品,可使员工不必每天反复整理不必要的物品而形成无价值的时间、资金、人力成本等浪费。

1）要和不要的基准

制订"要"和"不要"的基准表（见表 7-2），并召集相关部门开会讨论和决定基准表，同时反省不要的物品产生的根源。

表 7-2 "要"和"不要"的基准分类

类别		基 准 分 类
要		① 常用的机器设备、电气装置；② 工作台、材料架、板凳；③ 使用的工装、模具、夹具等；④ 原材料、半成品、成品等；⑤ 栈板、周转箱、防尘用具；⑥ 办公用品、文具等；⑦ 使用中的看板、海报；⑧ 各种清洁工具、用品等；⑨ 文件和资料、图纸、表单、记录、档案等；⑩ 作业指导书、作业标准书、检验用的样品等
不要	地板上	① 杂物、灰尘、纸屑、油污等；② 不再使用的工装、模具、夹具等；③ 不再使用的办公用品；④ 破烂的垃圾筒、周转箱、纸箱等
	工作台	① 过时的报表、资料；② 损坏的工具、样品等；③ 多余的材料等；④ 私人用品
	墙上	① 蜘蛛网；② 老旧无用的标准书；③ 老旧的海报标语
	空中	① 不再使用的各种挂具；② 无用的各种管线；③ 无效的标牌、指示牌等

所有已分类的需要品，要能在现场找到。经过仔细地调查，确定每日工作上所需要的数量，其实仅需少许即可。许多物品不是用不着，而是在未来才会使用到。

2）整理的方法

现场杂乱的主要表现：不用的杂物、设备、物料、工具都堆放在仓库，使仓库变成杂物存放地；货架大小不一，物品摆放不整齐。

整理就是清理废品，把必要物品和不必要的物品区分开来，彻底丢弃不要的物品，而不是简单地收拾后又整齐地放置废品。放置准则如表 7-3 所示。

表 7-3 放置准则

类别	使用频度	处理方法	备 注
必需物品	每小时	放工作台上或随身携带	—
	每天	现场存放（工作台附近）	—
	每周	现场存放	
	每月	仓库存储	
非必需物品	三个月	仓库存储	定期检查
	半年	仓库存储	定期检查
	一年	仓库存储（封存）	定期检查
	两年	仓库存储（封存）	定期检查
	未定 有用	仓库存储	定期检查
	不需要	变卖/废弃	定期清理
	不能用	废弃/变卖	立刻废弃

2. 整顿实施

整顿就是消除无谓的寻找，即缩短准备的时间，随时保持立即可取的状态。其目的是消除寻找物品的时间，保持工作场所一目了然，形成井井有条的工作秩序。

整顿力求实现放置物品标准化，使任何人立即能找到所需要的东西，减少寻找时间上的浪费。执行整顿的消极意义为防止缺料、缺零件，其积极意义则为控制库存，防止资金积压。

1）减少找物品的麻烦

(1) 撤除不用的物品　按照整理项所述要领推行。

(2) 整备放置空间　对于经整理后所腾出来的棚架、工具柜须加以重新配用。如尚需增加空间，则应在最低限度内添加棚架以备用。

(3) 规划放置空间　开会讨论时，应以最方便、最容易的遵守方法来规划放置空间。其要点即最常用的东西放在最近的地方，其适当高度最好在肩膀和膝盖之间。不常用的物品可另换位置。

(4) 设置放置标志　① 场所标志：棚架和地面放置场所务必编号，以便取用目的物时，一看即知所放位置。② 品种标志：决定放在棚架或地面上的物品，务必将物品的名称或号码标注清楚，以便使用后再还回原处，如图 7-4 所示。

(5) 放置物品本身也应有标志　如属工夹具，应将其对象物的编号写在该工夹具上，可以保证确认放置在棚架上的目的物是使用者想取用时所需要的物品。

(6) 指示书上明确标明放置场所　区分更换指示书上务必明示放置场所（见表 7-4），这样可以避免重复指示，从而可以正确搜索到所要的目的物。

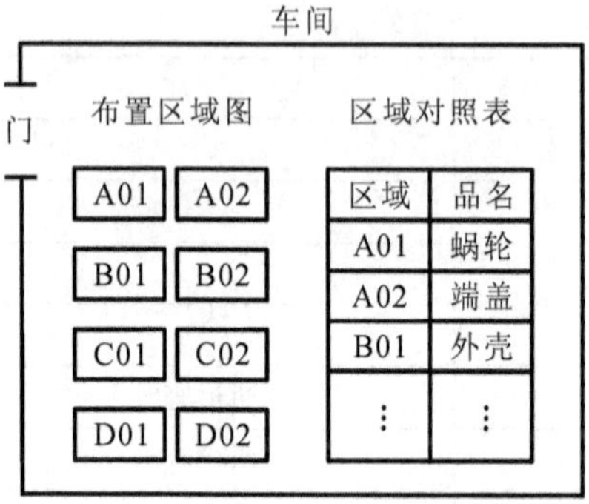

表 7-4　区分更换指示书

名　称	图　号	场　所	点检要项
端盖			
电枢			

图 7-4　放置标志

2）推行作业工具整顿

在从事标准作业或更换作业时，如何整理频繁使用的工夹具类对于提高效率极其重要。其要点是要重视并遵守使用前能"立即取得"和使用后能"立即还回原定位置"的原则。

(1) 尽量减少作业工具的种类和数量　避免因调整或装卸而另用工具;利用转动螺丝帽,以避免换用工具;将螺丝通用化,以便使用同一工具。

(2) 将物品放置于作业场所最接近的地方　避免将物品放置于必须步行或弯腰的地方;按照作业频繁程度依次放在靠近的地方。

(3) 确保还回原来的位置　使用影印图、颜色、记号、标志等。

3) 推行切削工具整顿

努力避免和减少因重复使用或搬动工具时发生损伤的问题。下面以切削工具的整理方法为例加以说明。

(1) 保存方法和保存数量的调整　频繁使用的宜由使用者本人保存,不常使用的则尽量减少数量,以共有化为宜。先决定必须用的最少数量,然后将多余的收起来集中管理。特殊的切削工具给予标准化,以减少数量。

(2) 防备东西相碰的方法　例如,抽屉以前后方向直放为宜。

(3) 防锈方法　抽屉或容器底层另铺浸润油类的布。

4) 推行测量用具、测量仪器等的整顿

测量用具的作业和保管务必格外小心。

(1) 防止冲击的方法　把东西放置在机器台或定盘上时,为防止冲击,必须铺上橡皮垫。

(2) 防止打伤翘曲的方法　如螺旋测量器等圆筒状的东西应按照和钻头、铰刀等相同的方法放置,即顺着前后方向采用隔格等方法放置。细长的试验板、规尺等为防止翘曲,应垂直吊挂为宜。

(3) 防止蒙尘、沾污、生锈的方法　防止灰尘,必须覆盖;保管时涂上防锈油或利用浸油的布盖上。

5) 推行在制品整顿

在作业场所,从原材料到成品的阶段,在制品的所占数量是最多的。

(1) 在制品的数量规制　设定在制品的标准量,在生产线上的每个工位及生产线之间的中继点指定标准在制品的放置场所,指定台车数或地面划分,指定棚架面积;明示标准量和堆放场所。

(2) 物品的搬运　放置搬运车、货柜车时宜采用"平行,直行角"的方式;搬运物品使用滚轮式输送带或旋转式搬送带,遵循先进先出的原则。

(3) 品质保护　采用防止打痕的隔格及缓冲材料放置;配备防止灰尘的盖子;不能将物品直接放在地上,以免损伤、沾污产品,损伤地板;如属精密产品,也不能在货柜中直接置放。

(4) 不良品放置场所的标志　应当明示不良品的放置场所;不良品的放置场所,宜以红色等明显的颜色示明(如红色橱柜);须养成一旦判明为不良品即放置于规定场所的习惯,临时任意放置,极易导致错误;为引起注意,不良品橱柜宜放在通路边。

6）推行物料仓库整顿

规定放置棚架场所的标志,明确棚架上的品种标志。物料或物料橱柜上应当明示品种或编号,如表7-5所示。

表7-5 放置棚架场所的标志　　　　类型：Ⅱ型

层别＼位别	A	B	C	D	E
1					
2					
3					
4					

7）推行作业标准规则的整顿

(1) 标准的现物标志　现物上如有标志,则不必每次对照标准书。

(2) 放在作业场所　标志应放在正在作业的员工以自然的姿势可以看得到的地方;检点表之类也须准备在机器上。

(3) 集中保管时须采用连贯记号　当品种有不同的作业指导书或图片之类时,须放在卡片箱中并采用连贯记号。

8）推行设备整顿

设备的整顿原则就是要便于清扫、作业和检修。最重要的是安全第一,摆放距离太近,虽然省了空间,却难以清扫和检修,而且还会因相互影响作业而导致意外。

(1) 考虑是否整理做得不彻底。

(2) 考虑物品是否有整顿不合理的地方,从而浪费了许多空间。

(3) 问题较难解决时,应多考虑一些技巧与方法。

3. 清扫实施

将岗位变得无垃圾、无灰尘,干净整洁,将设备保养得锃亮、完好,创造一个一尘不染的环境,其目的是使员工保持良好的工作情绪,稳定产品品质,达到零故障、零损耗。清扫除了能消除污秽,确保员工的健康、安全卫生外,还能早期发现设备的异常、松动等,以达到全员预防保养的目的。下面以推行地板(面)的清扫为例说明实施步骤。

(1) 先用扫把清扫,将不要的东西统统清除。

(2) 准备区分线　标明通路的区分线;在地面上标记放置台车、在制品等的区域,同时标明垃圾箱和灭火器等的位置图。

(3) 检查尘埃和污染的来源并加以改善　如遇机器漏油,则把机器洗刷干净后,点检并查出漏油所在;如果水槽或水管漏水,点检并查明记录后,顺序改善;如有喷雾或灰尘、切屑等飞散,应尝试改善覆盖的间隙或采取其他有效方法;对于黏性物的附着,应检查黏性物的来源并加以改善,或设法利用剥离纸张,投入及回收方法加以改善。

(4) 再进一步的清扫　地板上油渍宜用清洁剂反复清洗;水泥板宜涂腊或涂料以防止灰尘;对于特别忌嫌灰尘、垃圾沾污的精密工厂,宜用手在地面上擦拭至满意为止。

4. 清洁实施

将整理、整顿、清扫进行到底,并且实现标准化、制度化,其目的是使整理、整顿、清扫成为惯例和制度,这是标准化的基础和企业文化开始形成的前提。

这里讲整理、整顿、清洁,必须经过充分的讨论,谋求统一思想。其目的是减少事故的发生和顾客的抱怨,打破慢性的品质不良,提升产品品质,减少设备故障的发生,削减在制品和存库量,缩短更换工程所需要的时间。企业应考虑如何将整理、整顿、清扫组合起来,这才是最重要的。

标准化是用来确保改善的效果,使之能继续维持下去。标准定义中的一种,是指"做事情的最佳方法"。如果现场员工都能遵照这样的标准工作,就能确保顾客满意了。如果标准是意味着"最佳的方法",那么每一位员工每一次都必须遵照相同的标准、相同的工作方法去工作。如果员工在其重复性的工作过程中不遵守工作标准(这是经常发生在生产现场的状况),将会导致质量的变动。如果一个员工知道工作的最佳方法,却没有将此拿出来分享,他的知识也将随之流失。唯有予以标准化、制度化,这些知识才得以保留在公司内,从而不用担心因员工的流失而使企业的一些好的方法和做法丢掉了。

5. 素养实施

对于规定了的事情,大家都应按要求去执行,并养成一种习惯,其目的是让员工遵守规章制度,培养有良好素质的人才和形成团队精神。企业应向每一位员工灌输遵守规章制度、工作纪律的意识。此外,还要强调创造一个良好风气的工作场所的意义。如果绝大多数员工对以上要求付诸行动的话,个别员工和新人就会抛弃坏的习惯,转而向好的方面发展。此过程有助于人们养成制订和遵守规章制度的习惯。素养强调的是持续保持良好的习惯。

1) 素养形成的基本过程

素养形成的基本过程如图 7-5 所示。

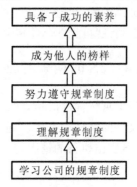

图 7-5　素养形成的基本过程

通过对整理、整顿、清扫、清洁、素养的学习遵守,使员工成为一个有道德素养的企业人,整个企业的面貌也随之改观。没有人能完全改变世界,但我们可以使它的一小部分变得更美好。

2) 提升素养的方法

(1) 遵守出勤、作息时间。

(2) 工作应保持良好的状态,如不可以随意谈天说笑、离开工作岗位、看小说、打瞌睡、吃零食等。

(3) 服装整齐,戴好工作卡或识别卡。

(4) 待人接物诚恳有礼貌。

(5) 爱护公物,用完归位。

(6) 保持清洁。

(7) 乐于助人。

3) 维持素养的有效方法

维持素养的有效方法就是每天开晨会,每天 10 分钟晨会制度会带来以下好处。

(1) 及时了解生产计划安排　领导在月初开晨会时就及时向大家通报生产计划,这样员工在生产产品时就能做到按计划来组织安排生产任务。

(2) 及时对生产质量问题进行通报　晨会时领导及时对出现的质量问题进行讲解和通报,这样做一方面保证出问题的员工不会再犯同样的错误;另一方面,让其他员工避免犯相同的错误,从而提高全体员工的质量意识和工作水平。

(3) 及时表扬和批评　及时表扬员工的良好行为,让大家向他们学习。同时对不良现象或行为给予批评,达到表扬先进、鞭策后进、共同进步的目的。

(4) 员工素养得到提升　每天晨会时领导总是先向员工问好,员工再向领导回礼,时间一长员工自然养成了一种相互打招呼的好习惯。特别值得一提的是为了提升员工的素养,还规定了一些文明礼貌用语,譬如打电话时必须先问"你好",结束时必须说"再见"等,实施效果会很好。

7.2.4　5S 的检查标准

"5S"可按标准的检查表进行检查,如表 7-6 所示为针对某企业的具体情况进行专门设计的"5S"检查表。通过打分能够按照未实施、一般、良好、优秀等四个等级评价 5S 实施执行的情况。

表 7-6 5S 标准的检查表

适用	5S	序号	检查项目	检查内容	评分
办公室	整理 20分	1	柜子里有无没用的资料	• 柜子有无不要的文件、图纸等资料	
		2	私人用桌有没用的物品	• 私人用桌子、抽屉里有无不用的物品	
		3	是否完全了解不要的是哪些物品	• 是否清楚哪些是一看就知道是不要的物件	
		4	有无弃用的规定标准	• 对文件和物件有无规定处理的标准	
		5	展出品是否整理好	• 展期内的展品有无污迹,放置如何	
	整顿 20分	6	柜架或备用的放置场地有无注明	• 有无挂牌注明场所或地点	
		7	文件或备用品的品名是否注明	• 品名的注明是否一看就清楚	
		8	文件或备用品是否使用方便	• 是否按照使用方便的方法处置	
		9	文件或备用品是否放置好	• 是否放置在指定的场地	
		10	通道或展出品是否一目了然	• 是否已画线或说明是否清楚	
	清扫 20分	11	地面上有无垃圾废纸	• 地面上是否始终保持清洁	
		12	窗户或柜架上有无灰尘	• 玻璃上也要看一看是否干净	
		13	有无分工负责清扫制度	• 是轮班制或分工制	
		14	垃圾箱是否已满	• 有无规定如何处理垃圾或废纸的制度、要求	
		15	打扫清洁是否已习惯	• 清扫和抹拭是否都习惯	
	清洁 20分	16	排气和换气的情况如何	• 有无烟味或胸闷的感觉	
		17	光线是否足够	• 各个角度是否都感到明亮	
		18	工作服是否干净	• 是否穿脏工作服上班	
		19	进房间时是否感到空气新鲜、心情舒畅	• 室内的配色、光线是否柔和,空气是否新鲜	
		20	是否遵守 3S 的制度	• 遵守保持整理、整顿、清扫的情况如何	
	素养 20分	21	是否穿所规定的服装	• 服装是否穿戴整齐	
		22	会不会讲早晚的打招呼用语	• 走路相遇时有无打招呼的语言	
		23	是否遵守开会和休息时间	• 有无遵守在规定时间办规定的事	
		24	待人应酬的感觉如何	• 能否把事情讲清楚	
		25	遵守规章制度的情况如何	• 是否每一个人都自觉遵守规章制度	
现场	整理 20分	1	有无不用的物料及备件	• 库存的和正在做的有无不用的	
		2	有无不用的设备	• 有无不用的设备	
		3	有无不用的修理工具、模具	• 有无不用的修理工具、模具	
		4	有无不用的物件	• 有无一看就知道是不要的物件	
		5	有无不用的标准	• 有无需抛用的标准	

续表

适用	5S	序号	检查项目	检查内容	评分
现场	整顿 20分	6	是否已注明地点、场所	• 有无挂牌注明场所或地点	
		7	是否已注明品种、品名	• 货架及物件上有无注明产品名称	
		8	有无注明数量	• 有无最多库存量和最少库存量的牌子	
		9	通道和半成品堆放处有无画线	• 是否用白绿线划分清楚	
		10	有无更方便的方法	• 是否将修理用具合理放置	
	清扫 20分	11	地面上有无垃圾、水、油	• 地面上是否始终保持光亮清洁	
		12	设备是否防尘、防漏	• 是否经常保养设备	
		13	是否边保养边检查	• 有无规定边保养、边检查	
		14	有无分工负责清扫制度	• 是轮班制还是分工制	
		15	是否已习惯了打扫清洁	• 清扫和抹拭是否都习惯	
	清洁 20分	16	排气和换气的状况如何	• 空气中有无灰尘或污染味道	
		17	光线是否足够	• 各个角度是否都感到明亮	
		18	工作服是否干净	• 是否穿有油污的工作服上班	
		19	有无考虑防止弄脏的办法	• 有无防止弄脏的办法	
		20	有无遵守 3S 的制度	• 遵守保持整理、整顿、清扫规定的情况如何	
	素养 20分	21	上班是否穿所规定的服装	• 服装是否穿戴整齐	
		22	会不会讲早晚的打招呼用语	• 走路相遇时有无打招呼的语言	
		23	是否遵守吸烟和开会时间	• 是否在规定的场所和时间吸烟	
		24	在早晚例会上有无检查守则状况	• 对规章制度或作业方法有无彻底遵守	
		25	遵守规章制度的情况如何	• 是否每一个人都自觉遵守规章制度	
总结	评定等级	1分		未实施	
		2分		一般	
		3分		良好	
		4分		优秀	

检查者：_____ 陪同者：_____ 5S小组主管：_____ 检查时间：_____

7.2.5 5S管理的效用

5S管理的五大效用可归纳为 5 个 S，即 sales、saving、safety、standardization、satisfaction。

(1) 5S管理是最佳推销员(sales) 被顾客称赞为干净整洁的工厂，使客户有信心，乐于下订单；会有很多人来厂参观学习；会使大家希望到这样的工厂工作。

(2) 5S管理是节约家(saving) 降低不必要材料、工具的浪费,减少寻找工具、物料等的时间,提高工作效率。

(3) 5S管理对安全有保障(safety) 宽敞明亮、视野开阔的职场,遵守堆积限制,危险处一目了然;走道明确,不会造成杂乱情形而影响工作的顺畅。

(4) 5S管理是标准化的推动者(standardization) "3定"、"3要素"原则的规范作业现场,大家都按照相关规定执行任务,程序稳定,品质稳定。

(5) 5S管理形成令人满意的职场(satisfaction) 创造明亮、清洁的工作场所,使员工有成就感,能造就现场全体人员进行改善的氛围。

7.3 全面生产维护

7.3.1 全面生产维护的概念

全面生产维护(total productive maintenance,TPM)是一个维护程序的概念,起源于20世纪60年代末的日本。当时行业竞争激烈,生产主体由早期以人力为主移转至以设备为主,迫使企业投巨资以提高设备精度。而设备的复杂程度增加后,故障率也大大增加,造成了设备停工待修时间增加、维修人员增加、生产成本增加。因此,设备投资带来企业偿债负担加重,并且设备故障率增加导致运行成本增加。在双重压力下,迫使企业工程与管理人员寻求对策,减少设备故障,提高设备运行效率。于是,过去依靠专职设备维护人员保养设备为主的方式,逐渐转为专职维护人员与企业全体员工共同维护设备,以达到提高设备使用率的目的。全面生产维护概括为TPM。这里T指全员、全系统、全效率,PM指生产维修,包括事后维修、预防维修、改善维修、维修预防。

全面生产维护是以最大限度提高设备综合生产效率为目标,以"5S"活动为基础,确立以设备全生命周期为对象的生产维修全系统,它涉及设备的计划、使用、维修等几乎所有部门,从最高领导到第一线工人全员参加,依靠开展小组自主活动来推行的生产维修。

TPM的定义有以下五个方面含义:

(1) 致力于设备综合效率最大化的目标,追求生产系统设备效率的极限;

(2) 建立设备全生命周期的彻底的预防维修制度和体系,预防所有灾害、不良和浪费,延长生产系统的生命周期,最终达到"零"灾害、"零"不良、"零"浪费;

(3) 从生产部门实施开始,逐渐发展到开发、管理等所有部门,共同推行;

(4) 涉及每个员工,从最高管理者到现场工人全员参与;

(5) 通过自主的小组活动来反复推进。

7.3.2 TPM 的历程

TPM 起源于全面质量管理（total quality maintenance,TQM），并由其演变而来。TQM 是 W·爱德华·戴明博士对日本工业产生影响的直接结果。戴明博士在第二次世界大战后不久就到日本开展他的研究工作。作为一名统计学家，他最初只是负责教授日本人如何在其制造业中运用统计分析方法，从而利用其结果，在制造过程中控制产品质量。最初的统计过程及其产生的质量控制原理不久受到日本人职业道德的影响，形成了具有日本特色的工业生存之道，最终形成了众所周知的 TQM。

当 TQM 要求将设备维修作为其中一项检验要素时，发现 TQM 本身似乎并不适合维修环境。这是由于在相当一段时间内，人们重视的是预防性维修（preventive maintenance,PM）措施，多数工厂也都采用 PM。而且，通过采用 PM 技术制订维修计划以保持设备正常运转的技术业已成熟。然而在需要提高或改进产量时，这种技术时常导致对设备的过度保养。它的指导思想是："如果有一滴油能好一点，那么有较多的油应该会更好。"这样一来，要提高设备运转速度必然会导致维修作业的增加。

而在通常的维修过程中，很少或根本就不考虑作业人员的作用，维修人员也只是就常用的并不完善的维修手册规定的内容进行培训，并不涉及额外的知识。

通过采用 TPM，许多公司很快意识到要想仅仅通过对维修进行规划来满足制造需求是远远不够的。在遵循 TQM 原则前提下解决这一问题，需要对最初的 TPM 技术进行改进，以便将维修纳入到整个质量过程的组成部分之中。

TPM 最早由一位美国制造人员于 20 世纪 60 年代提出，但最早将 TPM 技术引入维修领域的是日本的一位汽车零部件制造商——Nippon denso（日本电装公司），时间是 20 世纪 60 年代后期。后来，日本工业维修协会干事 Seiichi Nakajima 对 TPM 作了界定并见证了 TPM 在数百家日本公司中的应用。

TPM 的发展和历程归结如下。

(1) 事后维修（breakdown maintenance,BM）　故障后再维护（1950 年以前）。

(2) 改良维修（corrective maintenance,CM）　查找薄弱部位对其进行改良（1950 年以后）。

(3) 预防维修（preventive maintenance,PM）　对周期性故障提出的维护（1955 年前后）。

(4) 维修预防（maintenance prevention,MP）　设计不发生故障的设备（1960 年前后）。

(5) 生产维修（productive maintenance,PM）　综合上述维护方法，提出系统的维护方案(1960年前后)。

(6) 全面生产维护(total productive maintenance, TPM) 全员参加的维护(1980年以后)。

7.3.3 TPM 的目标

TPM 致力于最大限度地提高生产效率。要达到此目标,必须致力于消除产生故障的根源,而不是仅仅处理好日常暴露的问题。TPM 的最终目标是通过改善人和设备的素质,来改善企业的素质。

所谓人的素质就是要使全体员工都具有兢兢业业的思想、不断改善的意识,同时具备岗位所要求的知识和技能。具体来说,除了干劲和意识,作为操作人员应具备自主保养的能力,作为维修人员应具备保养设备的能力,作为生产技术人员应具备设计出易于保养的设备的能力。

所谓设备的素质主要体现在两个方面:一是改善现有设备,提高综合效率,即以低的投入(含人员、设备、原材料等)达到高的产出(含产量、质量、成本、交货期、安全卫生、作业积极性等),随着自动化的不断推进,生产的主体愈发从人转向设备,因此消除影响设备效率的各种损耗,使设备更有效率地工作,也便成了 TPM 的目标;二是实现新设备的 LCC(life cycle cost)设计和寿命提高,即设备的设计要在考虑了设备的整个寿命周期所需费用的基础上进行。寿命提高就是指新设备从运转一开始就立即进入稳定的工作状态。

因此,在确保现场最佳条件下,TPM 让生产绩效提升更为显著,进而达到零灾害、零不良、零故障。

7.3.4 TPM 与 5S、TQM 的关系

1. TPM 与 5S 的关系

5S 是 TPM 的前提,也是 TQM 的第一步,同时还是有效推行 ISO 9000、ISO 14000 等质量保证体系的保证。

5S 能够营造一种"人人积极参与,事事遵守标准"的良好氛围。有了这种氛围,推行 ISO、TQM 及 TPM 就更容易获得员工的支持和配合,有利于调动员工的积极性,形成强大的推动力。

实施 ISO、TQM、TPM 等活动的效果是隐蔽的、长期性的,一时难以看到显著的效果,而 5S 活动的效果是立竿见影。如果在推行 ISO、TQM、TPM 等活动的过程中导入 5S,可以通过在短期内获得显著效果来增强企业员工的信心。5S 是现场管理的基础,5S 水平的高低,代表着管理者对现场管理认识的高低,这又决定了现场管理水平的高低,而现场管理水平的高低,制约着 ISO、TPM、TQM 活动能否顺

利、有效地推行。通过5S活动,从现场管理着手改进企业"体质",则能起到事半功倍的效果。

2. TPM 与 TQM 的关系

TPM 是由 TQM 演变而来的。戴明博士作为一个统计学家,他首次向日本人展示了如何在制造过程中使用统计分析及如何在制造过程中使用数据来控制质量。由日本建立的早期统计程序和效果质量控制概念很快成为日本工业的一种生存方式,这种新的制造概念最终被命名为全面质量管理(TQM)。当工厂维护的问题作为 TQM 程序部分被检查出来,一些通用概念看起来在维护环境中就不太适合或不能发挥作用。原始的 TQM 概念做了一些修正,这些调整将"维护"提升至全面质量管理程序的一个重要部分。

TPM 是一个以制造业的创新,强调生产维护、人的重要性,以及员工共同参与协作的技术。"能做"和"持续改进"的理念在推行时能够得到深化。

7.3.5 TPM 的主要内容和流程

TPM 主要内容有日常点检、定期检查、计划修理、改善修理、故障修理、维修记录分析等。

1) 日常点检

日常点检是指作业者每天班前用听、看、摸等方法,按点检标准对设备进行检查。日常点检的目的是保证设备正常运转,不发生故障。点检的主要内容有异声、漏油、振动、温度、润滑和调整等。

2) 定期检查

定期检查是指维修工人按计划定期对重点设备进行的检查。定期检查的目的是保证设备达到规定的性能。检查工作包括测定设备的劣化程度、确定设备性能、调整设备等。

3) 计划修理

计划修理是指根据日常点检、定期检查的结果所提出的设备修理委托书、维修报告、机床性能检查记录等资料编制的计划,定期进行修理。这种修理属于恢复性修理。

4) 改善修理

改善修理是指对设备的某些结构进行改进的修理,这种修理主要用于重复发生故障的设备。

5) 故障修理

当设备突然发生故障或由于设备原因造成废品时必须立即组织抢修,这种修理称为故障修理。

6）维修记录分析

维修记录分析是全面生产维护的一项重要内容，尤其是平均故障间隔期（mean time between failures，MTBF）分析，很受设备维修界的重视。平均故障间隔期是指在规定时间内设备无故障工作时间的平均值，它是衡量设备可靠性的尺度。

$$MTBF = 运行时间/故障次数$$

平均故障间隔期用于分析设备停机维修作业是怎样发生的。将发生的时间、现象、原因、所需工时、停机时间等都记录下来，制成分析表。通过分析可获得下列信息：选择改进维修作业的对象；估计零件的寿命；选择点检点，确定和修改点检标准；备件标准的确定等。

图 7-6 所示为 TPM 流程图。

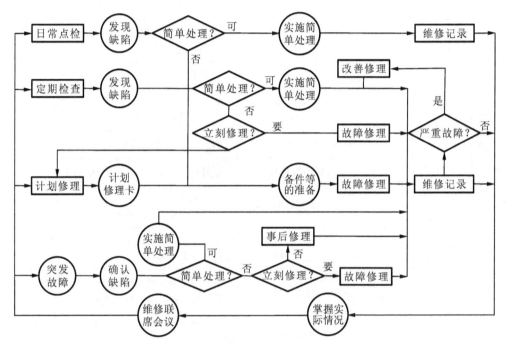

图 7-6　TPM 流程图

7.3.6　TPM 的评价指标

TPM 的主要手段是采取 OEETPM，即主要以设备综合效率（overall equipment effectiveness，OEE）提高为基础，并与六大损失相关联：

① 故障/停机损失（equipment failure/breakdown losses）；
② 换装和调试损失（setup and adjustment losses）；
③ 空闲和暂停损失（idling and minor stoppage losses）；

④ 减速损失(reduced speed losses);
⑤ 质量缺陷和返工(quality defects and rework);
⑥ 启动损失(startup losses)。

OEE 的时间分析见表 7-7。

表 7-7 OEE 时间分析

				设备损失结构	定　义
正常出勤时间	停止时间			休息时间	生产计划规定的休息时间
				管理事务时间	朝会、发表会、参加讲习会、培训、演习、检查、预防、盘点、试运行、设备停止等引起设备停止的时间
				计划停止时间	计划的保全、改良保养时间、TPM 活动、每日下班的清扫
				无负载时间	外加工件或其他零部件延迟交货所引起的待料
	负载时间	停机时间		故障/停机损失	突发故障引起的停止时间
				换装和调试损失	模具、工具交换、调整、试加工时间
		运转时间	速度损失时间	空闲和暂停损失	运转时间－(加工数×周期时间)
				减速损失	基准加工速度与实际加工速度之差:加工数×(实际周期时间－基准周期时间)
			实质运转时间	不良损失 质量缺陷和返工	正常生产时产出不良品的时间,以及选择、修理不良品而致设备停止有效稼动的时间
				不良损失 启动损失	生产开始时,自故障停止至恢复运转时,条件设定、试加工等制作不良品的时间
				价值运转时间	实际产生附加价值的时间、生产良品所花的时间

TPM 的评价有三个主要指标:时间开动率、性能开动率及合格品率。当来自时间、速度、质量的损失被综合在一起,最终可利用 OEE 指标反映出任何设备或生产线的运行状况。TPM 用来设定 OEE 目标和来自这些目标的测量偏差,然后试图消减差异,提高绩效。通过对设备评价的计算,就可以对设备的综合效率有一个了解,同时还可以为消除损耗提供方向性指导。

1. 设备的时间工作率

时间工作率就是设备实际工作时间与负载时间(设备工作的时间)的比率,计

算公式为

$$时间工作率 = \frac{负载时间 - 停止时间}{负载时间} \times 100\% \quad (7\text{-}1)$$

其中,负载时间是指1天(或1个月)的操作时间中减去生产计划上的暂停时间、计划维修上的暂停时间,以及日常管理上需要去除的时间后所剩余的时间。因此所谓的停止时间就是故障、准备、调整及调换刀具等的时间。

2. 性能工作率

$$性能工作率 = 速度工作率 \times 净工作率 \times 100\% \quad (7\text{-}2)$$

其中,速度工作率就是设备实际的工作速度相对其固有能力的速度的比率,若速度工作率下降就可知设备速度下降损耗的程度。

$$速度工作率 = \frac{基准周期时间}{实际周期时间} \times 100\% \quad (7\text{-}3)$$

净工作率表示设备是否在单位时间内按一定的速度工作,它并不是说比基准速度快了还是慢了,而是指即使在较慢的速度情况下是否长时间地按这一速度稳定地工作。通过净工作率的计算,可以反映出检查停机等小故障产生的损耗。

$$净工作率 = \frac{加工数量(产量) \times 实际周期时间}{负载时间 - 停止时间} \times 100\% \quad (7\text{-}4)$$

$$设备的综合效率 = 时间工作率 \times 性能工作率 \times 正品率 \times 100\%$$

例 7-1 设备一天的负载时间为460分钟,维修工作时间为20分钟,准备时间为20分钟,调整时间为20分钟,基准周期时间为0.5分钟/个,实际周期时间为0.8分钟/个,一天的产量是400个,其中有8个废品,试计算设备的综合效率。

解 计算步骤如下:

$$时间工作率 = \frac{负载时间 - 停止时间}{负载时间} \times 100\%$$

$$= \frac{460 - (20 + 20 + 20)}{460} \times 100\% \approx 87\%$$

$$性能工作率 = \frac{基准周期时间 \times 加工数量}{负载时间 - 停止时间} \times 100\%$$

$$= \frac{0.5 \times 400}{400} \times 100\% = 50\%$$

$$正品率 = \frac{加工数量 - 废品数量}{加工数量} \times 100\%$$

$$= \frac{400 - 8}{400} \times 100\% = 98\%$$

$$设备综合效率 = 时间工作率 \times 性能工作率 \times 正品率 \times 100\%$$

$$= 0.87 \times 0.5 \times 0.98 \times 100\% \approx 42.6\%$$

7.4 目视管理

7.4.1 目视管理概述

1. 目视管理的概念和基本要求

目视管理是一种以公开化和视觉显示为特征的管理方式,又称"看得见的管理"、"一目了然的管理"、"图示管理"。它是利用形象直观、色彩适宜的各种视觉感知信息(如仪器图示、图表看板、颜色、区域规划、信号灯、标识等)将管理者的要求和意图让大家都看得见,以达到员工自主管理、自我控制及提高劳动生产率的一种管理方式。

目视管理在日常生活中得到广泛应用,如交通信号灯,红灯停、绿灯行;包装箱的酒杯标志,表示货物不宜倒置;排气口上绑一根小布条,看布条的飘动可知其运行状态,等等。

目视管理在生产现场通过将工作中发生的问题、异常、浪费及管理目标等状态进行可视化描述,使生产过程正常与否"一目了然"。当现场发生了异常或问题,作业人员便可以迅速采取对策,防止错误,将事故的发生和损失降到最低程度。目视管理方式可以贯穿于整个生产管理过程中。

目视管理对所管理项目的基本要求是统一、简明、醒目、实用和严格。同时,还要把握以下三个要点。

(1) 透明化 无论是谁都能判明是好是坏,即一目了然。

(2) 状态视觉化 对各种状态的事先规划设计有明确标示。将状态正常与否视觉化,能迅速判断,精度较高。

(3) 状态定量化 对不同的状态加入了计量的功能或可确定的范围,判断结果不会因人而异。

2. 目视管理的目的

通过实施目视管理,可达到以下四个目的。

(1) 使管理形象直观,有利于提高工作效率 在机器生产条件下,生产系统高速运转,要求信息的传递和处理既快又准。目视管理通过可以发出视觉信号的工具,使信息迅速而准确地传递,无需管理人员现场指挥,就可以有效地组织生产。

(2) 使管理透明化,便于现场人员互相监督,发挥激励作用 实行目视管理,对生产作业的各种要求可以做到公开化、可视化。例如,企业按照计划生产时,可利用标志、看板、表单等可视工具,管理相关物料、半成品、成品等的动态信息。又如,根据不同车间和工种的特点,规定穿戴不同的工作服和工作帽,很容易使那些擅离职守、串岗聊天的人处于众目睽睽之下,促使自我约束,逐渐养成良好习惯。

(3) 延伸管理者的能力和范围,降低成本,增加经济效益　目视管理通过生动活泼、颜色鲜艳的目视化工具,如管理板、揭示板、海报、安全标志、警示牌等,将生产现场的信息和管理者的意图迅速传递给有关人员。尤其是借助了一些目视化的机电信号、灯光等,可使一些隐形浪费的状态变为显形状态,使异常造成的损失降到最低。

(4) 目视管理有利于产生良好的生理和心理效应　目视管理通过综合运用管理学、生理学、心理学和社会学等多学科的研究成果,科学地改善与现场人员视觉感知有关的各种环境因素,调动并保护员工的积极性,从而降低差错率,减少事故的发生。

7.4.2　目视管理的内容

目视管理根据所管理的事项,归纳起来有如下七个方面的内容。
(1) 生产任务与完成情况的图表化和公开化。
(2) 规章制度、工作标准和时间标准的公开化。
(3) 与定置管理相结合,实现清晰的、标准化的视觉显示信息。
(4) 生产作业控制手段的形象、直观与使用方便化。
(5) 物品(如工装夹具、计量仪器、设备的备件、原材料、毛坯、在制品、产成品等)的码放和运送的数量标准化。
(6) 现场人员着装的统一化,实行挂牌制度。
(7) 现场的各种色彩运用要实现标准化管理。

在作业现场,对需要管理的项目进行管理时,现场员工通过目视,就很容易知道现场有些什么问题(如设备、生产、质量、安全等),哪些问题是要管理的。做到在需要的时候,能快速取到物品。

这种对物品的管理,又称物品管理或现物管理,通常应作如下处置。
(1) 物品要分类标识并用不同颜色来区分,物品的名称及用途要明确。
(2) 物品的放置场所采用有颜色的区域线和标识加以区分,使物品容易区分、辨别。
(3) 物品的放置方法应能保证顺利地实行先入先出。
(4) 物品的存放地或容器应标示出最大在库线、安全在库线,做到过目知数。存放合理的数量,尽量做到只保管必要的最小数量,且要防止断货。

7.4.3　目视管理评价

目视管理评价的实施步骤如下。

1. 制定考核指标

为确保目视管理活动准确实施,根据"管理要素"内容,制定切实可行的考核指标,如表 7-8 所示。

表 7-8 目视管理评价的考核指标

项目	考核指标	计算公式	目标值	实际值
效率	1. 生产率	产出数量/总投入工时		
	2. 每小时包装数	包装总数/总投入工时		
	3. 日均入库数量	实数量		
	4. 日均出库数量	实数量		
	5. 日均检查点数	实数量		
	6. 日均装车数	实数量		
	7. 日均卸车数	实数量		
	8. 总标准时间	各工序标准时间之和		
	9. 流水线节拍	时间/工位		
质量	1. 工程内不合格率	工程内不合格数/总数		
	2. 一次合格频率	一次合格品数/总数		
	3. 批量合格率	合格批数/总批数		
	4. 进料批量合格率	合格批数/总批数(进)		
	5. 客户投诉件数	实数值		
	6. 每部投诉件数	实数值		
	7. 内部投诉数量	实数值		
交货期	1. 延迟交货天数	实数值		
	2. 完成品滞留单	完成品在库件数/月平均销售件数		
	3. 按期交货率	按期交货批数/应交货批数		
	4. 总出货量	实数值		
	5. 各品种出货量	实数值		
	6. 生产计划完成率	按计划完成批数/总批数		
设备	1. 时间工作率	(负载时间-停止时间)/负载时间		
	2. 性能工作率	有效运行时间/运行时间		
	3. 故障件数	实数值		
	4. 平均故障间隔时间(MTBF)	运行时间合计/停止次数		

2. 实施考核

企业根据自身实际情况，设计制定相应的考核表，并定期检查。认真负责地履行考核表中所展示的各项工作并填写在表中，如表 7-9 所示。

表 7-9　目视管理评价考核内容和方法

项目	检查内容	方法	备注
整理及整顿	1. 作业现场是否设有在制品、半成品、废品放置场所	明示、设置在制品、半成品、废品放置场所	
	2. 通道是否通畅	划线、标示通道	
	3. 是否了解吸烟场所	设置吸烟场所，设置作业场所禁烟警示牌	
	4. 消防设施数量是否足够、是否有效	设置紧急出口标示牌	
	5. 是否了解紧急出口所在之处	消防设施标示牌	
办公室及人员管理	1. 办公室有无值日表与管理责任制	值日表、管理制度表	
	2. 文件柜、架子等有无管理责任者	值日表	
	3. 文件查找是否方便	文件一览表	
	4. 是否了解生产线的人员配置	人员配置表	
	5. 是否了解缺勤职员	人员配置表	
生产计划与进度	1. 对当天的生产计划进度是否了解	生产日程计划进度表	
	2. 是否了解明确的生产进度	生产进度管理板等	
	3. 是否了解明天的计划	生产计划进度揭示牌	
现场管理	1. 原材料、在制品、零件等的库存是否正常	库存管理看板	
	2. 是否知道现场的在制品、半成品、原材料、不良品等的分区，存放地及数量	用颜色区分、设置放置场所，容器设置刻度等	
	3. 是否了解目前的产量	生产管理看板	
作业管理	1. 是否按标准作业	作业操作规程、工艺规程	
	2. 是否了解作业、设备等的不良状态	管理看板、标示灯、呼叫灯	
	3. 设备是否操作正确	作业操作规程	
质量管理	1. 是否了解目前的不良品数量	设置不良品放置场所	
	2. 是否了解不良品项目及原因	特性要因图、柏拉图	
	3. 是否了解以前月份的不良品率	不良品图表	
	4. 是否了解以前的不良品数和不良品率	不良品图表	
设备与工具管理	1. 是否了解工装夹具、量具等的保全状态	检查表	
	2. 是否了解设备的保全状态	检查表	

3. 评审

为了正确引导目视管理活动,使活动持之以恒地推行,必须成立考核、评价的组织机构,确定其职责范围,制定公正、合理的考核评价方法,认真负责、公正地填报考核结果报告书。将结果通知各部门,张贴海报,举行颁奖式,并与工资、奖励等挂钩。

7.4.4 目视管理的方法

为了实现目视管理的目标,各企业现场可根据其具体情况采用不同的目视管理方法。常用的目视管理方法有:

(1) 设置目视管理网络;
(2) 设置目视管理平面图;
(3) 设置各种物流图;
(4) 设置标准岗位板;
(5) 设置工序储备定额显示板;
(6) 设置库存对照板;
(7) 设置零件箱消息卡;
(8) 设置成品库储备显示板;
(9) 设置明显的地面标志;
(10) 设置生产线传票卡;
(11) 设置安全生产标记牌及信号显示装置。

7.4.5 目视管理与看板管理

针对目视管理,人们在实践中创造出了"看板管理"、"图示管理"等方法,并设计出了多种形式的目视管理工具,如表 7-10 所示。在进行目视管理工具设计时,应遵守的原则如下:

(1) 用具表达的内容字体应该清晰、活泼、生动,达到一目了然的效果;
(2) 内容明确且易于执行;
(3) 一旦出现异常状态可以立即分辨。

表 7-10 看板管理

责任区:			考核日期:	年 月 日
考核结果:	考核分数:		最高分:	最低分:
事项:			签名:	年 月 日

看板管理是指利用看板进行现场管理作业控制的一种方式。看板作为一种现场管理工具，是实现准时化生产的一个重要手段，其形式有塑料卡片、铁制卡片、信号灯、电子看板等。

看板管理功能体现在两个方面：一方面它是生产及运送的指令，另一方面看板可以作为生产优先次序的工具。采用看板管理，每一种工序都按照生产看板上所显示的内容生产，按照运送看板的数量进行运送，没有看板不能生产，也不能运送，从而防止了过量生产与过量运送。看板是准时化生产方式的核心，通过看板来指挥生产现场，最终实现JIT的目标。

目视管理中的物品管理经常用到看板管理。在物品放置场所附近设置看板，通过看板可以了解物品目前的状况是否正常。表7-11所示为现场物品管理看板的示例。

表7-11　目视管理工具

序号	项　目	目视管理工具
1	目视生产管理	生产管理看板、目标生产量标示板、实际生产量标示板、生产量图、进度管理板、负荷管理板、人员配置板、电光标示板、作业指示看板、交货期管理板、交货时间管理板、作业标准书、作业指导书、作业标示灯、作业改善揭示板、出勤表等
2	目视现场管理	料架牌、放置场所编号、现货揭示看板、库存表示板、库存最大与最小标签、订购点标签、缺货库存标签等
3	目视质量管理	不良图表、管制图、不良发生指示灯、不良品放置场所标示、不良品展示台、不良品处置规则标示板、不良品样本等
4	目视设备管理	设备清单一览表、设备保养及点检处所标示、设备点检检验表、设备管理负责人标牌、设备故障时间图表、设备运转标示板、柏拉图、运转率表、运转率图等
5	目视安全管理	各类警示标志、安全标志、操作规范等

7.4.6　设备的目视管理

目视管理中的设备管理是以能够正确、高效率地实施清扫、点检、加油、紧固等日常保养工作为目的，让作业员容易点检、容易发现异常，通过目视化标示、文字、图表，使所有人员对同样的状态有同样的判断，能立即了解状态正常与否，加强设备管理。

在日常的设备维护中，应采取以下一些措施。

（1）仪器仪表的标示，绿色表示正常，黄色表示警告，红色表示危险。

（2）用颜色清楚地表示应该进行维修保养的机能部位，如对管道、阀门的颜色区别显示。

(3) 使用的标示方法能迅速发现异常,如在设备的马达、泵上使用温度感应标帖或温度感应油漆等,可迅速发现异常的温度升高现象。

(4) 管内液体、气体的流向以箭头符号为标志。

7.5 定置管理

现场管理是对各现场生产要素的综合管理。为了实现现场管理的规范化,保证产品质量,提高工作效率,便产生了定置管理(fixed position management, FPM)。定置管理是一种科学的现场管理方法和技术,它主要研究生产要素中人、物、场所三者的状况及它们在生产活动中的相互关系。推行定置管理能有效地促进企业工作现场的文明生产,强化现场的综合效率,同时对企业的文化建设起到促进作用。定置管理是企业挖掘内部潜力的重要途径。

7.5.1 定置管理的概述

定置管理起源于日本,由日本工业工程研究所的文明生产创导者青木龟男始创。他从20世纪50年代开始,根据日本企业生产现场管理实践,经过潜心钻研,提出了定置管理这一新的概念。后来,又由日本企业管理专家清水千里在应用的基础上,发展了定置管理,把定置管理总结和提炼成为一种科学的管理方法,并于1982年出版了《定置管理入门》一书。日本许多企业都推行这一科学管理方法,尤其是生产规模较大、管理水平较高的企业,如丰田汽车公司、松下电器公司等。

定置管理是对生产现场中的人、物、场所三者之间关系进行科学地分析研究,使之达到最佳结合状态的一门科学管理方法,它以物在场所的科学定置为前提,以完整的信息系统为媒介,以实现人和物的有效结合为目的,通过对生产现场的整理、整顿,把生产中不需要的物品清除掉,把需要的物品放在规定位置上,使其随手可得,促使生产现场管理文明化、科学化,达到高效生产、优质生产、安全生产。定置管理是"5S"活动的深入和发展,是工业工程的现场应用。

7.5.2 定置管理的内容和任务

1. 定置管理的主要内容

定置管理主要研究企业生产现场中物品的放置管理,也就是通过整理、整顿物品,把生产过程中不需要的东西统统扔掉,使生产中需要的物品随手可得,节省作业时间,实现生产现场管理的合理化、规范化。图7-7所示为车间工具的定置管理。

(1) 人与物和场所的有机结合 场所是人与物结合的前提条件,因为"先有物和场所的结合",而后才能有"物与人的结合"。

(2) 定置管理的位置系统　在人与物的结合中,为了实现一目了然,必须先把物固定在一定的场所。但实际上企业生产车间内的物只有与作业者结合才对工作起作用,物是根据车间工作流程的变化而移动的。

2. 定置管理的任务

企业的性质不同,生产的产品不同,因此定置管理的内容也不同,但推行定置管理的目的是一样的。为了实现企业目标,定置管理要完成下列五项基本任务。

图 7-7　车间工具的定置管理

(1) 搞好企业的全面质量管理工作　把现场的各要素(主要是人、机、物)有机地结合起来,加强控制,人人负责,各自把好自己的质量关,从而实现全面质量控制,保证产品的质量。

(2) 不断改造处于不良状态下的工作环境　营造一种和谐的工作氛围,建立一个庭园式、居室式的企业环境,以消除不合格品。

(3) 实现企业管理的科学化、规范化、系统化　这样才能保证良好的生产秩序,使人、机、物的结合发挥得最好。

(4) 改变企业传统的生产管理模式　为适应日趋激烈的竞争,企业必须树立现代化的适合企业实际及促进企业发展的管理观念,逐步建立新的管理机制,提高企业的技术水平,提高产品的质量,采用科学管理的新方法来促进和加强企业的各项管理工作。

(5) 推广定置管理　定置管理的有效实施,为企业管理人员及企业全体员工素质的提高创造了有利条件,员工素质的提高又有利于企业的长远发展。

7.5.3　定置管理的实施

定置管理涉及面比较广、工作量大。企业的管理人员和技术人员需要掌握定置管理的实质和实施步骤,精心规划和组织,加强领导工作,实行定期考核,根据实际情况不断地总结、调整,才能使定置管理发挥作用。

开展定置管理工作应按照以下六个步骤进行。

1. 对工艺流程分析

对工艺流程分析是定置管理开展的起点,它是对生产现场现有的加工方法、机器设备、工艺流程进行详细研究,确定工艺在技术水平上的先进性和经济上的合理性,分析是否需要和可能用更先进的工艺手段及加工方法,从而确定生产现场产品制造的工艺路线和搬运路线。对工艺流程分析是一个提出问题、分析问题和解决问题的过程,其主要内容如下。

(1) 对现场进行调查,详细记录现行方法　通过查阅资料、现场观察,对现行方法进行详细记录,为工艺研究提供基础资料,因此,要求记录详尽准确。

(2) 分析记录的事实,寻找存在的问题。

(3) 拟定改进方案　提出改进方向后,定置管理人员要对新的改进方案进行具体的技术经济分析,并和原有的工作方法、工艺流程和搬运线路进行对比。在确认是比较理想的方案后,才可作为标准化的方法实施。

2. 对人、物结合的状态分析

人、物结合状态分析是开展定置管理中最关键的一个环节。在生产过程中必不可少的是人与物,只有人与物的结合才是定置管理的本质和主体。定置管理要在生产现场实现人、物、场所三者最佳结合,首先应解决人与物的有效结合问题,这就必须对人、物结合状态进行分析。

在生产现场,人与物的结合有两种形式,即直接结合和间接结合。

按照人与物有效结合的程度,可将人与物的结合归纳为 A、B、C 三种基本状态。

(1) A 状态　表现为人与物处于能够立即结合并发挥效能的状态。例如,作业者使用的各种工具,由于摆放地点合理而且固定,当作业者需要时能立即拿到或做到得心应手。

(2) B 状态　表现为人与物处于能够寻找状态或尚不能很好发挥效能的状态。

(3) C 状态　是指人与物没有联系的状态。这种物品与生产无关,不需要人去同该物结合。

3. 对信息流的分析

信息媒介就是在人与物、物与场所合理结合的过程中起指导、控制和确认等作用的信息载体。

人与物的结合,需要有四个信息媒介物:第一个信息媒介物是位置台账,它表明"该物在何处",通过查看位置台账,可以了解所需物品的存放场所;第二个信息媒介物是平面布局图,它表明"该处在哪里",在平面布局图上可以看到物品存放场所的具体位置;第三个信息媒介物是场所标志,它表明"这儿就是该处",它是指物品存放场所的标志,通常用名称、图示、编号等表示;第四个信息媒介物是现货标示,它表明"此物即该物",它是物品的自我标示,一般用各种标牌表示,标牌上有货物本身的名称及有关说明。

4. 定置管理设计

就是对各种场地(如厂区、车间、仓库等)及物品(如机台、货架、箱柜、工位器具等)进行科学、合理的统筹安排。定置管理设计主要包括定置图设计和信息媒介物设计。

(1) 定置图设计　定置图是对生产现场所在物进行定置,并通过调整物品来改善场所中人与物、人与场所、物与场所相互关系的综合反映图。其种类有室外区域定置图,车间定置图,各作业区定置图,仓库、资料室、工具室、计量室、办公室等定置图和特殊要求定置图(如工作台面、工具箱内,以及对安全、质量有特殊要求的物品定置图等)。

(2) 信息媒介物设计　包括信息符号设计和板图、标牌设计。在推行定置管理时,进行工艺研究、各类物品停放布局、场所区域划分等都需要运用各种信息符号表示,以便人们形象地、直观地分析问题和实现目视管理,各个企业应根据实际情况设计和应用有关信息符号,并纳入定置管理标准。在信息符号设计时,如有国家规定相应的标准(如安全、环保、搬运、消防、交通等)应直接采用国家标准。其他情况,企业应根据行业特点、产品特点、生产特点进行设计,设计符号应简明、形象、美观。

5. 定置实施

定置实施是理论付诸实践的阶段,也是定置管理工作的重点,主要包括以下三个步骤。

(1) 清除与生产无关的物品应本着"双增双节"原则,能转变利用便转变利用,不能转变利用时,可以变卖,化为资金。

(2) 按定置图实施定置　各生产车间、部门都应按照定置图的要求,将生产现场、器具等物品进行分类、搬、转、调整并定位。

(3) 放置标准信息铭牌　放置标准信息铭牌要做到牌、物、图相符,要以醒目和不妨碍生产作业为原则。设专人管理,不得随意挪动。

6. 定置检查与考核

定置管理的一条重要原则就是持之以恒,只有这样,才能巩固定置成果,并使之不断发展。因此,必须建立定置管理的检查、考核制度,制定检查与考核办法,并按标准进行奖罚,以实现定置管理长期化、制度化和标准化。

定置管理的检查与考核一般分为两种情况:一是定置后的验收检查,检查不合格的不予通过,必须重新定置,直到合格为止;二是定期对定置管理进行检查与考核,这是要长期进行的工作,它比定置后的验收检查工作更为复杂,更为重要。

定置考核的基本指标是定置率,它表明生产现场中必须定置的物品已经实现定置的程度。其计算公式为

$$\text{定置率} = \frac{\text{实际定置的物品个数(种数)}}{\text{定置图规定的定置物品个数(种数)}} \times 100\%$$

例如,检查某车间的3个定置区域,其中合格区有30种零件,有4种零件没有定置,待检区有20种零件,其中有3种零件没有定置,返修区有30种零件,其中有1种零件没有定置,则该场所的定置率为

$$\text{定置率} = \frac{(30+20+30)-(4+3+1)}{30+20+30} \times 100\% = 87.5\%$$

7.6 车间管理

车间是企业生产系统的基本单元。现代企业车间管理的组织、职能、任务和内容,将涉及车间组织建设、班组建设、民主管理、劳动管理、作业管理、质量管理、物料管理、设备管理、工具管理、信息管理、成本管理、经济核算、现场管理、安全管理、清洁生产、企业文化建设等基本内容。

7.6.1 车间作业管理

重复生产是车间作业生产的一种常见形式。其主要特点是产出率均衡、工艺路线固定。一般,车间管理按生产计划的逻辑流程、车间作业管理和采购作业管理等计划执行。生产计划给出了最终产品或最终项目的需求,经过物料需求计划,按物料清单展开得到零部件直到原材料的需求计划,即对自制件的计划生产订单和对外购件的计划采购订单。然后,则通过车间作业管理和采购作业管理来执行计划。

车间作业管理根据零部件的工艺路线来编制工序排产计划,在车间作业控制阶段要处理相当多的动态信息。在此阶段,信息反馈是重要的工作,因为系统要以反馈信息为依据对物料需求计划、主生产计划、生产规划以至经营规划作必要的调整,以便实现企业的基本生产均衡。

车间作业管理的工作内容如下。

1. 核实生产计划订单

生产计划订单规定了计划下达日期,但对真正下达给车间来说,这只是一个推荐的日期。虽然这个订单是必需的,并且做过能力计划,但这些订单在生产控制人员正式批准下达投产之前,必须检查物料、能力、提前期和工具的可用性。具体来说包括以下几个步骤:

① 核实生产计划订单,确定加工工序;
② 确定所需的物料、能力、提前期和工具;
③ 确定物料、能力、提前期和工具的可用性;
④ 解决物料、能力、提前期和工具的短缺问题。

2. 下达生产订单

(1) 下达物料生产订单,说明零件加工工序的顺序和时间。

(2) 工作中心派工单,当生产订单下达到车间时,这些订单被输入车间文件。车间文件反映了所有已下达但还未完成的订单状态。根据车间文件和工艺路线信息,以及所使用的调度原则,每天或每周为每个工作中心生成一份派工单,说明各生产订单在同一工作中心上的优先级。

车间文件用来跟踪一份订单的生产过程，派工单用来管理工件通过生产过程的流程和优先级。

(3) 提供车间文档，其中包括图样、工艺过程卡片、领料单、工票、特殊处理说明等。

3. 收集信息，监控在制品生产

如果生产进行得很正常，那么这些订单将顺利通过生产处理流程。但往往必须对工件通过生产流程的过程加以监控。为此，要查询工序状态、完成工时、物料消耗、废品、投入/产出等多项报告，控制排队时间，分析投料批量，控制在制品库存，预计是否出现物料短缺或延期现象。

4. 采取调整措施

如预计将要出现物料短缺或延期现象，则应采取措施，如通过加班、转包或分解生产订单来改变能力及其负荷。如仍不能解决问题，则应给出反馈信息修改物料需求计划，甚至修改主生产计划。

5. 生产订单完成

统计实耗工时和物料，计算生产成本，分析差异，处理产品完工入库事务等。

7.6.2 班组管理

1. 班组的作用

班组是企业组织生产经营活动的最小单位，是企业最基层的生产管理组织。企业的所有生产活动都在班组中进行，所以班组工作的好坏直接关系着企业经营的成败，只有班组充满了勃勃生机，企业才会有旺盛的活力，才能在激烈的市场竞争中长久地立于不败之地。

班组中的领导者就是班组长，班组长是班组生产管理的直接指挥和组织者，也是企业中最基层的负责人，属于兵头将尾，是一支数量非常庞大的队伍。班组管理是指为完成班组生产任务而必须做好的各项管理活动，即充分发挥全班组人员的主观能动性和生产积极性，团结协作，合理地组织人力、物力，充分地利用各方面信息，使班组生产均衡有效地进行，产生"1＋1＞2"的效应，最终做到按质、按量、如期、安全地完成上级下达的各项生产计划指标。

2. 班组长的使命

使命是最根本性的任务，班组长的使命就是在生产现场组织创造利润的生产活动。班组长的使命通常包括四个方面。

(1) 提高产品质量 质量关系到市场和客户，班组长要领导员工为按时按量地生产高质量的产品而努力。

(2) 提高生产效率 是指在同样的条件下，通过不断地创新并挖掘生产潜力、改进操作和管理,生产出更多更好的高质量的产品。

(3) 降低成本　降低成本包括原材料的节省、能源的节约、人力成本的降低,等等。

(4) 防止工伤和重大事故　有了安全不一定有了一切,但是没有安全就没有一切。一定要坚持安全第一,防止工伤和重大事故,包括努力改进机械设备的安全性能,监督职工严格按照操作规程办事等。很多事故都是由于违规操作造成的。

在实际工作中,经营层的决策做得再好,如果没有班组长的有力支持和密切配合,没有一批领导得力的班组长来组织开展工作,那么经营层的政策就很难落实。班组长既是产品生产的领导者,也是直接的生产者。

3. 班组的管理

班组长综合素质的高低决定着企业的决策能否顺利地实施,因此班组长是否尽职尽责对企业来说至关重要。班组长的职责主要包括以下几项。

(1) 日常管理　人员的调配、排班、考勤、员工的情绪管理、职工的技术培训及生产现场的卫生、班组建设等都属于日常管理。

(2) 生产管理　包括现场作业、工程质量、成本核算、材料管理、机器保养,等等。

(3) 安全管理　班组长是本班组安全第一责任人,安全管理职责包括标准化现场作业、人员管理、操作质量、材料管理、设备维护、危险点的控制,等等。

(4) 辅助上级、团结下级　及时、准确地向上级反映工作中的实际情况,提出自己的建议,做好上级领导的参谋。同时凝聚团结班组成员,激发职工的积极性和创造性,圆满地完成每一项工作。如果仅仅停留在人员调配和生产安排上,就没有充分发挥出班组长的桥梁和推动作用。

4. 班小组活动

企业推行 5S、TPM 等活动大都采用小组活动形式。所谓小组就是以最基层的小组作为一个活动小组,每个小组的组长又是上一级(工段)小组的成员,工段长就成了这上一级小组的组长,同样各工段长又是更上一级小组的成员,车间主任这时就成了这一小组的组长。这样一级一级往上直至总经理。通过重复的小组活动就可淡化领导与被领导的关系,活跃气氛,增加团队协作精神,加强各小组之间的交流与合作,共同实现企业的目标。

小组活动的目的是将企业所期待的成果与工作人员各自的追求进行巧妙的调和,并通过具体的行动来实现这种调和,使公司和个人都得到提高,以达到目的。对公司而言,有助于提高公司的业绩,对每个成员而言,会产生一种达到目的的满足感及自己的追求得以实现的自豪感。

小组活动成功的关键在于具备"工作干劲、工作方法和工作场所"这三个条件。小组活动的一个重要前提是其成员能对自己的工作进行自主的管理,也即具有工作干劲和工作方法,能成熟地自主管理且能严于律己。而作为小组领导就是要培养出一批人员,为此要对职工在思想、技术及方法等方面进行不断的引导和教育。工作场所是工作人员工作的环境问题,它包括心理环境和物理环境两个方面。心理环境就是要形成同事之间,上、下级之间十分融洽的环境,团结友爱,相互信赖。物理环境就是要形成便于活动的工作场所,包括5S活动的开展、车间的环境、各种标准与资料的准备和有效使用、各班次之间的交接,以及其他的管理体系的完善,等等。

这里值得一提的是,作为一个小组领导,要有良好的素质,应能经常听取别人的意见,不以领导者自居,将自己的观点强加于人,要能不断学习、不断吸收新的知识和技能,有向新工作挑战的勇气,也不居功自傲,并保持一个领导者的自信心,这样才能有效地对组员施加影响,发挥团队的作用,共同把工作做得更好。

班小组活动借鉴小组活动形式和方法是可行的。

5. 班组管理工作标准及问题解决办法

典型的班组管理工作标准及问题解决办法如表7-12所示。

表7-12 班组管理工作标准及问题解决办法

序号	工作项目	工作标准	可能遇到的问题	解决办法
1	班前准备	确认生产计划、型号、时间、材料备货;确认上班质量缺陷点、数量及应注意问题	上班出现批量质量事故,不良品超标,影响接班;生产计划临时调整,所需材料不足	组织人员现场学习,分析原因,如无首件和工序通知应立即向有关部门反馈,索要技术文件,并按要求做首件封装
2	班前会集合	全组成员着装(工作服)洁净,上岗证、劳保用品佩戴齐全	工作服脏	按劳动纪律规定,按迟到论处,兑现责任价值
3	班前会	宣布班前会开始,公布昨日产量、质量完成情况及存在的问题	班组成员缺勤	组织召开班组周质量例会,分析原因,确定责任人,制定措施,成立QC小组
4	班后会	列队集合同班前会;当日工作总结,利用"5S"剖析	需求物料未产出;不良品未清理完	反馈给班长,组织备货;找出责任人,清理、清退
5	班组周质量例会	每周1次,由班组长或班组技术质量员主持,班组成员参加讨论,提出本班组前三位质量问题,找出原因,确定责任人,讨论整改措施,是否作为QC攻关	生产任务急,无时间开会;质量问题多,找不准问题所在	事先征集议题,开短会,确保效果;按先易后难的办法排序,逐个解决

续表

序号	工作项目	工作标准	可能遇到的问题	解决办法
6	开工首件	开工首件按工艺要求进行首件检验,根据首件检验表的内容对工件每一项质量标准进行检验; 首件检验合格后,由操作员确认、检验员闸口确认	首件质量标准达不到; 首件不合格,闸口不及时	认真检查,对问题点进行整改; 反馈给检验处领导,兑现责任人
7	50件一检	每50件进行一次检查; 工件尺寸必须达到技术要求,符合首检验要求,符合首件检验标准	第50件未进行检验	设50件检查表进行控制,班长每2小时抽查1次
8	班组QC活动	每月有成果,每周有例会和活动; 每月末对小组活动成果进行总结,拿出可参与发布的成果	不知如何开展活动; 小组成果不知由谁来确认	查阅同类成果的活动步骤及各种工具的运用方法,并找分厂主管进行沟通; 数据统计及现场实施分别落实到相关责任人
9	班组质量奖罚	班组质量物耗奖罚在公布24小时内统计,并通知责任人;保证准确无误	奖罚落实不到位,责任人不清楚	质量物耗在每日10:00点前公布,出现废品不良品及时培训责任人
10	质量回访	每日及时回访下道工序,将质量信息及时传递到班组内,使质量问题得到及时解决,满足用户需求	回访遇到用户态度蛮横; 当用户提出质量要求太苛刻时,超出了我们的能力范围	不能与用户发生冲突,应以心平气和的态度对待用户; 应尽量满足用户的要求,确实达不到,应根据相应标准、制度耐心地对用户进行解释、协调,使用户满意
11	设备管理	润滑及时到位; 设备维修保养达到"漆见本色铁见光"	设备润滑点不及时润滑; 清擦不及时,设备积灰积油未清理	定期设备润滑; 工作中及时清擦,班后、周末全面清擦
12	市场反馈	于每月27日前到分厂质管员处领取市场索赔记录本; 班长每月27日将市场反馈本下发到班组的每个工位	质管员培训不到位,班长未认真学习; 市场反馈本领取不及时,影响当天的工作	及时领取市场反馈本,保证工作到位; 班长及时把市场反馈本下发到位

习题

1. 试述准时生产方式。
2. 简述精益生产的含义和基本思想。
3. 精益生产的目标和方法有哪些?
4. 简述全面生产维护(TPM)的概念及其形成历史。
5. TPM 的评价指标有哪些?
6. 简述 5S 管理的内容。
7. 为什么说推行 5S 活动是 TPM 的前提?
8. 简述 TPM 的内容,并用流程图描述。
9. 何谓目视管理?
10. 定置管理的含义和内容是什么?
11. 试述开展定置管理的步骤。
12. 班组管理是什么?

 思考题

企业生产管理中如何运用工业工程?

 案例▶▶▶

一汽 CIP 与流程精益改进活动

CIP 的概念

CIP 起源于日本的 KAIZEN(改善),意为不断改进流程(continuous improvement process,CIP)。

中国第一汽车集团公司(以下简称一汽)在生产过程中致力消除一切无效劳动和浪费,它把目标确定在尽善尽美上,通过不断地降低成本、提高质量、增强生产灵活性、实现无废品和零库存等手段确保企业在市场竞争中的优势,实现从毛坯投入到成品产出的整个制造加工过程的一个流程式准时化生产,零件始终处于不停滞、不堆积、不超越的状况下,按节拍一个一个地流动。这就是一汽的 CIP。

CIP 的目标是通过对企业流程的改善不断地提高产品质量,降低产品成本,完善售后服务。

不断改进流程

任何流程、任何部门都有改进的潜力。CIP根本的出发点是追求完美,永远不满足已取得的成绩,并需要不断地消除或减少企业中存在的各种浪费,如仓库库存、等待材料、设备故障、寻找工具、产品缺陷、供货不及时、中间库存、零件计数、信息输入、观察设备、搬运重物、零件运输、过剩生产,等等。

CIP思想认为,浪费是顾客不愿意接受的那部分企业活动。而顾客愿不愿意接受则完全取决于顾客的价值观念、生活习惯和文化背景等因素,与企业生产流程的优劣没有关系。只有那些完全了解顾客的企业才能把握顾客的需要,从而促使企业不断地对自身进行分析,消除那些不为顾客创造价值的活动。这些活动存在于企业的各个部门和各个流程之中,CIP则是一种对这些流程和部门进行分析并改进的有效方法。

企业中存在浪费,那么,由谁来消除这些浪费呢?CIP的回答是:依靠全体职工。事实上,企业中最大的浪费便是人力资源方面的浪费,其他的浪费,如库存、等待、生产过剩、不合理的动作、制造不良品等,不管其如何巨大,都必须依靠人去解决。这里的人不仅仅指企业的高层管理人员,而是包括全体员工。因为,一方面,员工的经验和智能是企业最宝贵的财富,他们了解企业生产流程的每个细节,他们也知道企业问题的症结,但领导也许仅仅了解企业的总体经营状况,却看不到这种经营状况的深层次原因;另一方面,企业中的大部分人是具体操作人员,领导层所占的比例较小,领导的智慧,不管其如何完美,都不足以解决企业中存在的所有问题,只有使全体员工的智慧得到利用,才能使企业在新的挑战中获得生存。

从上述两点看,似乎CIP和合理化建议的活动没有什么区别,但合理化建议活动的效果却和CIP的效果无法相比。CIP的思想认为,与其花大力气查出在干净地面上扔废纸者,不如直接把废纸捡起来扔进垃圾桶。CIP活动的方式更快捷、高效。参加活动的人一般不超过12名,他们分别来自与流程有关的作业者、上道工序的代表、下道工序的代表及解决有关问题的部门代表等。上道工序的代表可以通过活动了解到他们提供给该流程的产品的质量问题,并将这些问题带回去设法解决。下道工序的代表则是从该流程"用户"的角度对该流程提供的产品提出意见和建议,作为CIP活动的改进方向。在此基础上,小组成员要在5天内全脱产共同对该流程进行实地考察和定量分析,然后通过头脑风暴法提出存在的浪费现象,由小组成员通过讨论、分析后制定解决方案,并亲自实施措施,从而在5天内就取得改善的效果。

为了不断提高经营业绩,企业亟待解决的课题很多,但是从何处入手才能找出良策,并非易事。一般有两种途径可供选择,即跳跃途径和渐进途径,前者需要技术上的突破或管理上的创新,长期以来为欧美公司所采用,因为创新或技术的突破往往能带来明显的、引人注目的效果,而后者则追求改进的持续性和渐进性,虽然每次的改进效果并不明显，但改进过程随着时间的推移却能带来巨大的效果，日本的许多公司崇尚这种途径，CIP则是这种途径的具体手段。

CIP从企业中存在的浪费出发进行不断改进，如操作人员动作不合理、设备故障太多、工序安排不当、原材料质量欠佳等。CIP的思想认为这些方面的问题是设计不合理或管理不善造成的，因此对它们的改善不需要太多投资，只要对流程进行分析就能找到浪费的根源，依靠员工的经验和智慧便能消除根源，从而取得改善的效果。

CIP 活动的工作步骤

1. 小组活动的准备

包括确定活动人员、改进流程的范围、活动场所及其布置等，主要由主持者负责。

2. 小组活动的引言

主持者首先要向小组成员说明CIP的含义、目的和具体工作方法，并激发全体成员参与到CIP活动中来。

3. 现场流程考察

不管是否来自于该流程，都应该以改善的眼光去现场观察，并发现流程中的问题。

4. 对流程进行定量分析

为了能定量了解流程状况，需要对流程的质量、生产率、在制品、占用场地面积、周转时间、材料消耗和零件品种等进行测量，并计算出具体数值。

5. 收集流程中的浪费现象

要改进流程，首先要了解流程中存在的问题，通过头脑风暴法，让小组的每一个成员发表自己的看法，并将所有意见收集起来，作为下一步工作的基础。

6. 提出改进意见和方案

对第五步收集到的每条浪费进行分析，找出符合CIP活动的内容，即能在短时间内消除并有望获得较大效果的浪费，然后对选出的每一条提出改进意见，确定几种可能的方案。

7. 确定解决方案

对消除浪费的每条改进方案进行分析，以确定其可行性，通过效益比较确定最佳解决方案。

8. 制订措施表

经全体成员同意后，把最佳方案描述在统一规定的措施表上。

9. 实施措施

要求参加人员共同负责，并亲自动手，尽快解决。

10. 汇报成果

每次活动的有形成果都要用经费额来衡量，无形成果应说明其改进的意义。最终的成果将在有上层领导和各部门经理参加的CIP汇报会上汇报。

11. 跟踪措施实施情况

主持者应在 5 天的活动后对措施的实施情况进行跟踪，监督执行人员按改进后的方案工作，确保改善成果。

CIP 活动三例

1. 数控机床故障分析

(1) 改进前问题：某车间数控机床经常发生故障，维修人员通过更换备件解决故障。

(2) CIP 活动问题分析：设备故障约每个月发生一次，主要原因是主控制板发生故障，这种板的备件价格 1 500 元，每年备件费用 18 000 元。运用问题导问的"五问法"，追问"五个为什么"对主控制板故障的原因进行了分析，结果如下。

为什么发生故障→线路板烧坏

为什么线路板烧坏→降温不好

为什么降温不好→空气流通不畅

为什么空气流通不畅→数控机床外空气进不去

为什么空气进不去→滤网上结尘

通过追根究底地提问，找到了问题的症结，确认故障原因是：数控机床下面有一只滤网，是防灰尘的，灰尘积在滤网上使外面空气不能进入机床，从而使机床内空气散热不良，温度升高，造成线路板烧坏。

(3) CIP 措施：每半个月清扫一次滤网。

(4) CIP 成果：每年节约 10 个备件，设备故障率下降 83%。

2. 平面布置优化

(1) 改进前问题：如图 7-8(a)所示，占用场地面积大，在制品多。

(2) 问题分析：造成这一问题的主要原因是设备 a、b 的操作人员离原材料的料箱太远，所以只能靠操作人员 1 通过滑板送料。流程分析结果是：操作人员 7 名，场地为 220 平方米，在制品 130 个。

(3) CIP 措施：如图 7-8(b)所示，将设备 a、b 的方向转 180 度，并移到滑板Ⅱ两侧，取消岗位 1 和送料滑板Ⅰ。

(4) CIP 成果：场地面积节约 35%，劳动生产率提高 14.3%，在制品减少 15.4%。

3. 零缺陷改进

(1) 改进前问题：如图 7-9(a)所示，机床加工工件过程中经常发生因插入方向错误而造成设备故障和零件报废。

(2) 问题分析：存放工件的料箱不规范，摆放随意，操作人员加工前必须先判断方向，但因每个工件总加工时间仅 32 秒，判断失误率高。统计结果表明，该工件班产 720 个，两班制月产量 33 000 个，因插入错误造成的零件报废平均 9 个/班，工件

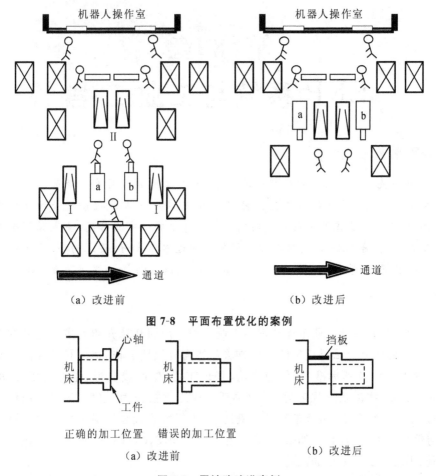

图 7-8 平面布置优化的案例

图 7-9 零缺陷改进案例

毛坯单价 8.65 元,年损失材料费 39 000 元。

(3) CIP 措施:如图 7-9(b)所示,在机床心轴上安装一块挡板,起到防失误装置的作用,使工件不能以错误的方向插入,从而使操作人员及时发现问题,人为缺陷减少至零。

(4) CIP 成果:产品合格率提高 13%,设备故障率下降 25%。

 案例讨论

一汽 CIP 活动对企业建立精益生产模式有哪些启发?

第 8 章 ERP 系统与工业工程

> **内容提要** ▶▶▶
>
> ERP 系统作为工业工程研究的典型系统,在工程领域具有广泛的代表性。本章要求了解制造业信息化与工业工程间的内在联系,以及我国制造业信息化建设的内涵、现状分析及工业工程在我国制造业信息化建设中的作用;重点掌握企业应用工业工程,实施 ERP 的问题及应用评价。通过本章学习,要求对 ERP 系统有一个基本的了解,并学会如何认识、理解 ERP 系统,以推动 ERP 在企业的更好的广泛应用。
>
> 工业工程有基础工业工程与现代工业工程。前面几章介绍的主要是基础工业工程,它主要研究什么是正确的工作方法及如何有效地工作,也就是企业内的基础工作、管理工作及其标准,如作业方法、场地布置、生产线设计、能力平衡、标准工时、人机关系、物流系统规划等,所以早期工业工程被誉为"效率工程"。现代工业工程是基于系统分析、运筹学和计算机技术,用于解决大系统最优化与宏观资源配置,与信息技术密切相关,如研究 MRP Ⅱ、BPR、ERP、CIMS、SCM 等的内涵及其技术都属于现代工业工程的范畴。

8.1 制造业信息化与工业工程

制造业信息化是将信息技术、自动化技术、现代管理技术与制造技术相结合,改善制造企业的经营、管理、产品开发和生产等各个环节,提高生产效率、产品质量和企业的创新能力,降低消耗,带动产品设计方法和设计工具的创新、管理模式的创新、制造技术的创新及企业间协作关系的创新,从而实现产品设计制造和企业管理的信息化、生产过程控制的智能化、制造装备的数控化及咨询服务的网络化,全面提升制造业的竞争力。

8.1.1 我国制造业信息化建设的现状分析

我国实施"以信息化带动工业化"发展战略以来,企业信息化伴随着经济建设得到了快速发展。制造业信息化建设的现状可以通过以下几方面来概括描述。

（1）信息化建设整体投入尚还不足　信息化建设的投入是对企业持续发展核心能力的投资，企业信息化的投资是一个长期持续的过程。发达国家一般大企业每年的信息化投入要占到全年总投入的10％～30％，而在国内这个比例却仅仅是1％～2％，甚至更少。随着制造业信息化工程的推进，企业在这方面的投入将会逐步增加。

（2）网络建设发展迅速　互联网经济的蓬勃发展极大地带动了企业网络建设的积极性。网络是企业所有信息系统共用的信息平台，网站是企业的一个窗口，可以达到发布信息、交流、为顾客服务的目的，且建设技术难度不高，我国大、中型企业普遍建立了局域网和企业对外网站。随着信息化建设的逐步完善，制造业企业也将逐渐开展网上业务和电子商务。

（3）财务管理软件认可度较高　由于财务管理软件的规范性和通用性较强，软件技术也比较成熟，企业对财务管理软件比较认同，使用比率较高，近80％的企业建立了财务管理信息系统。企业通常会直接购买成熟的软件包，其中国内用友、金蝶、浪潮三家财务软件的市场占有率达71.1％。

（4）计算机辅助设计与制造系统应用较为广泛　我国从20世纪80年代已开始应用CAD软件进行辅助设计，CAD软件本身也随着计算机技术不断地发展，软件成本降低，而功能逐渐增强，从二维CAD、三维CAD发展到协同设计。大中型制造企业CAD、CAM应用比较广泛，而中、小型企业应用水平还比较低，计算机辅助设计普及率平均约为45.06％，计算机辅助制造普及率平均约为36.51％。

（5）ERP软件的应用增长速度快　近年来，制造业信息化建设中ERP概念被炒作得火热。ERP作为规模最大、与管理捆绑最紧密的信息系统，实施风险最大，其失败之多已让不少企业视之为"鸡肋"，甚至拒之门外。我国大中型企业ERP覆盖率约为36％。已经实施ERP的企业由于缺乏必要的业务流程重组，管理方式还比较落后，有不少效果还不理想。尽管有企业宣称其成功率高达90％以上，但这种成功率所指的仅仅是ERP上线成功。作为制造业信息化主体的ERP实施成功率比较低，对提高企业管理水平的效果并不显著，其主要原因在于作为实施ERP主体和核心的企业本身。ERP项目是一个具有系统复杂、实施难度大、应用周期长等特点的企业管理系统工程，实施过程中如果不能建立项目管理体系和运作监理机制，就会造成项目延期、成本增加。企业实施ERP首先需要进行业务流程重组（BPR），通过业务流程优化，找出企业存在的问题，规范业务流程，ERP的实施才能达到事半功倍的效果。基础数据是各类信息系统运行的基础，其完整性及准确性是系统实施ERP成败的关键，基础数据薄弱是我国企业普遍存在的一个突出问题。归根结底，企业实施ERP未能触及传统的管理模式和落后的管理基础，导致信息系统的各种功能得不到充分利用。

8.1.2 制造业信息化建设的内涵

一般制造业信息化应包含以下内容。

(1) 计算机网络和数据库　从工程的角度看,实现信息系统的互联和数据的共享是信息化建设的关键,因此,先进、可靠、满足企业需要的计算机网络和数据库是支持整个企业信息系统的平台和先决条件。

(2) 数字化设计与制造　通过计算机软、硬件和互联网,实现产品设计手段、设计过程、制造过程的数字化和智能化,缩短产品开发周期,降低开发成本,提高企业的产品创新能力。数字化设计与制造主要包括计算机辅助设计(CAD)、计算机辅助工程(CAE)、计算机辅助工艺规划(CAPP)、计算机辅助制造(CAM)、产品数据管理(PDM)、协同设计与并行工程等,其中 CAX(CAD、CAE、CAM、CAPP 的统称)是制造业信息化中数字化设计与制造的核心,是实现计算机辅助产品开发的主要工具。PDM 技术集成并管理与产品相关的所有信息和文档,为 CAX 的应用提供集成应用平台,也是连接 ERP 的桥梁和纽带。协同设计和并行工程则支持网络设计环境下多人、异地同时进行产品协同开发。

(3) 数字化生产过程　通过实现生产过程的自动化和智能化,提高企业生产过程的自动化水平。对于离散制造行业,要加快发展数控机床和机器人的应用,实现制造装备的数字化、自动化和精密化,提高产品的精度和加工装配的效率;对于流程行业,推广应用 DCS、MES 系统,提高基础数据的自动采集和生产过程的有效控制。

(4) 数字化管理　通过现代管理模式与计算机管理信息系统支持企业合理、有效地经营与生产,实现企业内外部管理的数字化,最大限度地发挥现有设备、资源、人、技术的作用,提高企业管理效率和水平。实施办公自动化系统可以提高企业综合管理效率、规范办公管理流程。ERP 系统是企业数字化管理的一个典型应用,它包含全面的业务管理,使企业各部门活动协调一致,形成一个整体。数字化管理技术还包括决策支持系统 DSS、客户关系管理 CRM、供应链管理 SCM 等,它们将供应商、制造商、分销商、零售商直到最终用户连成一个整体,实现企业间的资源整合。

(5) 制造业企业集成技术　在设计、制造装备、生产过程和管理数字化的基础上,实现企业的内、外部资源集成,实现制造企业的整体优化。CIMS 将一个个孤立的应用(如 CAD、CAE、CAPP、CAM、PDM、ERP 等)集成起来,形成一个协调的集成系统,高效、实时地实现企业信息系统间的数据、资源共享及协同工作,使企业获得最佳的运行效益。

从以上的分析可看出,制造业信息化建设的内涵应包括以下几方面。

(1) 信息技术的应用　它包括计算机网络和各种软硬件的广泛应用,如计算机网络、硬件、系统与数据库平台、应用软件、终端设备(如数控机床)等。IT 基础设施是企业信息化建设的技术基础,是各种技术软件和管理系统运行的支撑环境。

(2) 在信息技术的基础上,重新整合企业各种资源,实现系统功能的大幅度提升。传统的人工作业与ERP系统作业流程的差异极大,企业信息化不是简单地运用各种信息技术代替原来的手工作业,而必须抛弃在人工环境下的流程观念,取而代之的是计算机网络整合环境下的信息流程,这就需要对原有的组织结构和业务流程进行改进或重新设计。

(3) 企业信息化建设需要一个过程 企业应该根据自身的战略目标和实际能力,总体规划、分步实施,而非一蹴而就、一哄而上。因为一次性实施整个系统所需的时间、人力、资金、风险都是巨大的,企业很难承受。应选择一个合适的切入点,以最小的投入带来最大的效益,保证制造业信息化工程的成功率。

8.1.3 工业工程在制造业信息化建设中的作用

我国台湾ERP专家朱文斌认为,制造业ERP原本就是基础工业工程、成本会计、信息管理的系统整合,成本会计和基础工业工程才是ERP的根本,而IT技术则是把这些根本发扬光大的工具,没有经过CA和IE最优化,ERP只是一个大型的商业玩偶。

工业工程是对由人员、物料、设备、信息及能源所组成的集成系统,进行设计、改善和设置的一门学科。工业工程的功能具体表现为系统的规划、设计、评价和创新四个方面。工业工程在发达国家的应用已有近百年的历史,被认为是现代工业化的重要基础。目前,我国工业化和企业管理水平方面与发达国家相比,仍存在巨大的差距,主要表现为许多工业化所必需的基础工作缺乏或不到位,如在对基础工业工程的研究和应用、企业在工作方法和程序上的标准化、基础数据的准确性和及时性、组织机构和作业流程的规范化等方面,难以给现代工业工程实施提供合适的运行环境和有效的支持。而我国现阶段在还没有完成工业化进程的条件下,即进入了几乎与发达国家同步的信息化阶段,造成了ERP在中国"水土不服"的现象。所以对工业工程在信息化建设中的应用,绝不可以简单对待,其理由详述如下。

首先,制造业信息化对基础数据的准确度要求很高。像工时定额这种数据,如果没有经过动作分析和作业研究很难保证其准确性,很多实施的企业都是采用估计值,进而影响到生产周期、产品成本、生产计划的准确性。另外,制造业信息化还包括CAD、CAE、CAPP、CAM、PDM等软件的应用,这些软件的有效使用都是以基础数据,以及与产品相关的所有信息和文件的准确为前提。基础工业工程是基础数据准确、及时的保证。

其次,进行信息化建设要求从系统的整体规划设计出发,即在理解、理清企业发展远景和信息化应用的总体方向的基础上,客观分析企业的现状和需求,分析当前和未来之间的差距，然后制定信息化建设的策略，明确原则和路线，确定各个信息化建设项目之间的先后顺序和依赖关系，并落实每一个信息化建设项目的进度计划。如果缺乏信息化总体规划，很容易导致系统繁多、信息孤岛、维护费用高、收益低、风险高等问题。对信息化建设项目、信息系统进行总体规划和设计是工业工程的基本功能。

第三，ERP 是制造企业以对其资源的计划与控制为核心的信息管理系统。其中的主生产计划 MPS，是确定每一个具体的产品在某一具体时间段的生产计划。根据 MPS 确定物料需求计划 MRP，继而产生全部制造件、采购件的生产作业计划和物料采购计划。所以，生产计划是企业各种资源调配、平衡的中心，也是 ERP 系统与实际生产经营保持一致的关键。制订合理的生产计划、进行能力平衡和优化排序、改善物料库存等，又是工业工程的经典内容之一。

第四，企业实施 ERP 系统首先要进行业务流程重组，这是现代工业工程的基本内容之一。它强调利用先进的信息技术和运用工业工程的理念与方法对企业现有的业务流程进行根本的再思考和彻底的再设计，实现管理组织结构扁平化，最终实现企业经营在成本、质量、服务和速度等方面的改善。信息化不是把企业原来的做法搬到计算机上就可以实现的。如果企业业务流程不能事先按照先进的管理模式及计算机和网络作业的特点进行优化和重组，就盲目进行信息系统的开发，ERP 系统将无法发挥其应有的作用。

第五，制造业信息化建设过程中还应不断引入工业工程先进的制造与管理模式和理念，加快企业的工业化和现代化进程，如准时生产、并行工程、精益生产和敏捷制造等。

8.2 ERP 及其系统

工业工程技术是企业系统优化的技术，是企业未来成长的载体技术和关键技术。工业工程的典型代表技术或产品是 ERP，下面介绍 ERP 及其系统与企业工业工程的关系。

8.2.1 ERP 的定义

ERP(enterprise resources planning)是指"企业资源计划"，可以从管理思想、软件产品、管理系统三个层次给出它的定义。

(1) ERP 是由美国著名的计算机技术咨询和评估集团 Garter Group Inc. 提出的一整套企业管理系统体系标准，其实质是在制造资源计划(manufacturing resources planning Ⅱ, MRP Ⅱ)基础上进一步发展而成的面向供应链(supply chain)的管理思想。

(2) ERP 是综合应用了客户机/服务器体系、关系数据库结构、面向对象技术、图形用户界面、第四代语言(4GL)、网络通信等信息产业成果,以企业资源计划管理思想为灵魂的软件产品。

(3) ERP 是将企业管理理念、业务流程、基础数据、人力物力、计算机硬件和软件整合于一体的企业资源计划管理系统。

ERP 的概念层次如图 8-1 所示。

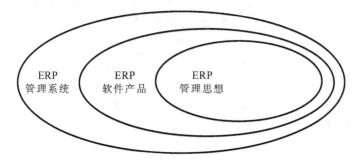

图 8-1 ERP 的概念层次

因此,对应于管理界、信息界、企业界不同的表述要求,ERP 分别有着它特定的内涵和外延,相应地也分别采用"ERP 管理思想"、"ERP 软件"、"ERP 系统"的不同表述方式。

8.2.2 ERP 系统的发展和理念

1. ERP 系统的发展

在 18 世纪工业革命后,人类进入工业经济时代,社会经济的主体是制造业。工业经济时代竞争的特点就是产品生产成本上的竞争,规模化大生产是降低生产成本的有效方式。由于生产的发展和技术的进步,大生产给制造业带来了许多困难,主要表现为:生产所需的原材料不能准时供应或供应不足;零部件生产不配套,且积压严重;产品生产周期过长且难以控制,劳动生产率下降;资金积压严重,周转期长,资金使用效率降低;市场和客户需求的变化,使得企业经营计划难以适应。总之,降低成本的主要矛盾就是要解决库存积压与短缺问题。为了解决这个关键问题,1957 年,美国生产与库存控制协会(APICS)成立,开始进行生产与库存控制方面的研究,并开展大量的工业工程的工作,其研究与发展伴随着 ERP 系统的发展。

ERP 的发展大体上经历了以下四个阶段。

1) 库存定货计划——MRP 物料需求计划阶段(或称基本 MRP 阶段)

随着 20 世纪 60 年代计算机的商业化应用,第一套物料需求计划(material requirements planning,MRP)软件面世并应用于企业的物料管理工作中。MRP 的逻辑流程图如图 8-2 所示。

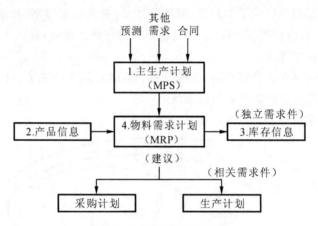

图 8-2 MRP 的逻辑流程图

2) 生产计划与控制系统闭环 MRP 阶段

在 20 世纪 70 年代,人们在 MRP 基础上,一方面把生产能力作业计划、车间作业计划和采购作业计划纳入 MRP 中,同时在计划执行过程中,加入来自车间、供应商和计划人员的反馈信息,并利用这些信息进行计划的调整平衡,从而围绕着物料需求计划,使生产的全过程形成一个统一的闭环系统,这就是由早期的 MRP 发展而来的闭环 MRP(见图 8-3)。闭环 MRP 将物料需求按周甚至按天进行分解,使得 MRP 成为一个实际的计划系统和工具,而不仅仅是一个订货系统。

3) 制造资源计划——MRP Ⅱ 阶段

闭环 MRP 系统的出现,使生产计划方面的各种子系统得到了统一。只要真正制订好主生产计划,那么闭环 MRP 系统就能够很好地运行。但这还不够,因为在企业管理中,生产管理只是一个方面,它所涉及的是物流,而与物流密切相关的还有资金流。这在许多企业中是由财会人员管理的,这就造成了数据的重复录入与存储,甚至造成数据的不一致性,降低了效率,浪费了资源。于是人们想到,应该建立一个一体化的管理系统,去掉不必要的重复性工作,减少数据间的不一致性和提高工作效率,实现资金流与物流的统一管理,即把财务子系统与生产子系统结合到一起,形成一个整体系统。这使得闭环 MRP 向 MRP Ⅱ 前进了一大步。最终,在 20 世纪 80 年代,人们把制造、财务、销

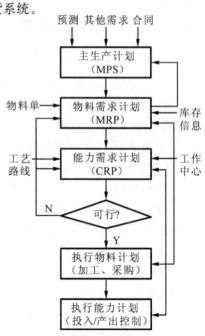

图 8-3 闭环 MRP 逻辑流程图

售、采购、工程技术等各个子系统集成为一个一体化的系统,并称为制造资源计划(manufacturing resource planning,MRP)系统,为了区别物料需求计划,系统记为MRPⅡ,其逻辑流程图如图 8-4 所示。MRPⅡ可有效地利用各种制造资源、控制资金占用、缩短生产周期、降低成本。它最显著的效果是减少库存量和物料短缺现象,但它还局限于企业内部物流、资金流和信息流的管理。

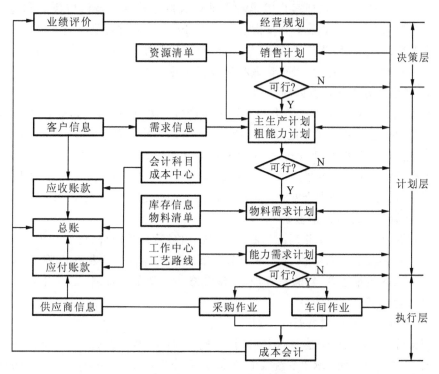

图 8-4　MRPⅡ逻辑流程图

4) 企业资源计划——ERP 发展阶段

自 20 世纪 90 年代中后期以来,现实社会开始发生革命性变化,即从工业经济时代开始步入知识经济时代,企业所处的时代背景与竞争环境发生了很大变化,企业资源计划(ERP)系统就是在这种时代背景下应运而生的。在 ERP 系统设计中,考虑到仅靠自己企业的资源不可能有效地参与市场竞争,还必须把经营过程中的有关各方如供应商、制造企业、分销网络、客户等纳入一个紧密的供应链中,才能有效地安排企业的产、供、销活动,满足企业利用一切市场资源快速高效地进行生产经营的需求,以期进一步提高效率和在市场上获得竞争优势。同时,考虑到企业为了适应市场需求变化,不仅要组织"大批量生产",还要组织"多品种小批量生产"。在这两种情况并存时,需要用不同的方式来制订计划。

2. ERP 系统与 MRPⅡ 的区别

ERP 系统是在 MRPⅡ 基础上进一步发展的企业资源管理系统,为了进一步弄清 ERP 系统的概念及其主要功能,需要弄清 ERP 与 MRPⅡ 之间的区别。

1) 在资源管理范围方面的差别

MRPⅡ 主要侧重对企业内部人、财、物等资源的管理,ERP 系统在 MRPⅡ 的基础上扩展了管理范围,它把客户需求和企业内部的制造活动及供应商的制造资源整合在一起,形成企业的一个完整供应链(supply chain),并对供应链上的所有环节进行有效管理,这些环节包括订单、采购、库存、计划、生产制造、质量控制、运输、分销、服务与维护、财务管理、人事管理和项目管理等。

2) 在生产方式管理方面的差别

MRPⅡ 系统把企业归类为几种典型的生产方式来进行管理,如重复制造、批量生产、按订单生产、按订单装配、按库存生产等,对每一种类型都有一套管理标准。而在 20 世纪 80 年代末 90 年代初,企业为了紧跟市场的变化,多品种、小批量生产及看板式生产等则是企业主要采用的生产方式,单一的生产方式向混合型生产发展,ERP 则能很好地支持和管理混合型制造环境,满足了企业的这种多角化经营需求。

3) 在管理功能方面的差别

ERP 除了具有 MRPⅡ 系统的制造、分销、财务管理功能外,还增加了支持整个供应链上物料流通体系中供、产、需各个环节之间的运输管理和仓库管理,支持生产保障体系的质量管理、实验室管理、设备维修和备品备件管理,支持对工作流(业务处理流程)的管理。

4) 在事务处理控制方面的差别

MRPⅡ 是通过计划的及时滚动来控制整个生产过程,它的实时性较差,一般只能实现事中控制。而 ERP 系统支持在线分析处理(online analytical processing, OLAP)、售后服务及质量反馈,强调企业的事前控制能力,它可以将设计、制造、销售、运输等通过集成来并行地进行各种相关的作业,为企业提供了对质量、适应变化、客户满意、效绩等关键问题的实时分析能力。

此外,在 MRPⅡ 中,财务系统只是一个信息的归结者,它的功能是将供、产、销中的数量信息转变为价值信息,是物流的价值反映。而 ERP 系统则将财务计划功能和价值控制功能集成到整个供应链上,如在生产计划系统中,除了保留原有的主生产计划、物料需求计划和能力计划外,还扩展了销售执行计划和利润计划。

5) 在跨国(或地区)经营事务处理方面的差别

现在企业的发展,使得企业内部各个组织单元之间、企业与外部的业务单元之间的协调变得越来越多和越来越重要,ERP 系统应用完善的组织架构,从而可以支持跨国经营的多国家地区、多工厂、多语种、多币制应用需求。

6）在计算机信息处理技术方面的差别

随着 IT 技术的飞速发展，网络通信技术的应用，使得 ERP 系统得以实现对整个供应链信息进行集成管理。ERP 系统采用客户/服务器(C/S)体系结构和分布式数据处理技术，支持 Internet/Intranet/Extranet、电子商务（E-business、E-commerce）、电子数据交换(EDI)，此外，还能实现在不同平台上的交互作业。

3. ERP 系统的理念

ERP 系统的核心思想就是实现对整个供应链的有效管理，主要体现在以下三个方面。

1）体现对整个企业资源进行整合优化的思想和理念

在知识经济时代仅靠自己企业的资源不可能有效地参与市场竞争，还必须把经营过程中的有关各方如供应商、制造工厂、分销网络、客户等纳入一个紧密的供应链中，才能有效地安排企业的产、供、销活动，满足企业利用全社会一切市场资源快速高效地进行生产经营的需求，以期进一步提高效率和在市场上获得竞争优势。换句话说，现代企业竞争不是单一企业与单一企业间的竞争，而是一个企业供应链与另一个企业供应链之间的竞争。ERP 系统实现了对整个企业供应链的管理，适应了企业在知识经济时代市场竞争的需要。

2）体现精益生产、并行工程和敏捷制造的思想和理念

ERP 系统支持对混合型生产方式的管理，其管理思想表现在两个方面。其一，按精益生产的思想，企业按大批量生产方式组织生产时，把客户、销售代理商、供应商、协作单位纳入生产体系，企业同其销售代理、客户和供应商的关系，已不再是简单的业务往来关系，而是利益共享的合作伙伴关系，这种合作伙伴关系组成了一个企业的供应链。其二，按敏捷制造的思想，当市场发生变化，企业遇有特定的市场和产品需求时，企业的基本合作伙伴不一定能满足新产品开发生产的要求，这时，企业会组织一个由特定的供应商和销售渠道组成的短期或一次性供应链，形成"虚拟生产"，把供应和协作单位看成是企业的一个组成部分，运用并行工程(CE)组织生产，用最短的时间将新产品打入市场，时刻保持产品的高质量、多样化和灵活性。

3）体现事先计划与事中控制的思想和理念

ERP 系统中的计划体系主要包括主生产计划、物料需求计划、能力计划、采购计划、销售执行计划、利润计划、财务预算和人力资源计划等，这些计划功能与价值控制功能已完全集成到整个供应链系统中。

ERP 系统通过定义事务处理相关的会计核算科目与核算方式，以便在事务处理发生的同时自动生成会计核算分录，保证了资金流与物流的同步记录和数据的一致性，从而实现了根据财务资金现状可以追溯资金的来龙去脉，并进一步追溯所发生的相关业务活动，改变了资金信息滞后于物料信息的状况，便于实现事中控制

和实时做出决策。

此外,计划、事务处理、控制与决策功能都在整个供应链的业务处理流程中实现,要求在每个流程业务处理过程中最大限度地发挥每个人的工作潜能与责任心,流程与流程之间则强调人与人之间的合作精神,以便在有机组织中充分发挥每个人的主观能动性与潜能。实现企业管理从"高耸式"组织结构向"扁平式"组织机构的转变,提高企业对市场动态变化的响应速度。

总之,借助 IT 技术的飞速发展与应用,ERP 系统得以将很多先进的工业工程与管理思想变成现实中可实施应用的计算机管理软件产品或管理系统。

8.2.3 ERP 系统的主要特点

ERP 系统运行流程界面如图 8-5 所示,其主要特点如下。

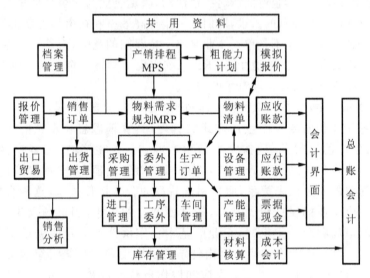

图 8-5 ERP 的流程界面

(1) 一套标准化的业务流程,它以 BOM 为结构工具,以 MRP 为自动规划工具,以订单管理为交易自动化的手段,以集成功能为决策优化的手段,全面提升管理水平。

(2) 与手工管理本质不同,只有依靠计算机才能运行。

(3) ERP 是制造企业的通用公式,主要表现在以下几个方面:

① 在"enterprise resource planning"中,"enterprise"是其真正的企图;

② ERP 试图将整个企业各职能和部门集成到一个计算机系统,并服务于这些职能的特殊需求;

③ ERP 让企业各部门跨越时空,便捷地分享信息,快速有效地沟通与协调;

④ ERP 不仅要求数据的共享,更是职能与管理流程(活动)的高度整合。

8.3 企业应用 ERP 系统的可行性

8.3.1 ERP 系统的要求

1) 企业管理模式的变革

ERP 系统需要与之相适应的企业管理模式。传统的管理模式是按职能展开的,其组织结构的特征是纵向分层次、横向分部门,每个层次是一个权力等级,每个职能部门是相对封闭的。这种组织结构使企业内部信息采集、处理和传递成为分散的、重复的,有时甚至是矛盾的,柔性差而僵化。因此,传统管理模式难以适应现代市场的要求,ERP 系统不可避免地对企业的劳动分工、生产组织方式、人员等产生冲击。

ERP 系统对企业组织的要求是:企业组织应以作业过程为中心,而不是以职能部门为中心;企业各部门活动应平行化,而非顺序方式运作;扩大与供应商和顾客的接触,以顾客的需求来引导企业的经营方向;所需信息完整地一次性获得,企业管理是建立在集约信息系统之上。当然,应针对不同企业适当放宽规范约束,保持企业合理的管理方式和运作习惯,要具体企业具体分析。

2) 企业信息网的构建

在 ERP 中,构建先进、实用、安全可靠的企业网络系统十分重要,它是信息集成的基础平台。构建中要着重考虑网络建设环境,包括企业部门地理位置、硬软件合理配置,还应考虑将企业中每个"信息孤岛"连为整体,以及网络作业系统和网络互连技术等问题。

3) 企业管理软件的规划

管理软件直接关系到企业信息化建设是否能真正发挥其效益。目前,企业使用的管理软件,从管理范围上可分为面向单一职能部门的管理、面向相关职能部门的管理和面向企业全局决策支持型管理三类。第三类是我们关注的目标。

企业选用的 ERP 管理软件,无论从国外引进,还是采用国产化软件,或是委托开发,或自行开发,都应考虑以下几点:要用全局、集成和发展的观点看,企业信息化是为了在企业经营管理信息集成的基础上,全面提高企业的生产经营管理水平和市场竞争力;管理软件的层次是否与企业管理层次和企业硬件环境相适应,其软件是否与企业所追求的目标相一致;管理软件支持数据库的能力,是否能与 Oracle、Sybase、Informix、DB2 等主要数据库很好地连接;是否具有先进的体系结构;是否有良好的服务保证、技术支持、培训等;软件质量是否可靠,是否有众多的成功用户,作业界面是否方便灵活、直观,是否采用了先进的程序开发技术,软件是否已做了本地化工作等。

总之,企业选择 ERP 系统要注重系统的实用性、合理性、先进性、开放性、可靠性和经济性。

8.3.2 推行 ERP 要注意的问题

企业推行和实施 ERP 是一项系统工程,实践表明,必须完善工程项目的组织管理方法,建立完整的工程项目具体实施方案,才能保证 ERP 的有效实施。在具体实施中要注意以下几个问题。

1)"全面规划、总体设计"是成功的必要条件

深入企业,调查研究,对企业进行全面分析,明确企业需求,提出切实可行的解决方案。没有全面解决企业信息集成的有效方案,便无法完成企业 ERP 系统的详细设计。

2)建立"一把手"工程是成功的关键

企业推行 ERP 管理思想和方法,实施 ERP 系统是一场深刻的管理革命,因为对企业来说,过去没有干过,系统实施的困难就很大。面对诸多困难,只有企业决策层领导在深入理解 ERP 的基础上,由"一把手"亲自主持、参与系统实施,动员企业全体员工共同参加,才能克服困难,取得成功。"一把手"工程不只是"第一把手"挂名,只依靠计算机应用人员来推动系统实施,而是要求企业的最高领导人实实在在地投入到系统实施过程中。企业要成立工程项目领导小组,主要领导担任领导小组组长,具体负责工程项目的领导工作。领导小组负责制定系统总体方案,确定新的企业管理方案,并在实施过程中,主持工程项目例会,组织协调各部门、各系统之间的关系,解决系统实施中出现的重大问题。要把 ERP 实施作为企业的主要工作之一,并授予主管部门考核权,确保系统正常、有序、顺利地实施。"一把手"工程是一个广义的概念,不仅企业最高领导亲自参与主持,还应包括企业整个决策层的参与。

3)培养企业自己的软、硬件技术队伍,是系统有效运行的重要条件

在 ERP 实施过程中,培训是十分重要的环节,培训工作要贯穿实施的全过程,培训工作要分层次不断深化。培训从内容上可分为 ERP 理论培训、计算机和网络知识培训、应用软件使用培训等。从人员上可分为企业领导层培训、工程项目工作组培训、计算机专业人员培训和业务管理人员培训。

4)做好基础数据管理,是系统有效运行的保证

有效实施 ERP,一定要投入足够的人力,重视基础数据的整理、修改和完善工作。基础数据量大,涉及面又广,如产品结构、工艺、工装、定额、各种物料、设备、质量、财务、工作中心、人员、供应商、客户等。有时为了核实一个数据,需要访问多个

部门和多个人。数据整理要满足软件的格式要求,并确保其正确性、完整性和规范化。基础数据不正确、不完善,则无法有效地运行 ERP 软件。

5) 选好理想的合作伙伴是系统成功运行的重要经验

合作伙伴是指硬、软件供应商,或技术依托单位,或软件开发单位。良好的合作是成功的基础。企业在系统实施前一定要认真考察和选择理想的合作单位,考察其技术实力、产品性能价格比、售后支持服务能力、合作精神等,必要时还要考察他们的一些用户。

而企业的合作伙伴,一定要站在企业的立场上,想企业所想,急企业所急,不能只从商业角度着想,要认真负责、自始至终地做好技术支持和服务工作,与企业各方人员密切合作,共同建设好企业的 ERP 系统。

8.4 ERP 系统的实施与评价

8.4.1 ERP 系统的实施方法

ERP 系统作为一个项目,实施时要做好战略规划、项目实施控制与安全管理等。

1) 战略规划

ERP 作为系统服务于企业的长期规划,是长期规划的手段和保证。ERP 的目标源于系统规划,它是评价 ERP 系统成败的基本标准。企业应依据系统规划,明确 ERP 系统的实施范围和实施内容。

2) 项目预准备

确定硬件及网络方案、选择 ERP 系统和评估咨询合作伙伴是该阶段的三项主要任务,也是 ERP 系统实施的三大要素。硬件及网络方案直接影响系统的性能、运行的可靠性和稳定性,ERP 系统功能的强弱决定企业需求的满足程度,咨询合作伙伴的工作能力和经验决定实施过程的质量及实施成效。

3) 项目实施控制

在 ERP 系统实施中,通常采用项目管理技术对实施过程进行控制和管理。有效的实施控制表现在科学的实施计划、明确的阶段成果和严格的成果审核。不仅如此,有效的控制还表现在积极的协调和通畅的信息传递渠道。实施 ERP 的组织机构包括指导委员会、项目经理、外部咨询顾问、IT 部门、职能部门的实施小组和职能部门的最终用户。部门之间协调和交流的好坏决定实施过程的工作质量和工作效率。

4) 业务流程控制

企业业务流程重组是在项目实施的设计阶段完成的。流程中的控制和监督环节保证 ERP 在正式运行后,各项业务处于有效的控制之中,避免企业遭受人为损失。设计控制环节时,要兼顾控制和效率。过多的控制环节和业务流程冗余势必降低工作效率,而控制环节不足又会有业务失控的风险。

5) 项目实施效果

虽然项目评估是 ERP 实施过程的最后一个环节,但这并不意味着项目评估不重要,相反,项目评估的结果是 ERP 实施效果的直接反映。正确地评价实施成果,离不开清晰的实施目标、客观的评价标准和科学的评价方法。目前普遍存在着忽视项目评估的问题。忽视项目评估将带来实施小组不关心实施成果这一隐患,这正是 ERP 项目的巨大风险所在。

6) 系统安全管理

系统安全包括作业系统授权、网络设备权限、应用系统功能权限、数据访问权限、病毒的预防、非法入侵的监督、数据更改的追踪、数据的安全备份与存档、主机房的安全管理规章、系统管理员的监督,等等。目前,企业中熟练掌握计算机技术的人员较少,计算机接入 Internet 的也不多。因此,在实施 ERP 系统时,普遍存在着不重视系统安全的现象,诸如用户不注意口令保密、超级用户授权多人等。缺乏安全意识的直接后果是系统在安全设计上存在着漏洞和缺陷。近年来,不断有媒体披露银行或企业计算机系统被非法入侵的消息,这给企业敲响了警钟。另外,水灾、火灾、地震等不可抗拒的自然灾害会给 ERP 系统带来毁灭性的打击。企业正式启用 ERP 系统后,这种破坏将直接造成业务交易的中断,给企业带来不可估量的损失。未雨绸缪的策略和应对措施是降低这一风险的良方。如建立远程备份和恢复机制;在计算机系统不能正常工作的情况下,恢复手工处理业务的步骤和措施。

8.4.2 ERP 系统的实施框架

ERP 系统实施框架,如图 8-6 所示大致有四层结构。在最底层的 L0、L1、L2 是工业自动化系统,直接控制设备;再上一层,L3 是过程控制和数据采集系统,强调实时控制逻辑上的精准和控制数据的及时反馈,同时,还强调对来自生产线的相关数据进行存储、传输、运算和分析的能力;再往上面的 L4、L5 才是 MRP、MRP II 和 ERP 系统,这一层,最大限度地寻求企业资源的动态平衡,寻求生产计划、营销体系、生产能力和设备具体状态的平衡,寻求从定单穿透企业,看到供应商的能力。

8.4.3 ERP 系统应用评价

ERP 系统应用是否成功,可以从以下几个方面加以衡量。

1. 系统运行集成化

这是 ERP 应用在技术解决方案方面成功最基本的表现。ERP 系统是对企业

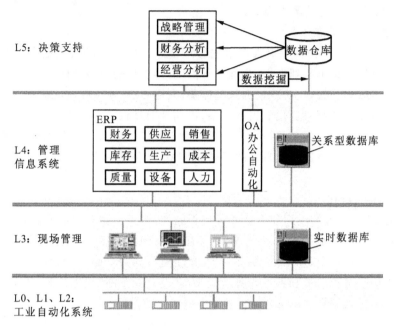

图 8-6　ERP 实施的四层结构框架

物流、资金流、信息流进行一体化管理的软件系统,其核心管理思想就是实现对供应链的管理。软件的应用将跨越多个部门甚至多个工厂。为了达到预期设定的应用目标,最基本的要求是系统能够运行起来,实现集成化应用,建立企业决策完善的数据体系和信息共享机制。

一般来说,如果 ERP 系统仅在财务部门应用,只能实现财务管理规范化,改善应收账款和资金管理;仅在销售部门应用,只能加强和改善营销管理;仅在库存管理部门应用,只能帮助掌握存货信息;仅在生产部门应用只能辅助制订生产计划和物资需求计划。只有集成一体化运行起来,才有可能达到下列目标:

(1) 降低库存,提高资金利用率和控制经营风险;

(2) 控制产品生产成本,缩短产品生产周期,提高产品质量和合格率;

(3) 减少财务坏账、呆账金额等。

这些目标能否真正实现,还要取决于企业业务流程重组的实施效果。

2. 业务流程合理化

这是 ERP 应用在改善管理效率方面成功的体现。ERP 应用成功的前提是必须对企业实施业务流程重组,因此,ERP 应用成功也意味着企业业务处理流程趋于合理化,并实现了 ERP 应用的以下几个最终目标:

(1) 企业竞争力得到大幅度提升;

(2) 企业面对市场的响应速度大大加快;

(3) 客户满意度显著改善。

3. 绩效监控动态化

ERP 的应用,将为企业提供丰富的管理信息。如何用好这些信息并在企业管理和决策过程中真正起到作用,是衡量 ERP 应用成功的另一个标志。在 ERP 系统完全投入实际运行后,企业应根据管理需要,利用 ERP 系统提供的信息资源设计出一套动态监控管理绩效变化的报表体系,以期即时反馈和纠正管理中存在的问题。这项工作,一般是在 ERP 系统实施完成后由企业设计完成。企业如未能利用 ERP 系统提供的信息资源建立起自己的绩效监控系统,将意味着 ERP 系统应用没有完全成功。

4. 改善持续化

随着 ERP 系统的应用和企业业务流程的合理化,企业管理水平将会明显提高。为了衡量企业工作水平的改善程度,可以依据咨询公司提供的企业管理评价指标体系对企业工作水平进行综合评价。评价过程本身并不是目的,为企业建立一个可以不断进行自我评价和不断改善的机制,才是真正目的,这也是 ERP 应用成功的一个经常不被人们重视的标志。

习题

1. 何谓制造业信息化,其内涵是什么?
2. IE 在制造业信息化建设中的作用是什么?
3. 企业资源计划(ERP)的定义是什么?
4. 试简述企业实施 ERP 的步骤及困难。
5. 现代工业工程的发展前景如何?
6. ERP 系统与 MRPⅡ的区别体现在哪些方面?

思考题

为什么说 ERP 是工业工程的代表技术?

案例 ▶▶▶

一拖三装库存准确率提升八倍

"实施 ERP,贵在坚持!"第一拖拉机股份有限公司第三装配厂(以下简称一拖三装)副厂长王建萍如是说,她主持参与了一拖三装先后三次实施 ERP 的全过程。

经历过三上ERP的过程，王建萍最大的感触是，实施ERP的主要阻碍不是技术，而是管理，是执行。改变人们的工作习惯很难，但更难的是转变观念、消除管理的盲区。

坐落于河南洛阳的一拖三装，是国有企业一拖集团的下属分厂，主要生产东方红大功率系列轮式拖拉机。当走进一拖三装宽阔厂区的时候，就被眼前的场景深深地震撼了，只见一排排大红色的拖拉机整齐地成方阵排列着，给人一种振奋向上的感觉。从大门口往里走十多分钟，进入一拖三装的办公楼，不禁感到一拖三装的确是一家典型而传统的国有企业——四层高的老式办公楼，统一身着蓝色工作服的工人和领导在其间来回穿梭忙碌着。就是这样的一个国企，在过去的10年间，已经三次上马ERP，充满艰辛，但却始终信念坚定地要向生产管理精细化转型。

三上 ERP

在三层的副厂长办公室，王建萍介绍起一拖三装三上ERP的由来。王建萍说："随着市场经济的不断发展，我们生产的产品种类不断增加，批量不断减少，用户的个性化需求特征也日益突出。但同时，由于受物料供应、生产能力、人力配备、技术水平等因素的影响，我们制订生产计划的难度越来越大。自身的管理现状和经营发展需求都提醒我们必须要用更先进的技术手段去实现精细化的生产管理模式。"

其实，从1998年起，一拖三装就开始琢磨着上ERP的事情了。王建萍介绍说，他们的初衷其实就是想解决财务人员繁重的手工签账的问题。

2002年，跟随当时上ERP的大潮，一拖集团与一家小型软件公司合作，进行了生产管理系统的开发，但上线应用失败了。因为那时候企业的软、硬件都达不到ERP系统的要求，企业员工对ERP系统也缺乏认识和了解，更重要的是，那时候的ERP产品基本上是西化的，根本不适应当时国企的现状。

2004—2006年，一拖集团又引进了BAAN的ERP系统，在集团内部几个分厂实施，其中包括一拖三装。经过一年多的努力，这项工作虽然取得了一定的实施效果，但也没达到预期目标。毕业于电气自动化专业，负责一拖三装信息化建设的系统管理员于璞向记者谈了这次实施失败的主要原因。他介绍说，当时存在多个供应商供应同一个采购零件的现象，而且供应商的比例需要经常调整，但BAAN系统要求供应商只能有一家，而且对其供货比例和周期也有严格要求。另外，由于BAAN系统是由集团层面来实施，导致物料编码特别烦琐，造成归类和修改数据效率低，很容易出现差错，导致BOM的稳定性差。而财务在签账时，BAAN系统不能同时显示采购价和计划价，给财务人员工作造成很大的不便。

当一拖三装与用友公司进行ERP项目洽谈时，一拖三装首先就把BAAN系统存在的问题拿出来咨询用友。经过双方多次沟通和反复论证，并在实际操作检验达到预期效果后，2007年1月，一拖三装开始与用友合作，逐步推行ERP—U8系统。系统于2007年6月开始正常运行，2008年10月，合作双方进行了项目验收。但这次上马ERP对一拖三装来说，也并不是一帆风顺，尤其是在仓库的管理上。

库存与BOM准确率低

在实施ERP系统之前，一拖三装的仓库管理不是很规范，人员素质达不到ERP系统的要求，手工记账、传统老化的管理也不利于ERP系统管理效率的充分发挥，更重要的是现有的管理制度和方法无法获得真实、有效、及时的库存数据，使得ERP项目实施举步维艰。

在系统实施之前，一拖三装的仓库管理员只做物料入库，物料出库由系统管理员代做，每月按"当月成品入库数"乘以"BOM定额"汇总后，再导入系统生成出库单。物料配送制也是有名无实，车间现场物料堆积现象严重。仓库出库单只每月底办理一张，根据材料定额算出，不可能提供即时库存数据，而手工账只能每月底核对一次，导致库存数据的即时准确率低得可怜，只有10%。

管理陈旧的同时，市场的发展却是日新月异。由于市场和用户需求日益多样化，一拖三装生产的变形产品多达2 000余种，正常生产需要零部件高达6 000多种。如何通过ERP系统把2 000余种变形产品、6 000多种零部件进行规范管理，对刚刚起步向精细化管理转型的一拖三装来说是一个很大的挑战。再加上保管录入失误、设计缺陷、工艺执行不利等原因的影响，BOM的准确率很低，MRP运算失去了实际意义，这些都不利于零部件的及时准确的采购和供应。ERP系统本身具有完整的计划体系，涵盖了企业生产经营活动的各个方面，但如何保障物料的及时和准确供应，确保生产按照市场需求准确进行，是摆在一拖三装领导和系统实施顾问面前最主要的问题。

理顺流程

如何解决上述问题？当然，首先要做的就是改善仓储管理。用友ERP咨询实施总部高级实施顾问蒙春华是在项目实施最困难的时候加入进来的，他和一拖三装的领导充分商讨后决定，在仓库实行账物分开的管理办法，建立出入库日报制度，每日一次由仓库保管员将本人所负责的发出物料数量填入"出库日报表"，并将数据录入系统。为提高数据录入的工作效率，王建萍决定挑选两名熟悉电脑的员工专门负责系统数据录入，便于系统数据的查询。

为建立完善ERP系统数据库，确保数据的准确性和有效性，一拖三装专门成立了以ERP系统主管部门牵头的物料编码工作小组，对企业库存的原材料、在制品、成品、备件等物料进行编码，并将编码数据输入ERP系统，建立ERP系统基础数据库，再根据原材料代码数据，将生产工艺中原材料的精确消耗指标输入数据库，编制机型配置数据。综合产品编码、机型配置、原材料消耗指标等各项数据，他们初步建立了一拖三装ERP系统数据库，为物料的入库、出库提供数据支撑。

为了解决系统上线应用中的问题，一拖三装的领导和实施顾问一起，进行了全面的策划和论证，组织展开了多次专项培训，并让仓库保管员使用过渡账，采取了一些 ERP 衔接措施。在 ERP 系统实施初期，所有的数据信息均采用电子账与手工账并存的方式进行，一方面是为了检验 ERP 系统数据库的正确性，另一方面是为了进一步完善一拖三装 ERP 系统数据库。手工账与电子账的相互验证，进一步补充和完善了一拖三装的 ERP 系统数据库，为脱离手工账提供了保障，并保证了仓库物资账、卡、物的相符，为一拖三装的成本结算提供了便利。

经过一段时间的系统测试与磨合，各系统具体操作人员对 ERP 系统有了比较深入的了解，并逐步适应了 ERP 系统这种全新的管理方法。一拖三装结合 ERP 系统实施情况，进一步完善了 ERP 工作流程。

为了保障生产精细化管理生产模式顺利进行，一拖三装在内部进一步细化 ERP 系统管理制度，明确了相关部门的工作职责，完善了 ERP 系统工作流程，并确保各项管理制度、工作职责及流程得到有效执行，使 ERP 系统逐步走上了正轨。

实施效果

如今，回忆其当时项目实施的过程，王建萍很有感触。在她看来，企业管理不能光靠觉悟，一定要采取制度、措施和手段才行。只有从生产与管理的细节处着手，一步一步坚持，才能逐步地解决问题，取得阶段性成果，日益提升企业的管理水平。

通过 ERP 系统的实施，一拖三装的管理水平得到了很大的提高，取得了明显的效果。系统实施后，一拖三装的库存准确率达到 90% 以上，与原来相比，提升了 8 倍。而且，系统还可以随时提供准确的各种库存数据，有效地调整了库存结构，降低了库存资金的占用，提高了流动资金的周转效率。

除了实现合理、有效的库存管控之外，一拖三装通过实施 ERP 系统还实现了以市场需求为导向的生产计划模式，使得企业生产更加贴近市场。实施 ERP 系统以前，一拖三装的生产计划只能做到两周一滚动，应对市场的反应能力特别低，当产品生产出来后，市场需求可能已经发生了变化，市场需求与企业生产的衔接性不强，而且一旦生产计划发生更改，往往会造成生产所需物料不能及时供货，而不需要的物料则积压浪费，不利于生产的顺利进行。而在实施 ERP 系统以后，一拖三装实行了 3 天滚动计划，极大地提高了企业应对市场的快速反应能力，有效地实现了企业生产与市场需求的无缝对接，同时也有效地解决了生产车间、仓库及物资采购部门之间的协作问题。这使得在企业销售额不断增长的情况下，库存资金占用反而下降，而销售订单交付率也提高了 10%。

通过实施 ERP 系统，一拖三装还极大地提高了成本核算分析的效率。在实施 ERP 系统以前需要好几天的成本核算工作，现在只需要几个小时，而且成本核算的准确性也得到了提高。利用 ERP 系统的台套定额成本分析程序，可以迅速地进行定额成本分析，为售前分析、成本控制提供了强大的工具。材料成本归集和分配的周期也由以前的 3 天以上缩短为半天,技术文件(材料定额)的准确率平均能达到 95%。

案例讨论

(1) 一拖三装的库存准确率是如何得到提升的?
(2) 试分析在我国实施 ERP 面临的困难和实施效果。

参 考 文 献

[1] 范中志. 工业工程基础[M]. 广州:华南理工大学出版社,2003.
[2] 罗振璧,朱立强. 工业工程导论[M]. 北京:机械工业出版社,2003.
[3] 胡宗武. 工业工程——原理、方法与应用[M]. 上海:上海交通大学出版社,2007.
[4] 汪应洛,袁治平. 工业工程导论[M]. 北京:中国科学技术出版社,2001.
[5] 王东华,高天一. 工业工程[M]. 北京:清华大学出版社,2007.
[6] 易树平,郭伏. 基础工业工程[M]. 北京:机械工业出版社,2005.
[7] 齐二石等. 现代工业工程与管理[M]. 天津:天津大学出版社,2007.
[8] 张正祥. 工业工程基础[M]. 北京:高等教育出版社,2006.
[9] 王恩亮. 工业工程手册[M]. 北京:机械工业出版社,2006.
[10] (美)特纳. 工业工程概论[M]. 北京:清华大学出版社,2007.
[11] 徐克林. 工业工程基础[M]. 北京:化学工业出版社,2008.
[12] 刘力卓,侯玉梅. 工业工程导论[M]. 北京:中国物资出版社,2009.
[13] 程光,邬洪迈,陈永刚. 工业工程与系统仿真[M]. 北京:冶金工业出版社,2007.
[14] (美)Gavriel Salvendy. 工业工程手册[M]. 江志斌,易树平译. 北京:清华大学出版社,2007.
[15] 蔡启明,张庆,庄品. 基础工业工程[M]. 北京:科学出版社,2005.
[16] 吴锋,叶锋. 工程经济学[M]. 北京:机械工业出版社,2007.
[17] 戴庆辉. 先进制造系统[M]. 北京:机械工业出版社,2008.
[18] F E Meyers & M P Stephens. Manufacturing Facilities Design and Material Handling. New Jersey:Prentice-Hill Inc. 2001.
[19] WA YNE C,JOE H MIZE,KENNETH E CASE,JOHN WNZEMETZ. 工业与系统工程概论[M]. 3版. 北京:清华大学出版社,2002.
[20] 张凤荣. 质量管理与控制[M]. 北京:机械工业出版社,2006.
[21] 吕志强. 人机工程学[M]. 北京:机械工业出版社,2006.
[22] 孙小明. 生产系统建模与仿真[M]. 上海:上海交通大学出版社,2006.
[23] 孔庆华. 人因工程基础与案例[M]. 北京:化学工业出版社,2008.
[24] 龚益鸣. 现代质量管理学[M]. 北京:清华大学出版社,2003.
[25] 于涛. 工序质量控制系统研究[M]. 北京:经济管理出版社,2002.
[26] 甘烽,宋光贵. 技术与质量管理[M]. 广州:华南理工大学出版社,2005.

[27] 王毓芳,郝凤.质量分析质量改进与统计技术[M].北京:中国计量出版社,2003.
[28] 王秀伦.现代工艺管理技术[M].北京:中国铁道出版社,2004.
[29] 周晓东,于嵩海.ERP管理思想探讨[J].工业工程,2004(3).
[30] 张晓萍,等.现代生产物流与仿真[M].北京:清华大学出版社,2000.
[31] (日)石渡淳一,等.最新现场IE管理[M].深圳:海天出版社,2004.
[32] 黄卫伟.生产与运作理论[M].北京:中国人民大学出版社,1997.
[33] 罗振璧,刘卫国.企业流程设计与现代质量管理[M].北京:团结出版社,2003.
[34] 杨家本.系统工程概论[M].武汉:武汉大学出版社,2002.
[35] 刘亚臣,胡家兴.工程经济[M].沈阳:东北大学出版社,2002.
[36] 蔡建国,吴祖育.现代制造技术[M].上海:上海交通大学出版社,2002.
[37] 温艳,周立民,吴爱华.制造业信息化与工业工程[J].科学与管理,2004(03).